LE SOCIALISME EN PROCÈS

I0806230

Première de couverture

CONCEPTION GRAPHIQUE : Toni Gorton

PHOTO DE GAUCHE : New York, juin 1944. Une réunion de 800 personnes exige : « Révoquez la loi bâillon Smith. Libérez les 18. » (Photo du *Militant*)

PHOTO DE DROITE : Minneapolis, le 31 décembre 1943. Quinze des dix-huit dirigeants du Parti socialiste des travailleurs et de la section locale 544-CIO se présentent aux autorités pour commencer à purger leurs peines de prison sous des accusations fabriquées de « complot pour promouvoir le renversement du gouvernement des États-Unis par la force et la violence. » À partir de la droite : un shérif US, V. R. Dunne, James P. Cannon, Oscar Coover père, Albert Goldman, Carl Skoglund, un shérif US, Farrell Dobbs, Felix Morrow, Emil Hansen (partiellement caché), Carlos Hudson, Grace Carlson, Harry DeBoer, Clarence Hamel, Max Geldman, Ed Palmquist, Jake Cooper (hors photo). Trois autres, condamnés à purger leurs peines au Connecticut, se sont présentés à New York. (Photo du *Militant*)

JOURNAL À GAUCHE : Première page du *Militant* en juin 1941, qui décrit les accusations portées par le FBI comme une attaque contre le Congrès des organisations industrielles (CIO).

JOURNAL À DROITE : La première page de l'*Industrial Organizer*, hebdomadaire de la section locale 544-CIO de Minneapolis, dénonce en octobre 1941 le début du procès contre les « syndicalistes opposés à la guerre. »

DÉPOSITION AU PROCÈS
POUR SÉDITION DE MINNEAPOLIS

Le SOCIALISME en PROCÈS

JAMES P. CANNON

PATHFINDER
New York Londres Montréal Sydney

À propos de cette édition

Ce livre est la traduction de *Socialism on Trial*, paru pour la première fois en anglais en 1942. La présente édition contient la déposition de James P. Cannon au procès pour sédition de 1941, ainsi qu'un échange entre Cannon et Grandizo Munis sur la politique communiste ayant guidé la défense au procès. Le texte de Munis a été à l'origine publié en anglais.

Rédaction : Steve Clark
Rédaction de l'édition en français : Michel Prairie
Copyright © 1941, 1973, 1981, 2014, 2015 Pathfinder Press
Tous droits réservés. All rights reserved

ISBN 978-1-60488-084-7
Numéro de contrôle de la Bibliothèque du Congrès / Library of Congress Control Number 2015951897

Imprimé au Canada / Manufactured in Canada

Première edition : 2015
Deuxième tirage : 2016

Pathfinder

www.pathfinderpress.com
pathfinderpress@pathfinderpress.com

Table des matières

Photos et illustrations

James P. Cannon

James P. Cannon est né en 1890 à Rosedale, dans l'État du Kansas. Il adhère au Parti socialiste à l'âge de 18 ans. Organisateur itinérant des Travailleurs industriels du monde (IWW) avant et pendant la première guerre mondiale et dirigeant de l'aile gauche prolétarienne du Parti socialiste, il est un dirigeant fondateur du mouvement communiste aux États-Unis.

Pendant les sept mois qu'il vit en Russie soviétique de juin 1922 à janvier 1923, Cannon est délégué au quatrième congrès de l'Internationale communiste et membre du présidium du Comité exécutif de l'Internationale communiste à Moscou. Par la suite, il est secrétaire exécutif de la Défense ouvrière internationale (ILD) aux États-Unis. Cette organisation nationale déploie la bannière prolétarienne « Un coup contre un est un coup contre tous » et lutte pour la libération de tout prisonnier de la guerre de classe victime d'un coup monté, sans égard à son affiliation politique.

En compagnie d'autres dirigeants de longue date du Parti communiste, Cannon est expulsé en 1928 pour la lutte politique qu'il y mène dans le but de poursuivre le cours internationaliste révolutionnaire de V. I. Lénine. Il se joint au dirigeant bolchevique Léon Trotsky dans ce combat international.

Cannon est un dirigeant fondateur de la Ligue communiste d'Amérique en 1929, qui deviendra le Parti socialiste des travailleurs (SWP) en 1938. Il sera secrétaire national du SWP jusqu'en 1953, alors qu'il en deviendra le président national puis, en 1972, le président national émérite jusqu'à sa mort en 1974.

THE MILITANT

En haut. Minneapolis, le 31 décembre 1943. Quinze des dix-huit dirigeants du Parti socialiste des travailleurs et de la section locale 544-CIO reconnus coupables — les premières condamnations en vertu de la loi Smith — se présentent aux shérifs fédéraux US pour commencer à purger leurs peines de prison. Le *Militant* a publié leurs noms dans son « Tableau d'honneur. »

De droite à gauche. Deux shérifs US, V. R. Dunne, James P. Cannon, Oscar Coover père, Carl Skoglund, Albert Goldman, Farrell Dobbs, Felix Morrow, Grace Carlson, Carlos Hudson, Max Geldman, Harry DeBoer, Emil Hansen, Clarence Hammel (visage caché), Ed Palmquist, Jake Cooper. Grace Carlson a purgé sa peine à la prison pour femmes d'Alderson, en Virginie de l'Ouest, les autres au pénitencier fédéral de Sandstone, au Minnesota.

Trois autres condamnés — Karl Kuhn, Alfred Russell et Oscar Schoenfeld — se sont présentés aux shérifs fédéraux US à New York et ont été incarcérés à Danbury, dans le Connecticut.

Préface à l'édition en anglais de 2014

Socialism on Trial présente le texte intégral de la déposition de trois jours de James P. Cannon à la barre d'un tribunal fédéral, à Minneapolis en novembre 1941.

James P. Cannon était le secrétaire national du Parti socialiste des travailleurs (SWP). Il était aussi l'un des 18 dirigeants communistes et du syndicat des Teamsters victimes d'un coup monté et condamnés sur des chefs d'accusation fédéraux de « complot » en vertu de la loi Smith, une loi de contrôle des idées. Cette nouvelle matraque contre les organisations ouvrières rendait illégaux « d'enseigner, de promouvoir ou d'encourager » les idées révolutionnaires. Il avait été adopté par le Congrès et promulgué par le président Franklin Roosevelt en 1940.

Roosevelt avait une importante « raison politique d'engager une poursuite judiciaire, » écrit Joseph Hansen dans son introduction à *Socialism on Trial*. « S'attendant d'un moment à l'autre à plonger les États-Unis dans la catastrophe de la deuxième guerre mondiale, l'administration souhaitait isoler et réduire au silence les défenseurs du socialisme afin d'empêcher leurs idées de trouver une écoute parmi les masses menées à la boucherie. »

Cette édition élargie comprend l'introduction de 1944 de Hansen, alors âgé de 33 ans. Pendant plusieurs décennies, Hansen a été un dirigeant central du Parti socialiste des travailleurs, où il a été directeur de l'hebdomadaire *The Militant* et d'autres publications jusqu'à sa mort en 1979. Son introduction retrace l'histoire du coup monté organisé dans le cadre de la loi Smith qui a conduit au procès de Minneapolis, ainsi que le large combat politique initié et mené contre lui par le SWP au sein du mouvement syndical et parmi les autres partisans des libertés civiles garanties par la constitution des États-Unis.

« Jamais auparavant dans un procès visant le mouvement ouvrier dans ce pays, écrit Hansen, les accusés n'ont défendu leur programme révolutionnaire de manière aussi inébranlable, consciente et systématique en utilisant la salle du tribunal comme un forum à partir duquel le proclamer. »

Voilà ce que les lecteurs trouveront dans la déposition de Cannon : une présentation claire et franche du programme communiste de l'avant-garde combattante de la classe ouvrière.

Le 30 novembre 1941, à la conclusion du procès qui avait duré 23 jours, le jury a rendu ses verdicts. Dix-huit des vingt-huit accusés, dont les âges variaient de 25 à près de 60 ans, ont été condamnés. À la mi-février 1944, alors que Hansen terminait l'introduction qui suit, ils avaient déjà passé un mois et demi en prison après avoir été incarcérés depuis la veille du jour de l'An. Les six accusés qui avaient écopé de sentences d'un an en ont purgé 10 mois et ont été libérés en octobre 1944. Les 12 autres accusés, chacun condamné à 16 mois, ont purgé quelques jours de moins que 13 mois avant de sortir de prison le 24 janvier 1945.

Une nouvelle édition de *Socialism on Trial* en espagnol, publiée plus tôt cette année, contient pour la première fois dans cette langue « La politique communiste au procès de Minneapolis : James P. Cannon répond à ses critiques gauchistes. » Publié à l'origine en anglais aux États-Unis en 1942, il comprend une sérieuse critique de la direction du Parti socialiste des travailleurs par Grandizo Munis, ainsi que la réponse de James P. Cannon. Munis était un socialiste révolutionnaire qui vivait au Mexique à ce moment, en exil de son Espagne natale depuis la défaite des forces républicaines par le mouvement fasciste de Francisco Franco à la fin des années 1930.

« Cannon examine comment les révolutionnaires se défendent contre des attaques, à l'intérieur et à l'extérieur de la salle d'audience, » écrit George Novack dans la note d'introduction à cet échange. Novack a été le secrétaire national du Comité de défense des libertés civiles qui a organisé la campagne de défense qui s'est adressée aux syndicalistes, aux organisations pour les droits des Noirs, aux agriculteurs et travailleurs agricoles, et à d'autres pour combattre le coup monté et par la suite exiger la libération et le pardon des 18.

La politique communiste appliquée par la direction du SWP, écrit Cannon dans sa réponse à Munis, a été une réponse efficace et sans compromis aux efforts du gouvernement US, qui avaient pour but « d'interdire le parti et de le priver, pour longtemps peut-être, des services actifs d'un certain nombre de ses dirigeants les plus expérimentés. »

Mais la réponse à Munis est quelque chose de bien plus important, dit Cannon. Elle présente le cours de la politique et de la propagande communistes nécessaires « pour mobiliser les travailleurs en vue d'actions de masse à tous les stades du développement de la révolution prolétarienne aux États-Unis. »

Steve Clark
Janvier 2014

Introduction

JOSEPH HANSEN

Depuis la publication de la première édition de *Socialism on Trial* [il y a deux ans, en 1942], les 18 accusés du fameux procès pour « sédition » de Minneapolis ont été emprisonnés. Quatorze d'entre eux sont actuellement dans la prison de Sandstone au Minnesota, trois autres dans celle de Danbury au Connecticut et la dernière dans la prison fédérale pour femmes d'Alderson en Virginie de l'Ouest. Dans l'Amérique « démocratique », les portes des prisons se sont refermées sur ces socialistes et syndicalistes malgré le fait qu'ils n'étaient coupables aucun autre crime que celui d'exercer leur droit à la liberté d'expression.

Ils ont été incarcérés parce qu'ils s'opposaient à la guerre impérialiste et qu'ils prônaient la construction d'une société socialiste comme seul moyen de mettre fin à de telles guerres et à tous les autres maux engendrés par le capitalisme agonisant. Les opinions pour lesquelles ils se retrouvent aujourd'hui en prison sont présentées dans ce livre, qui est la transcription officielle par le tribunal du témoignage de James P. Cannon, socialiste n° 1 d'Amérique et principal accusé au procès.

Le procès de Minneapolis est le premier cas d'un procès pour sédition devant un tribunal fédéral en temps de paix de l'histoire des États-Unis. Mais il a été clairement manigancé par l'administration Roosevelt dans le cadre de son programme de guerre. Les faits l'ont démontré d'une manière qu'on ne peut honnêtement pas contester.

Au printemps 1941, Daniel J. Tobin, dirigeant de la Fraternité internationale des Teamsters et l'un des hommes de main du régime Roosevelt, est entré en conflit avec les dirigeants

« En 1941, Daniel J. Tobin, dirigeant de la Fraternité internationale des Teamsters et du Comité syndical du Parti démocrate, est entré en conflit avec la section locale 544, dont les dirigeants refusaient d'abandonner le combat pour améliorer les conditions de travail et rejetaient le cours de Roosevelt vers l'entrée des États-Unis dans la deuxième guerre mondiale. Peu après une plainte par télégramme de Tobin à Roosevelt, un grand jury fédéral a émis un acte d'accusation. »

Joseph Hansen, 1944

En haut. Washington, septembre 1940. Le président Franklin Roosevelt (à gauche) à un congrès des Teamsters avec le président du syndicat, Daniel Tobin (de profil, à droite). « Le gouvernement est déterminé à aider le mouvement ouvrier à faire le ménage de sa propre maison, » déclare Roosevelt.

En bas. Une caricature du *Northwest Organizer* dit : « Plein appui à Tobin ! »

de la section 544 des Teamsters à Minneapolis. En mai 1941, Tobin a publié une attaque virulente dans sa revue personnelle, le *Teamsters Journal*, où il a dénoncé les trotskystes actifs dans le mouvement des Teamsters au Minnesota. Peu après, il a ordonné à la direction démocratiquement élue de la section 544 de passer en jugement la première semaine de juin devant son Conseil exécutif international à Washington. Quand les dirigeants de la section 544 ont refusé de céder à la nomination d'un administrateur avec pouvoir absolu sur la section syndicale, y compris celui d'expulser n'importe quel membre, Tobin a commencé à s'attaquer au syndicat — tout ça parce que les trotskystes dans le syndicat refusaient d'abandonner leur combat vigoureux pour améliorer les conditions de travail ou d'apporter un soutien politique à Roosevelt à l'approche rapide de l'entrée des États-Unis dans la deuxième guerre mondiale.

En conséquence des actions de Tobin, lors d'une réunion régulière des membres le 9 juin, 4000 membres de la section 544 ont voté pratiquement à l'unanimité de se désaffilier de l'organisation de Tobin dans la Fédération américaine du travail (AFL) et d'accepter une charte du CIO (Congrès des organisations industrielles).

Tobin n'a pas perdu de temps. Le 13 juin, quatre jours après le vote de la section 544, le secrétaire de Roosevelt, Stephen Early, a dit au cours d'une conférence de presse à la Maison-Blanche, d'après le *New York Times* du 14 juin 1941, que Tobin s'était plaint par télégramme d'Indianapolis auprès de Roosevelt et que : « *Lorsque j'ai fait part ce matin au président des doléances de Tobin, il m'a demandé d'en informer immédiatement les départements et agences du gouvernement concernés.* »

En plus de rendre un service personnel à Tobin, Roosevelt avait une raison politique beaucoup plus importante d'engager une poursuite judiciaire. S'attendant d'un moment à l'autre

For Unconditional Defense of the Soviet Union

A Program Of Victory For The Soviet Union

THE MILITANT

Formerly the SOCIALIST APPEAL

Official Weekly Organ of the Socialist Workers Party

NEW YORK, N. Y., SATURDAY, JULY 19, 1941

SOCIALIST WORKERS PARTY, 544-CIO LEADERS INDICTED

Indicted Union Leader

Indicted Party Leader

FBI Frameup Is Aid To Tobin's Anti-CIO Drive

Crushing Of Minneapolis Truck Drivers Is Aim Of Federal Indictments; Roosevelt Thus Pays His Political Debt To AFL And Tobin

James P. Cannon's Statement On FBI Frameup of the CIO and SWP

The Honor Roll: Those Indicted In St. Paul

Roosevelt Ordered FBI To Aid Tobin Against CIO, Says Goldman

BULLETIN

« Agissant à la demande de l'administration Roosevelt, un grand jury fédéral a émis des actes d'accusations pour « complot séditieux » contre 29 dirigeants du CIO et membres du Parti socialiste des travailleurs. »

***The Militant*, juillet 1941**

En haut. Le *Militant* annonce en manchette : « Inculpation de dirigeants du Parti socialiste des travailleurs et de la section locale 544-CIO ; le coup monté du FBI, une aide à l'attaque de Tobin contre le CIO. » Le titre de haut de page dit : « Défense sans condition de l'Union soviétique. »

à plonger les États-Unis dans la catastrophe de la deuxième guerre mondiale, l'administration souhaitait isoler et réduire au silence les défenseurs du socialisme afin d'empêcher leurs idées de trouver une écoute parmi les masses menées à la boucherie.

Une réponse rapide a fait suite à l'assurance donnée à Tobin par la Maison-Blanche. À peine 13 jours plus tard, le 27 juin 1941, des agents du FBI ont effectué une descente dans les locaux de la branche du Parti socialiste des travailleurs à Saint-Paul et Minneapolis. Ils ont saisi un grand nombre de livres marxistes, dont beaucoup pouvaient être obtenus dans n'importe quelle bibliothèque publique.

Le 15 juillet 1941, moins d'un mois plus tard, un grand jury fédéral a émis contre 29 hommes et femmes un acte d'accusation rédigé par le Département de la Justice.

Basé sur une loi de 1861 adoptée pendant la guerre civile contre les esclavagistes du Sud, le premier chef d'inculpation visait une « conspiration pour renverser le gouvernement par la force et la violence. »

Le deuxième chef d'inculpation accusait les prévenus : (1) de promouvoir le renversement du gouvernement par la force ; (2) de publier et diffuser de la littérature qui en faisait la promotion ; (3) de former des organisations visant à « enseigner, promouvoir et encourager » un tel renversement ; (4) d'être membres de telles organisations ; (5) de distribuer des publications qui « recommandent, conseillent et exhortent » l'insubordination dans les forces armées. Ce chef d'accusation était entièrement basé sur la loi « bâillon omnibus » Smith, une loi invoquée pour la première fois lors du procès de Minneapolis.

Comme la tristement célèbre loi de 1798 sur les étrangers et la sédition, la loi Smith fait un crime fédéral de la simple promotion d'idées. Sa constitutionalité a été remise en cause par l'Union américaine pour les libertés civiles [American Civil Liberties Union], *The Nation*, *The New Republic* et de nombreux autres individus et organisations. Le parrain de cette loi ultraréactionnaire est le représentant Howard W. Smith, partisan raciste de l'imposition d'une taxe pour pouvoir voter, dirigeant du bloc antisyndical au Congrès et co-auteur de la brutale loi antigrève Smith-Connally.

Le procès a commencé le 27 octobre 1941 au tribunal de district fédéral à Minneapolis. La principale « preuve » du gouvernement consistait en d'innombrables citations d'articles de la presse trotskyste américaine remontant à 1929. Des écrits publics, les discours publics des accusés, des discours à la radio, des tracts distribués par dizaines de milliers — voilà les principales preuves de « conspiration » présentées par le gouvernement.

Le gouvernement a de plus avancé comme preuves des photographies des grands enseignants du marxisme (dont un portrait de Daniel DeLeon). Il a présenté des tracts comme celui annonçant que Vincent Raymond Dunne s'adresserait à un forum public sur les actions menées par les trotskystes pour combattre « 20 000 fascistes à Madison Square. » Dans la mise en accusation et dans l'argumentaire du procureur, le gouvernement a carrément caractérisé de criminelles les doctrines de Marx, Engels, Lénine et Trotsky.

La défense prolétarienne a répondu sans broncher à l'infâme attaque. Jamais auparavant dans un procès visant le mouvement ouvrier dans ce pays, les accusés n'ont défendu leur programme révolutionnaire de manière aussi inébranlable, consciente et systématique en utilisant la salle du tribunal comme un forum à partir duquel le proclamer. La conduite des accusés au cours du procès et tout au long des étapes ultérieures de cette affaire appartient aux meilleures traditions du marxisme international.

Le jury a rendu un verdict de non-culpabilité sur le premier chef d'accusation, révélant ainsi la totale inconsistance des arguments du gouvernement. Sur le deuxième chef, qui impliquait une nouvelle loi dont la constitutionalité n'avait pas encore été mise à l'épreuve, le jury a rendu un verdict de culpabilité contre 18 des accusés. Parmi les autres, le juge a imposé un verdict de remise en liberté dans le cas de 5 ; et le jury en a acquitté 5 autres. Grant Dunne, organisateur de la section 544 et l'un des 29 accusés, s'était suicidé trois semaines avant le début du procès. Il souffrait depuis longtemps d'une mauvaise santé résultant d'un traumatisme de guerre subi pendant la première guerre mondiale.

Prenant l'affaire en main en étroite collaboration avec l'Union américaine pour les libertés civiles et avec le soutien d'organisations syndicales ou de défense, le Comité de défense des droits civils (CRDC) a soutenu les 18 qui ont fait appel de leur condamnation auprès de la Cour d'appel du huitième circuit US.

Entretemps, Daniel Tobin a lancé des procédures contre le secrétaire-trésorier de la section 544, Kelly Postal. Lorsque les Teamsters du Minnesota ont voté d'accepter la charte du CIO, ils ont aussi voté à l'unanimité de donner 5 000 $ du compte de la section locale au Comité de défense syndical. Kelly Postal a effectué le virement de fonds ainsi qu'il avait été mandaté de le faire. Convoqué devant un tribunal sous des accusations de vol qualifié, Postal a été blanchi quand le juge a rejeté la cause. Mais les rouages de la justice capitaliste ne se sont pas bloqués parce qu'un juge ne pouvait prétendre de ne pas voir la grossièreté du coup monté. Convoqué devant le juge Selover, Postal a été déclaré coupable et condamné à cinq ans d'emprisonnement au pénitencier de Stillwater. Le juge Selover, qui avait prononcé cette peine cruelle, a rejeté une demande d'appel. Kelly Postal est maintenant derrière les barreaux parce qu'il a obéi à la volonté des membres du syndicat qui l'avaient élu.

Le 20 septembre 1943, la cour du huitième circuit a rendu sa décision. Au mépris de la loi, de la constitution et de tous les principes et traditions de la démocratie, cette cour a confirmé la loi « bâillon » Smith et donné un soutien inconditionnel au gouvernement. Privés de leurs droits démocratiques fondamentaux, les accusés ont été expédiés en prison. Les juges de la cour d'appel ont déclaré que tout cela était fait de façon correcte et légale. Voilà comment la Cour d'appel a soutenu le droit à la liberté d'expression, une des « quatre libertés » que Roosevelt avait solennellement promis d'exporter dans d'autres pays.

Le Comité de défense des droits civils a par la suite porté la cause en appel devant la Cour suprême des États-Unis. Qu'a fait cet auguste corps, presque entièrement composé de personnes nommées par Roosevelt ? A-t-il défendu l'inviolabilité de la Charte des droits ? Ou s'est-il comporté comme « les départements et agences du gouvernement concernés par cette affaire » que le secrétaire de Roosevelt, Stephen Early, avait informés des doléances de Tobin ?

Le 22 novembre 1943, un peu plus de deux mois après avoir été saisie de l'appel, la Cour suprême a annoncé sa décision. *Elle a rejeté le pourvoi des 18 et refusé d'entendre leur appel.*

Cette décision va sans aucun doute passer à l'histoire. Voilà une loi de temps de paix, visiblement anticonstitutionnelle, une loi qui abroge directement le droit à la liberté de parole. La cause est la première à être jugée selon cette loi. Le président qui a nommé les juges mène une guerre soi-disant pour libérer le monde en faveur de la démocratie. La loi a été universellement dénoncée — même dans les corridors du Congrès — comme « assez pour que Thomas Jefferson se retourne dans sa tombe » et comme « sans précédent dans l'histoire des lois du travail. » Pourtant la plus haute cour d'appel refuse — sans un mot d'explication — le pourvoi des 18 et d'entendre leur cause.

Il n'est pas possible de minimiser l'importance de cette décision réactionnaire en la qualifiant « d'accidentelle ». Deux autres fois, l'Union pour les droits civiques a fait un pourvoi et demandé à la Cour suprême d'entendre cette cause importante. Deux autres fois, la Cour suprême a refusé le pourvoi en appel sans donner d'explication.

Dans les mots du grand agitateur socialiste Eugene V. Debs, qui a été incarcéré lors de la dernière guerre : « Il est extrêmement dangereux d'exercer son droit à la liberté d'expression dans un pays qui se bat pour sauvegarder la démocratie dans le monde. »

Le 31 décembre 1943, avec James P. Cannon et Vincent R. Dunne à leur tête, quinze des accusés se sont mis en rang au local de la branche du Parti socialiste des travailleurs à Minneapolis et ont marché en formation à travers les rues comblées de la ville jusqu'à la Cour fédérale, où le shérif fédéral les a reçus. Ce même jour, les trois autres accusés se sont présentés au bureau du shérif à New York. Le jour de l'An 1944, les accusés ont commencé à être transférés des prisons locales à des prisons fédérales.

L'injustice flagrante de cet emprisonnement a suscité l'indignation parmi de larges cercles. Beaucoup de journaux et de partisans des libertés et droits civils ont protesté contre l'action de la Cour suprême. L'Union américaine pour les libertés civiles a déclaré : « Voici une cause qui n'aurait jamais dû passer en cour sur la base d'une loi qui n'aurait jamais dû être adoptée. Jamais auparavant la Cour suprême n'a refusé de réviser une cause de cette importance. »

Constatant l'importance vitale du procès de Minneapolis pour l'ensemble du mouvement ouvrier et pour la cause des libertés civiques, plus de 135 syndicats ont déjà donné leur appui ou contribué aux efforts du Comité pour la défense des droits civils. Ceux-ci comprennent les Employés unis des services de transport, le CIO, le Conseil du CIO de l'État du New Jersey, le Conseil conjoint du CIO de St. Louis, le Conseil des syndicats industriels de San Francisco, 40 syndicats locaux des Travailleurs unis de l'automobile (UAW-CIO), 11 syndicats locaux des Métallos, 7 syndicats locaux des Travailleurs unis du caoutchouc, ainsi que des dizaines d'autres syndicats du CIO, de l'AFL ou indépendants.

La campagne actuelle du Comité pour la défense des droits civils visant à obtenir un pardon présidentiel inconditionnel pour les 18 a connu une réception encourageante. L'inquiétude démontrée pour cette cause par les travailleurs qui réfléchissent est bien fondée. L'incarcération des 18 établit un précédent dangereux qui menace la liberté de tout syndicaliste et de tout Américain qui pourrait être en désaccord avec les politiques de l'administration Roosevelt. Le maintien de la loi « bâillon » Smith a pour conséquence que c'est maintenant un crime d'exercer le droit à la liberté d'expression. Il crée une arme qui peut être utilisée pour priver d'autres syndicalistes et partis politiques ouvriers de leurs droits démocratiques.

Socialism on Trial a déjà démontré sa popularité. La première édition publiée en 1942 a toute été vendue. Non seulement se trouve-t-elle sur les étagères des travailleurs avancés à travers les États-Unis, mais elle a été rendue disponible aux travailleurs britanniques par le biais de deux éditions imprimées en Grande-Bretagne. Le livre a été lu avec avidité en Amérique latine, où les travailleurs qui ont pris conscience depuis longtemps du rôle que joue Wall Street dans la politique mondiale sont extrêmement intéressés à trouver des alliés parmi les travailleurs américains dans la lutte commune. On projette une traduction en arabe au Moyen-Orient.

Bien sûr, la forme du contenu allait se montrer attrayante. Voici la bataille ni répétée ni retouchée entre le procureur et le principal accusé. Voici les questions pénétrantes de l'avocat de la défense, Albert Goldman, lui-même un accusé, alors qu'il tente de rendre clair ce en quoi les trotskystes croient, malgré les efforts constants du procureur pour créer des obstacles, embrouiller les enjeux et piéger l'accusé. Mais la forme seule ne suffit pas à expliquer l'intérêt captivant de *Socialism on Trial*. Plus important, c'est que ce livre présente le programme révolutionnaire qui dévoile la seule voie pour sortir des horreurs de la société capitaliste agonisante.

De la salle d'audience de Minneapolis où l'administration Roosevelt a pourchassé les principaux représentants de la société de l'avenir nous est parvenu un document remarquable, qui s'avérera sans aucun doute un instrument puissant dans la lutte difficile pour construire cette société à venir de paix et d'abondance. Tout comme l'emprisonnement d'Eugene V. Debs lors de la première guerre mondiale n'a eu pour seul effet que de diffuser et populariser encore plus le socialisme, l'emprisonnement des accusés de Minneapolis pendant la deuxième guerre mondiale n'aura pour seul effet que de hâter le jour de la victoire finale.

Debs a parlé de façon prophétique lorsqu'il a dit : « Ils peuvent mettre ces hommes en prison — et certains autres parmi nous en prison — mais ils ne peuvent mettre le mouvement socialiste en prison. »

Le 15 février 1944

Le socialisme en procès

DÉPOSITION DE JAMES P. CANNON
AU PROCÈS POUR SÉDITION DE MINNEAPOLIS

Minneapolis Morning Tribune

FOUNDED IN 1867

18 PAGES

MINNEAPOLIS, MINN., SATURDAY, JUNE 28, 1941

Socialist Worker Party Offices Here Raided by U. S. Marshals

LEADERSHIP FACES CONSPIRACY CHARGE

Literature and Other Articles Seized at Local Office

2 Red Flags and Trotzky Photo Taken

Announcement Links Some 544-CIO Chiefs to Group Under Fire

Local Officials Accused of 'Gaining Control of Legitimate Labor Union to Use It for Illegitimate Purposes'

CIO SAYS:

If Government Has Evidence, Why Does It Not Indict?

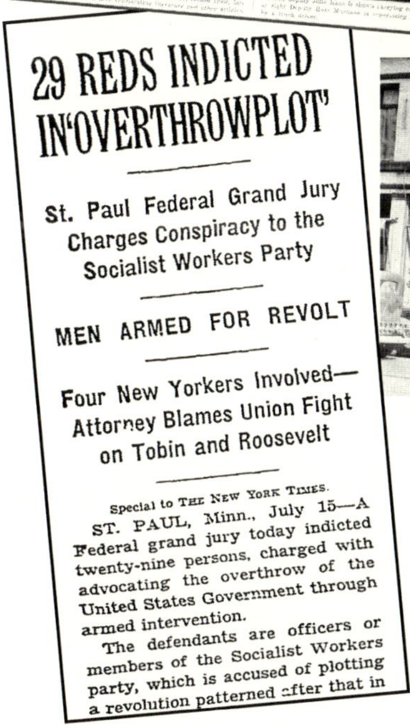

29 REDS INDICTED IN 'OVERTHROW PLOT'

St. Paul Federal Grand Jury Charges Conspiracy to the Socialist Workers Party

MEN ARMED FOR REVOLT

Four New Yorkers Involved—Attorney Blames Union Fight on Tobin and Roosevelt

Special to THE NEW YORK TIMES.

ST. PAUL, Minn., July 15—A Federal grand jury today indicted twenty-nine persons, charged with advocating the overthrow of the United States Government through armed intervention.

The defendants are officers or members of the Socialist Workers party, which is accused of plotting a revolution patterned after that in

En haut. Le 28 juin 1941, le quotidien de Minneapolis rapporte la descente du FBI et des shérifs fédéraux dans les locaux du Parti socialiste des travailleurs. Les flics ont emporté des boites de livres, de brochures et de journaux.

Photo. Locaux du Parti socialiste des travailleurs à Minneapolis (étage du haut).

En bas. Deux semaines plus tard, le *New York Times* rapporte de manière sensationnaliste l'inculpation de 29 dirigeants du SWP et de la section 544-CIO pour « conspiration séditieuse » dans le cadre du coup monté fédéral.

COLLECTION SPÉCIALE DE LA BIBLIOTHÈQUE DU COMTÉ D'HENNEPIN

En haut. Les accusés James P. Cannon (à droite) et Farrell Dobbs à Minneapolis en 1941.

En bas, de gauche à droite. L'avocat du SWP Albert Goldman, lui-même accusé, le juge Matthew M. Joyce et le procureur général adjoint Henry Schweinhaut.

LE MARDI 18 NOVEMBRE 1941
AUDIENCE DE L'APRÈS-MIDI

Tribunal fédéral des États-Unis,
district du Minnesota, quatrième division.

James P. Cannon
a été appelé comme témoin pour la défense ;
ayant d'abord prêté serment, il a témoigné comme suit :

QUESTION : Veuillez donner votre nom au sténographe, s'il vous plaît.

RÉPONSE : James P. Cannon.

Q : Où résidez-vous, M. Cannon ?

R : À New York.

Q : Et quelle est votre emploi actuel ?

R : Secrétaire national du Parti socialiste des travailleurs.

Q : Quel âge avez-vous, M. Cannon ?

R : Cinquante et un ans.

Q : Où êtes-vous né ?

R : À Rosedale, dans le Kansas.

Q : Depuis combien de temps avez-vous commencé votre carrière dans le mouvement marxiste, M. Cannon ?

R : Trente ans.

Q : Quelle est la première organisation faisant partie du mouvement ouvrier à laquelle vous avez adhéré ?

R : Les IWW [Industrial Workers of the World], les Travailleurs industriels du monde.

Q : Et avez-vous adhéré à une autre organisation par la suite ?

R : Au Parti socialiste.

Q : Et après ?

R : En 1919, à la fondation du Parti communiste, je me trouvais parmi les membres fondateurs. Et j'ai été membre du Comité national à partir de 1920.

Q : Combien de temps êtes-vous resté au Parti communiste ?

R : Jusqu'en octobre 1928.

Q : Maintenant, voulez-vous dire à la cour et au jury quelle est l'étendue de votre connaissance de la théorie marxiste ?

R : Je connais bien les écrits les plus importants des maîtres du marxisme : Marx, Engels, Lénine, Trotsky et des commentateurs de leurs oeuvres.

Q : Avez-vous jamais lu des livres opposés à la théorie marxiste ?

R : Oui. En général, je connais la littérature opposée au marxisme, surtout le livre le plus important.

Q : Quel est le livre le plus important ?

R : *Mein Kampf* [Mon combat] d'Hitler.

Q : Avez-vous jamais dirigé des journaux du mouvement ouvrier, M. Cannon ?

R : Oui, plusieurs. En fait, je travaille plus ou moins comme journaliste dans le mouvement depuis environ 25 ans.

Q : Vous souvenez-vous du nom de certains des journaux que vous avez dirigés ?

R : Le *Workers' World* [Monde ouvrier] à Kansas City. Le *Toiler* [Travailleur], publié à Cleveland dans l'Ohio. À un moment, j'ai été rédacteur en chef du *Militant*. J'ai dirigé le journal appelé *Labor Action* [Action ouvrière] publié à San Francisco et j'ai fait partie du comité de rédaction de nombreux autres journaux et revues publiés dans le mouvement.

Q : Avez-vous jamais donné des conférences sur la théorie du socialisme et d'autres aspects du mouvement marxiste ?

R : Oui, je n'ai cessé de le faire pendant plus ou moins 30 ans.

Origine du Parti socialiste des travailleurs

Q : Expliquez-nous pourquoi vous avez coupé vos liens avec le Parti communiste, M. Cannon.

R : Eh bien, à l'époque du conflit qui s'est développé dans le parti russe entre Trotsky d'un côté et Staline et son groupe de l'autre, un conflit qui portait sur beaucoup des principes les plus fondamentaux du socialisme, ce conflit s'est graduellement étendu à l'Internationale communiste et est devenu un sujet de préoccupation dans les autres partis de l'Internationale communiste. Moi et quelques autres personnes ici avons pris position en faveur de Trotsky et cela a conduit à notre expulsion du Parti communiste des États-Unis.

Q : Pouvez-vous nous donner en quelques mots une idée de la nature du conflit ?

R : Elle a commencé sur la question de la bureaucratie dans l'appareil gouvernemental de l'Union soviétique et parmi le personnel du parti en Russie. Trotsky a commencé à lutter pour plus de démocratie dans le parti, dans le gouvernement et les syndicats, et dans le pays en général. Cette lutte contre ce que Trotsky — et je suis d'accord avec lui — a caractérisé comme une bureaucratisation croissante de tout le régime, ce conflit qui a eu pour origine cette question, s'est graduellement développé au cours des ans en conflits fondamentaux sur pratiquement tous les principes de base de la théorie et de la pratique socialistes.

Q : Et c'est à cause de ce conflit que l'expulsion a eu lieu ?

R : À cause de cela, l'expulsion de notre groupe a eu lieu ici aux États-Unis, tout comme cela s'était aussi passé en Russie.

Q : C'était en quelle année ?

R : En 1928.

Q : Dites-nous ce qu'il est advenu du groupe qui a été expulsé.

R : Nous nous sommes organisés en groupe et avons commencé à publier un journal appelé *The Militant* [Le Militant].

Q : Et donnez-nous une idée de l'importance de ce groupe, M. Cannon.

R : Eh bien, au début, nous n'étions que trois. Nous avons fini par avoir des partisans dans d'autres villes. Six mois plus tard, lorsque nous avons tenu notre première conférence, nous avions une centaine de membres dans le pays.

Q : Et par la suite, est-ce que ce groupe a fondé un parti ?

R : Oui, ce groupe s'est d'abord appelé la Ligue communiste d'Amérique [Communist League of America] et se considérait toujours comme une faction du Parti communiste. Nous avons essayé d'être réintégrés dans le parti sous réserve d'avoir le droit de conserver nos opinions et de les discuter au sein du parti. Mais le parti a rejeté notre proposition et nous nous sommes donc développés en tant qu'organisation indépendante.

En 1934, nous sommes arrivés à un accord avec une autre organisation qui n'avait jamais été liée au mouvement communiste, mais qui s'était développée à partir des syndicats. Tout d'abord connue comme la Conférence pour l'action ouvrière progressiste [Conference for Progressive Labor Action], cette organisation a pris le nom de Parti ouvrier américain [American Workers Party]. En 1934, à l'automne de cette année, nous avons tenu ensemble un congrès commun et avons formé une organisation commune que nous avons appelée le Parti ouvrier des États-Unis [Workers Party of the United States].

Q : Et combien de temps ce Parti ouvrier a-t-il existé ?

R : De l'automne de 1934 jusqu'au printemps de 1936.

Q : Et que s'est-il alors passé ?

R : À ce moment, notre parti a adhéré en bloc au Parti socialiste. Le Parti socialiste avait eu une discussion et un conflit internes qui ont culminé dans une scission le dernier mois de

1935, avec le retrait des éléments les plus conservateurs. Le Parti socialiste avait alors lancé un appel à tous les individus et groupes radicaux non affiliés à se joindre à lui.

Nous avons accepté l'invitation et adhéré au parti en 1936, encore une fois sous la condition expresse pour laquelle nous nous étions battus dans le Parti communiste, c'est-à-dire d'avoir le droit de conserver nos propres opinions et de les discuter dans le parti — c'est-à-dire lorsqu'une discussion était appropriée. De notre côté, nous nous sommes engagés à respecter la discipline dans le travail quotidien et dans l'action commune du parti.

Q : Combien de temps votre groupe est-il resté dans le Parti socialiste ?

R : Environ un an.

Q : Et qu'est-il alors arrivé ?

R : Eh bien, le Parti socialiste a commencé à nous imposer le même genre de bureaucratisme dont nous avions souffert dans le Parti communiste. Il y avait de grandes questions qui perturbaient l'esprit des socialistes à cette époque, en particulier les problèmes de la guerre civile espagnole.

Q : Et c'était en quelle année ?

R : C'était en 1936, mais cela est devenu très marqué au cours du printemps de 1937. Nous avions une position arrêtée sur la question espagnole. Nous l'avions étudiée attentivement et voulions faire connaître nos vues aux autres membres du parti. Cela nous a été permis pendant un certain temps, puis le Comité exécutif national a émis un ordre interdisant toute nouvelle discussion, interdisant même l'adoption de résolutions sur le sujet par les branches. Nous nous sommes révoltés contre cette mesure et avons exigé le respect de nos droits.

Au même moment, une grande discussion a éclaté à New York au sujet de la campagne électorale. C'était la deuxième campagne de La Guardia et le Parti socialiste a officiellement décidé de soutenir la candidature de La Guardia. Nous nous y sommes opposés en soutenant que c'était violer les principes socialistes que d'appuyer le candidat d'un parti capitaliste. La Guardia était le candidat du Parti républicain et du Parti de la fusion [Fusion Party], ainsi que du Parti du travail [Labor Party].

Nous avons aussi insisté pour faire connaître nos vues à ce propos et ceci a conduit à l'expulsion massive de nos militants.

Q : Quand le Parti socialiste des travailleurs a-t-il été fondé ?

R : Au cours des derniers jours de 1937 et du premier ou des deux premiers jours de 1938.

Q : Qui a participé à sa fondation ?

R : Les branches du Parti socialiste qui avaient été expulsées. Celles-ci s'étaient regroupées sous l'autorité d'un Comité des branches expulsées et une conférence a chargé ce comité d'organiser un congrès et de le préparer. Les branches expulsées du Parti socialiste ont envoyé des délégués au congrès de fondation du Parti socialiste des travailleurs.

Q : Est-ce que ce comité des branches expulsées a publié un journal ?

R : Oui, il a publié un journal après les expulsions, qui ont commencé en mai ou en juin 1937. Nous avons publié le *Socialist Appeal* [Appel socialiste], qui est devenu l'organe officiel du parti après le congrès. Plus tard, il y a environ un an, nous l'avons renommé *The Militant*, qui était notre nom à l'origine.

Q : Autant que vous vous en souvenez, combien de délégués étaient présents au congrès de fondation du Parti socialiste des travailleurs ?

R : Environ une centaine, je pense.

Q : Et ils venaient de tout le pays, n'est-ce pas ?

R : Oui, d'environ 30 villes différentes, je pense — 25 ou 30.

Le but fondamental du SWP

Q : Bien, qu'a fait ce congrès ?

R : Les décisions les plus importantes du congrès ont été de mettre sur pied son organisation, d'adopter une Déclaration de principes et quelques résolutions qui en découlaient sur des questions d'actualité, et enfin d'élire un Comité national pour diriger le travail du parti sur la base de la Déclaration de principes.

Q : Le congrès a-t-il élu un comité pour assurer la direction du parti entre les congrès ?

R : Oui, c'est le Comité national.

Q : Bien, vous dites que le congrès a adopté une Déclaration de principes. Je vous montre la pièce à conviction n° 1 de l'accusation, la Déclaration de principes et les statuts du Parti socialiste des travailleurs, et je vous demande si c'est la même qui a été adoptée au congrès du Parti socialiste des travailleurs ?

(Le document est remis au témoin.)

R : Oui, c'est la même.

Q : Vous souvenez-vous qui a présenté la Déclaration de principes au congrès ?

R : Oui, c'est le Comité qui l'a présentée, le Comité national des branches expulsées, qui avait été élu lors d'une précédente conférence du groupe.

Q : Qu'est-ce que le congrès, le congrès de fondation du Parti socialiste des travailleurs, a adopté comme but fondamental du parti ?

M. SCHWEINHAUT (PROCUREUR) : Quand ?

Q (M. GOLDMAN) : À cette époque et, par la suite, jusqu'à aujourd'hui, alors que vous êtes assis à la barre.

R : Je dirais que le but fondamental du parti, à l'époque et maintenant, est de populariser les doctrines du socialisme marxiste, ainsi que de favoriser et diriger le travail de transformer la société d'une base capitaliste vers une base communiste.

Q : Expliquez-nous la signification du terme socialisme.

R : Le socialisme peut signifier deux choses et c'est généralement le cas pour nous. Autrement dit, le socialisme est un nom désignant le projet d'une nouvelle société et c'est aussi le nom qui désigne le mouvement qui oeuvre dans ce sens.

Q : Quelle est la nature de ce projet de société ?

R : Nous envisageons un ordre social qui serait fondé sur la propriété commune des moyens de production, l'élimination du profit personnel dans les moyens de production, l'abolition du salariat et l'abolition de la division de la société en classes.

Q : En ce qui concerne le gouvernement qui aurait pour but d'ériger une telle société, quel est selon vous le but du Parti socialiste des travailleurs ?

R : Nous nous sommes fixés l'objectif d'établir un gouvernement des travailleurs et des agriculteurs à la place du gouvernement actuel, que nous caractérisons comme un gouvernement capitaliste. La tâche de ce gouvernement serait d'organiser et de contrôler la transition de la société de ses assises capitalistes vers des assises socialistes.

La propriété privée dans l'État ouvrier

Q : Quand vous dites « gouvernement capitaliste, » que voulez-vous dire ?

R : Nous voulons dire un gouvernement issu d'une société qui est basée sur la propriété privée des richesses du pays et des moyens de production par les capitalistes et qui, en général, représente les intérêts de cette classe.

Q : Et en opposition à ce gouvernement, vous proposez d'établir un gouvernement des travailleurs et des agriculteurs ?

R : Oui, à la place de celui des capitalistes, nous proposons un gouvernement des travailleurs et des agriculteurs qui représentera ouvertement les intérêts économiques et sociaux des travailleurs et des petits agriculteurs.

Q : Bien, qu'adviendra-t-il des capitalistes ?

R : Sous le gouvernement des travailleurs et des agriculteurs, la tâche principale du gouvernement sera de mener à bien le transfert des plus importants moyens de production de la propriété privée à la propriété commune du peuple.

Q : Bien, qu'arrivera-t-il aux capitalistes qui perdraient leurs richesses ?

R : Que voulez-vous dire par « leur arriver, » dans quel sens ?

Q : Vous les tueriez, ou les mettriez au travail, ou quoi ?

R : Eh bien, d'après notre théorie, la participation des citoyens aux bienfaits de la société sera ouverte à tous sur une base égalitaire. Ceci s'appliquerait aux anciens capitalistes ainsi qu'aux travailleurs et aux agriculteurs.

Q : Quand vous employez le terme « richesse productive, » voulez-vous dire tout bien appartenant à un individu ?

R : Non. Quand nous parlons des moyens de production, de la richesse du pays, nous entendons ces richesses qui sont nécessaires pour produire ce dont les gens ont besoin. Les industries, les chemins de fer, les mines, etc. Nous ne proposons pas — du moins, les socialistes marxistes n'ont jamais proposé nulle part à ma connaissance — l'élimination de la propriété privée des effets personnels. Nous parlons des choses qui sont nécessaires à la production de ce dont les gens ont besoin. Elles appartiendront en commun à tout le peuple.

Q : Que deviendront les petites entreprises dont les propriétaires n'emploient pas de personnel ?

R : Bien, les enseignements du marxisme qui font autorité depuis Engels nous disent que le gouvernement des travailleurs et des agriculteurs ne doit en aucune façon intervenir dans les affaires des petits propriétaires qui ne sont pas des exploiteurs. On doit leur permettre d'avoir leurs fermes, leurs petits biens, leurs petits ateliers artisanaux. Et c'est seulement dans la mesure où ils deviennent convaincus par l'exemple de l'agriculture collective socialisée et acceptent volontairement de regrouper leurs terres et leurs ressources dans un effort commun, dans cette mesure seulement la collectivisation des petites entreprises agricoles pourra avoir lieu.

En attendant, notre programme prévoit que le gouvernement des travailleurs et des agriculteurs devra favoriser un tel projet en leur garantissant des prix raisonnables pour leurs outils et les engrais, en leur accordant des crédits et, en général, en dirigeant le gouvernement comme un gouvernement qui s'intéresse à eux et se montre soucieux de représenter leurs intérêts.

Je parle ici des petits agriculteurs qui produisent, pas des grands propriétaires terriens ou des banquiers qui exploitent beaucoup de gens ou qui louent leurs terres à des métayers. Nous avons bien l'intention de socialiser *leurs* terres dans les toutes premières étapes du gouvernement des travailleurs et des agriculteurs, de les remettre à la gestion de ceux qui en fait travaillent la terre. Ça aussi, je dirais, constitue la doctrine marxiste classique depuis ses débuts et la doctrine de Lénine et Trotsky dans la révolution russe.

Q : Comment cette société socialiste sera-t-elle contrôlée et dirigée ?

R : Eh bien, le socialisme devra naturellement se développer à partir de la nouvelle situation. Une fois la révolution sociale réalisée dans l'arène politique et le gouvernement capitaliste remplacé par un gouvernement des travailleurs et des agriculteurs qui se met à socialiser les industries, à abolir les inégalités, à augmenter le niveau des revenus des masses populaires et à supprimer toute tentative de contre-révolution de la part des exploiteurs dépossédés, l'importance et le poids du gouvernement en tant que force de répression diminuera progressivement.

Puis à mesure que les classes sont abolies, que l'exploitation est éliminée, que le conflit de classe contre classe est éliminé, la raison même de l'existence d'un gouvernement au sens strict du mot commencera à diminuer. Les gouvernements sont avant tout des instruments de répression d'une classe contre une autre. D'après la doctrine de Marx et d'Engels ainsi que de tous les grands marxistes qui les ont suivis et se sont fondés sur leur doctrine, nous envisageons, comme l'a exprimé Engels, un dépérissement graduel du gouvernement en tant que force répressive, en tant que force armée, et son remplacement par des conseils purement administratifs qui seront chargés de planifier la production, superviser les travaux publics, l'éducation et les choses de ce genre. À mesure que vous devenez une société socialiste, le gouvernement, comme l'a dit Engels, tend à dépérir et le gouvernement des hommes sera remplacé par l'administration des choses.

Le gouvernement d'une société socialiste sera en réalité un organe administratif parce que nous n'anticipons pas le besoin d'armées et de marines de guerre, de prisons, de mesures de répression. Par conséquent, n'ayant plus de raison d'être, cet aspect du gouvernement disparaît.

Q : Quelle est la théorie marxiste selon laquelle les forces sociales rendent le socialisme inévitable ?

R : Le capitalisme est un état de société qui n'a pas toujours existé. Comme les systèmes sociaux précédents, il est passé par une période de gestation au sein de l'ancienne société féodale. Il a grandi et s'est développé contre la société féodale, l'a finalement renversée par des moyens révolutionnaires, a accru la productivité de l'humanité à un niveau qui dépasse l'imagination…

M. SCHWEINHAUT : Oui, bon, un moment, M. Cannon. Il me semble qu'il est possible de répondre beaucoup plus simplement à cette question. Je soupçonne que M. Cannon s'apprête maintenant à faire un discours et je ne pense pas du tout que la question l'exige.

Les forces sociales qui poussent le capitalisme à la banqueroute

Q (M. GOLDMAN) : Bien, aussi brièvement que possible, décrivez les forces sociales...

R : Je n'avais pas l'intention de faire un discours. Je voulais dire en quelques mots quelles sont les forces sociales qui poussent le capitalisme à la banqueroute. Les lois selon lesquelles…

M. SCHWEINHAUT : Telle n'est pas la question que l'on vous a posée, monsieur le témoin. On vous a demandé quelles étaient les forces sociales qui rendraient le socialisme inévitable ou quelque chose du genre. Bon, j'abandonne. Allez-y.

LE TÉMOIN : Je vous assure que je m'efforce de comprimer l'explication autant que possible.

Le capitalisme fonctionne à partir de certaines lois internes qui ont été analysées et mises à nu pour la première fois par Karl Marx dans ses grands ouvrages, d'abord dans *Le Manifeste communiste* et puis dans *Le Capital.*

Bien, les deux lois internes du capitalisme qui rendent inévitables son déclin et son remplacement par le socialisme sont celles-ci.

Premièrement, la propriété privée des moyens de production et l'emploi de travailleurs salariés dont les salaires sont inférieurs à la valeur des produits fabriqués par le travailleur salarié. Ceci crée un surplus que le propriétaire capitaliste doit vendre sur le marché. Il est évident que le travailleur salarié, qui reçoit pour son travail moins que la valeur totale de son produit, ne peut être un client que pour la part de la valeur qu'il reçoit sous forme de salaire. Le reste est la plus-value pour laquelle, comme l'a expliqué Marx, le capitaliste doit trouver un marché.

Plus le capitalisme se développe dans un pays donné, plus le travail du travailleur devient productif, plus est grande cette plus-value qui n'arrive pas à trouver un marché parce que la grande masse des gens qui produisent la richesse ne reçoivent pas des salaires assez grands pour l'acheter. Et cela entraîne le capitalisme dans des crises périodiques dites de surproduction, ou de sous-consommation comme l'appellent certains agitateurs populaires, mais le terme scientifique est surproduction.

Depuis ses origines, pendant plus de 100 ans, pratiquement 200 ans, le capitalisme a traversé de telles crises. Eh bien, dans le passé, le capitalisme pouvait finir par résoudre ces crises en trouvant de nouveaux marchés, de nouveaux champs d'investissement, de nouveaux champs d'exploitation. Et tant qu'il pouvait trouver de nouveaux domaines pour investir des capitaux et vendre des biens, le système capitaliste pouvait s'extirper de cette crise cyclique qui se produisait tous les dix ans environ et atteindre de nouveaux sommets de production. Mais chaque fois que le capitalisme a connu un nouveau boom économique et commencé à développer un nouveau territoire, il rendait le monde plus petit. Car à chaque endroit où le capitalisme pénétrait, ses lois le suivaient comme son ombre et le nouveau champ d'exploitation commençait aussi à se saturer d'un surplus.

Par exemple, les États-Unis — qui étaient un grand réservoir absorbant les produits excédentaires de l'Europe, ce qui a ainsi donné un répit au capitalisme européen — se sont eux-mêmes développés en 150 ans au point de produire un énorme surplus et de devoir se battre contre l'Europe pour un marché où le vendre. Donc cette énorme contradiction entre la propriété privée de l'industrie et le travail salarié entraîne de plus en plus le capitalisme dans une crise insoluble. C'est une loi du capitalisme.

La deuxième loi, c'est le conflit entre le développement des forces productives et les barrières nationales à l'intérieur desquelles le capitalisme les confine. Chaque pays qui fonctionne sur une base capitaliste produit un surplus qu'il est incapable de vendre sur son marché intérieur pour les raisons que je viens de vous donner.

Alors que se passe-t-il après ? Les capitalistes doivent trouver un marché extérieur. Ils doivent trouver un marché extérieur où vendre leur excédent et un champ extérieur où investir leurs capitaux excédentaires. Le problème auquel le capitalisme est confronté, c'est que le monde ne s'agrandit pas. Il a gardé la même dimension, alors que chaque pays capitaliste moderne a développé ses forces productives bien au-delà de ce qu'il était capable de consommer. Ou de vendre en réalisant un bénéfice. Ceci a entraîné la terrible explosion de la première guerre mondiale en 1914. Selon notre théorie et notre doctrine, la guerre mondiale de 1914 a été le signe que le monde capitaliste en était arrivé à une crise provoquée par sa banqueroute.

Q : Que diriez-vous de la loi de la concurrence qui opère à l'intérieur du système capitaliste ?

R : La loi de la concurrence entre les capitalistes a pour conséquence inévitable que les plus gros capitalistes, ceux qui possèdent les entreprises plus modernes, plus efficientes et plus productives, écrasent les plus petits, soit en les détruisant, soit en les absorbant, jusqu'à ce que le nombre de propriétaires indépendants ne cesse de décroître et celui des personnes paupérisées de croître à pas de géant, jusqu'à ce que la richesse se concentre entre les mains d'une petite minorité et que la grande masse des gens, surtout les travailleurs, soit confrontée à des difficultés de nature économique et sociale toujours plus grandes.

J'ai mentionné la première guerre mondiale comme étant le signe que le capitalisme, à l'échelle mondiale, avait été incapable de résoudre un seul de ses problèmes pacifiquement. Ils ont dû tuer onze millions d'hommes, puis faire la paix et se préparer à tout recommencer une deuxième fois. Pour les socialistes marxistes, c'est là l'indication que le capitalisme a épuisé ses possibilités de résoudre ses propres problèmes.

Q : Que diriez-vous alors de l'importance relative du facteur économique menant vers le socialisme et de l'agitation des différents partis, dont le Parti socialiste des travailleurs, en faveur du socialisme ?

R : Eh bien, si vous me permettez simplement de l'expliquer ici, le socialisme marxiste se distingue de ce qui est connu dans notre terminologie comme le socialisme utopique — c'est-à-dire le socialisme des gens qui envisagent une meilleure forme de société et qui pensent qu'il suffit de voir qu'une meilleure société pourrait exister et de persuader les gens de l'adopter pour résoudre le problème. Le socialisme marxiste part de la théorie que ce sont les lois internes mêmes du capitalisme qui conduisent la société à une solution socialiste.

J'ai mentionné la guerre, j'ai mentionné le conflit entre les différents pays capitalistes qui, maintenant, sont toujours soit en guerre, soit en trêve armée en train de préparer la guerre. Je devrais aussi mentionner l'expérience de la dépression de 1929, ainsi qu'on l'appelle, avec ses

15 millions de travailleurs américains valides, désireux de travailler mais incapables de trouver un emploi. C'était là un autre signe d'une terrible maladie affectant l'organisme social appelé capitalisme ; et le fléau du chômage sévissait à l'échelle mondiale.

Telles sont les forces qui, selon nous, conduisent la société vers une solution rationnelle par la nationalisation de l'industrie, l'élimination de la concurrence et l'abolition de la propriété privée. Notre agitation ne pourrait jamais entraîner la transformation d'un ordre social en un autre si ces puissantes lois économiques internes n'y menaient pas.

Les véritables facteurs révolutionnaires, les véritables forces qui conduisent vers le socialisme, ce sont les contradictions au sein même du système capitaliste. Tout ce que notre agitation peut faire, c'est essayer de prévoir théoriquement ce qui est possible et ce qui est probable sur la voie de la révolution sociale, de préparer l'esprit des gens dans ce sens, de les convaincre de ses avantages, d'essayer de les organiser afin de l'accélérer et de la réaliser de la façon la plus économique et la plus efficace. Voilà tout ce que l'agitation peut faire.

Q : Quel rôle le facteur du fascisme joue-t-il ?

R : Le fascisme est un autre signe qui apparaît immanquablement dans toute société capitaliste lorsqu'elle entre dans cette période de décadence et de crise et n'est plus capable de maintenir un équilibre social sur la base de la démocratie parlementaire, qui a été la forme gouvernementale de domination du capitalisme à son apogée. Le fascisme croît, devient une terrible menace pour l'humanité et un terrible avertissement aux travailleurs que s'ils ne s'activent pas et ne prennent pas eux-mêmes les choses en main, ils subiront pendant des années le sort qui a frappé les peuples allemand et italien et maintenant d'autres pays en Europe.

Déclaration de principes

Q : Maintenant, dans quel but la Déclaration de principes a-t-elle été adoptée ?

R : De manière générale, le but était d'exposer clairement nos principes par écrit, d'informer le monde des positions défendues par notre parti et de guider les activités du parti après le congrès, de formuler un ensemble de doctrines et d'idées qui pouvait diriger le travail du parti et guider son Comité national dans la rédaction de son journal, etc.

Q : Des accords secrets ont-ils été conclus par le comité qui a formulé la Déclaration de principes, des accords qui n'ont été révélés ni au congrès ni à personne d'autre ?

R : Non, tout ce que nous défendons, nous l'avons exposé dans la Déclaration de principes. Nous ne pouvions pas faire autrement.

Il est impossible de construire un mouvement politique sur la base d'un programme donné et s'attendre à ce qu'il serve un autre programme. Ceci, je peux vous dire, est une loi politique que tout politicien sérieux connaît ; un parti politique ou un homme politique est tenu par ses propres slogans. Si un parti met de l'avant un slogan ou un programme…

M. SCHWEINHAUT : Je vous en prie, M. Cannon. Vous avez répondu…

LA COUR : Ne pensez-vous pas qu'il est en train d'argumenter ?

M. GOLDMAN : Bon, d'accord.

Q : Maintenant, pendant combien de temps la Déclaration de principes est-elle restée en vigueur ?

R : De la première semaine de janvier 1938 jusqu'au dernier mois de 1940.

Q : Et qu'est-il arrivé en décembre 1940 ?

R : Un congrès extraordinaire du parti a adopté une résolution qui a suspendu la Déclaration de principes et mandaté le Comité national de préparer un nouveau projet qui serait soumis à l'approbation du parti lors d'une conférence ou d'un congrès ultérieur.

Q : Pourquoi le congrès a-t-il adopté cette mesure ?

R : La raison principale, je peux dire, c'était l'adoption par le Congrès d'une loi connue comme la loi Voorhis qui pénalisait les partis appartenant à des organisations internationales. C'était la raison principale.

Des raisons secondaires étaient qu'entretemps, le parti avait changé sa position sur la question du parti des travailleurs. Avec le temps, certaines questions avaient vieilli et, en général, nous ressentions le besoin d'un nouveau projet.

Q : Pouvez-vous nous exposer brièvement la nature du changement sur le parti des travailleurs ?

R : C'était un changement dans le sens opposé. Au moment où nous avons adopté la Déclaration, nous avons refusé de soutenir les propositions pour l'organisation d'un parti des travailleurs, c'est-à-dire d'un parti basé sur les syndicats. À l'été de 1938, nous avions changé d'avis à ce sujet et en étions venus à conclure que ce mouvement aurait plus de potentiel progressiste qu'autrement.

Q : Et dites-nous quelle méthode vous avez utilisée pour adopter ce changement.

R : Le Comité national a adopté une résolution exposant sa nouvelle position. Cette résolution a alors été communiquée aux membres du parti dans le bulletin intérieur et une période de discussion, de 60 jours je pense, a été ouverte, pendant laquelle chacun a pu exprimer son opinion pour ou contre le changement. Celui-ci a fait l'objet d'un débat approfondi au sein du parti. En fait, les membres du Comité national n'étaient pas tous d'accord avec le changement. À la fin de la période de discussion, un référendum a été tenu parmi les membres du parti et une majorité a voté en faveur de la résolution amendée.

Q : Suite à la suspension de la Déclaration de principes, a-t-on fait quelque chose en vue d'adopter un nouvel ensemble de principes ?

R : Nous avons nommé un comité pour rédiger un nouveau projet de Déclaration.

Q : Et ce nouveau projet a-t-il été rédigé ?

R : Le projet a été rédigé. Nous avons tenu une conférence à Chicago juste à la veille de ce procès — les 10, 11 et 12 octobre je pense — nous avons tenu une conférence du parti en lien avec une réunion du Comité national. Cette conférence a accepté le projet que lui était soumis, en vue de le présenter au parti pour être discuté et éventuellement amendé.

Révolution sociale et révolution politique

Q (M. GOLDMAN) : M. Cannon, est-ce que la première Déclaration de principes qui a été adoptée et par la suite suspendue enseigne la nécessité d'une révolution sociale ?

R : Oui.

Q : Que signifie « révolution sociale » ?

R : Révolution sociale veut dire une transformation, une transformation politique et économique de la société.

Q : Et la nature de cette transformation, quelle est-elle ?

R : Elle est fondamentale et affecte le système de propriété, elle affecte la méthode de production.

Q : Y a-t-il une distinction entre révolution politique et révolution sociale ?

R : Oui.

Q : Quelle est cette distinction ?

R : Eh bien, une révolution *politique* peut se produire sans la moindre transformation radicale de la structure économique sous-jacente de la société, des rapports de propriété de la société.

Une révolution *sociale*, par contre, affecte non seulement le gouvernement, mais elle affecte le système économique.

Q : Pouvez-vous nous donner des exemples de révolutions politiques et de révolutions sociales ?

R : Oui. La grande révolution française de 1789…

M. SCHWEINHAUT : Était-ce une révolution politique ou sociale ?

LE TÉMOIN : C'était une révolution sociale parce qu'elle a transformé le système de propriété de la société, de la propriété féodale à la propriété capitaliste.

Q (M. GOLDMAN) : Qu'entendez-vous par « propriété féodale » ?

R : C'était tout le système économique de la société qui était basé sur les droits, les privilèges, les restrictions, le servage, etc. La propriété privée capitaliste, qui a transformé les fermes en entreprises privées appartenant à des agriculteurs individuels, a complètement éliminé tous les vestiges du servage et y a substitué le travail salarié. Elle a produit un changement fondamental dans l'économie de la France.

Q : Et pouvez-vous nous donner un exemple de révolution politique ?

R : Deux d'entre elles se sont produites en France après la grande révolution sociale. Elles se sont produites en 1830 et en 1848. C'étaient des révolutions qui visaient simplement à changer la bureaucratie dirigeante du pays, sans toucher au système de propriété.

Une révolution comme celle qui a eu lieu au Panama l'autre jour, le simple remplacement d'un régime par un autre dans un coup d'État de palais, voilà une révolution politique qui n'affecte en rien le caractère économique de la société.

Nous considérons que la guerre civile aux États-Unis était une révolution sociale parce qu'elle a détruit le système du travail esclavagiste et la possession d'esclaves, qu'elle a remplacés par la domination totale de l'entreprise capitaliste et du travail salarié.

Conditions d'une révolution sociale

Q : Énumérez les conditions sous lesquelles, selon la théorie marxiste, la révolution sociale contre le capitalisme se produira.

R : Je peux vous en citer un bon nombre.

La première, c'est que la société actuelle doit avoir épuisé ses possibilités de nouveau développement. Marx a établi comme une loi le fait qu'aucun système social ne peut être remplacé par un autre tant qu'il n'a pas épuisé toutes ses possibilités de développement et de progrès. C'est, si vous voulez, la condition préalable fondamentale pour une révolution sociale.

Puis, je peux vous donner une série de conditions préalables secondaires qui ont été acceptées par notre mouvement.

La classe dirigeante doit être incapable de résoudre ses problèmes, doit avoir dans une large mesure perdu confiance en elle-même.

La misère et le désespoir des masses doivent s'être accrus à un tel point qu'elles désirent à tout prix un changement radical. Le chômage, le fascisme et la guerre deviennent des problèmes d'une ampleur croissante, que la classe dirigeante existante ne peut manifestement pas résoudre. Il doit y avoir parmi la masse des producteurs un énorme sentiment favorable aux idées socialistes et à la révolution socialiste.

Et en plus de ces conditions préalables que je viens de mentionner, il faut un parti ouvrier capable de diriger et d'organiser d'une manière résolue le mouvement des travailleurs vers une solution révolutionnaire de la crise.

Q : Bien, qu'auriez-vous à dire dans le cas des États-Unis sur l'existence concrète aujourd'hui du facteur du déclin du

CASH!

All persons that have SLAVES to dispose of, will do well by giving me a call, as I will give the

HIGHEST PRICE FOR

Men, Women, &

CHILDREN.

Any person that wishes to sell, will call at Hill's tavern, or at Shannon Hill for me, and any information they want will be promptly attended to.

Thomas Griggs.

Charlestown, May 7, 1835.

« La guerre civile aux États-Unis était une révolution sociale. Elle a détruit le système du travail esclavagiste. »

James P. Cannon

Avec la défaite de la classe esclavagiste dans la guerre civile de 1861-1865, les esclaves libérés se joignent aux agriculteurs exploités et aux travailleurs anti-esclavagistes pour former des gouvernements de Reconstruction radicale dans le Sud. Ces gouvernements interdisent la discrimination raciale, élargissent les droits des travailleurs, créent des écoles publiques gratuites et des hôpitaux publiques, établissent le suffrage universel pour les hommes et donnent plus de droits aux femmes.

En haut. Pour la première fois, aussi bien les femmes que les hommes participent aux activités politiques.

En bas. Des décennies plus tôt, en mai 1835, offre d'achat d'esclaves à Charleston en Caroline du Sud.

capitalisme et sur le fait que ce dernier a maintenant épuisé ses possibilités de développement ?

R : À l'échelle mondiale, le capitalisme avait déjà épuisé ses possibilités de développement en 1914. À l'échelle mondiale, le capitalisme n'a jamais depuis ce temps atteint le niveau de productivité de 1914. L'Amérique par contre, qui est l'élément le plus solide du capitalisme mondial, a connu un énorme boom pendant la période même où le capitalisme déclinait en tant que système mondial. Pourtant, comme l'ont montré la crise de 1929 et maintenant les préparatifs de guerre, le capitalisme américain est lui aussi définitivement entré dans sa phase de déclin.

Q : Et quels sont les symptômes de ce déclin ?

R : Les symptômes en étaient une armée de 15 millions de chômeurs, la baisse de la production à partir de 1929 et le fait que l'indice actuellement plus élevé de la production se base presque entièrement sur la production d'armements, ce qui ne peut constituer une base de stabilité permanente.

Q : Que diriez-vous quant à l'existence aujourd'hui du deuxième facteur que vous avez cité comme étant un préalable à une situation révolutionnaire, soit l'incapacité de la classe dirigeante de résoudre ses problèmes ?

R : Je pense qu'il n'a d'aucune façon encore atteint dans ce pays le stade extrême auquel il doit nécessairement arriver à la veille d'une révolution. Ils ne peuvent résoudre leurs problèmes ici, mais ils ne le savent pas encore.

M. ANDERSON (PROCUREUR) : Quelle était la fin de la réponse, Monsieur le greffier ?

LE TÉMOIN : Je dis que la classe dirigeante américaine ne peut résoudre ses problèmes, mais n'en est pas encore consciente.

M. ANDERSON : Je vois.

LE TÉMOIN : Ce n'était pas une plaisanterie car, comme je l'ai déjà dit, la classe dirigeante doit perdre confiance en elle-même, ce qui s'est produit dans chaque pays où une révolution a eu lieu.

Q (PAR M. GOLDMAN) : Quelle est la position du parti sur la tentative de Roosevelt d'améliorer le système social dans ce pays ?

R : Que voulez-vous dire par « améliorer le système social » ?

Q : Faire redémarrer le capitalisme après la dépression de 1929.

R : Eh bien, toutes ces mesures du New Deal ont été possibles dans ce pays, et pas dans les pays plus pauvres d'Europe, à cause de l'énorme accumulation de richesses aux États-Unis. Mais le résultat de toute l'expérience du New Deal a simplement été de dépenser des milliards et des milliards de dollars pour créer une stabilité fictive qui a fini par s'évaporer.

L'administration Roosevelt essaie maintenant de réaliser la même chose par le moyen artificiel d'un boom économique basé sur la guerre, c'est-à-dire d'un boom basé sur l'armement. Mais encore une fois, selon nous, cela ne peut d'aucune façon assurer une stabilité permanente.

Q : Quant à la misère et à la souffrance des masses, que diriez-vous au sujet de l'existence de ce facteur aux États-Unis ?

R : Selon nous, le niveau de vie des masses s'est progressivement détérioré dans ce pays depuis 1929. Il n'a pas encore atteint le stade qui constitue, comme je l'ai dit, un préalable à une énorme montée de l'esprit révolutionnaire, mais des millions de travailleurs américains ont été paupérisés suite à 1929. Et ceci, selon nous, est un signe certain du développement de cette condition préalable à la révolution.

Q : Est-ce que le parti ou un responsable du parti a établi un pronostic quant au temps qu'il faudra avant que les masses n'atteignent un stade de misère et de souffrance tel qu'elles chercheront à s'en sortir en acceptant le socialisme ?

M. SCHWEINHAUT : Répondez simplement par oui ou par non.

M. GOLDMAN : Vous pouvez répondre par oui ou par non et je pourrai alors continuer.

M. SCHWEINHAUT : Voici ce que je veux savoir : si c'était par écrit ou oralement, et dans quelles circonstances ?

LE TÉMOIN : Je ne me souviens d'aucun pronostic en terme d'années, mais la question a été soulevée et débattue et il y a plusieurs opinions. Je peux vous en parler très brièvement, si vous le désirez.

M. SCHWEINHAUT : Objection.

M. GOLDMAN : Le gouvernement, votre Honneur, a énormément de preuves sur ce que les accusés ont dit quant au moment où la révolution se produira, et dans quelles conditions, et je voudrais une déclaration officielle de la part du chef du parti.

M. SCHWEINHAUT : Je vais retirer mon objection.

LE TÉMOIN : Je ne me souviens d'aucun pronostic sur le nombre d'années. Nous sommes formés à la méthode historique et nous pensons en termes d'histoire.

M. SCHWEINHAUT : Veuillez répondre à la question. Vous avez dit que vous ne vous souvenez d'aucun pronostic en terme années, mais qu'on en a débattu. Dites-nous qui l'a débattu et où, plutôt que ce que vous en pensez.

LE TÉMOIN : Bien. Dans les premiers jours de notre mouvement, Trotsky a avancé la thèse que l'Amérique serait le dernier pays à devenir socialiste et que l'ensemble de l'Europe, l'Europe socialiste, devrait se défendre contre l'intervention du capitalisme américain.

Plus tard, au moment de notre crise de 1929, Trotsky a modifié son pronostic et dit qu'il n'était d'aucune façon acquis que l'Amérique ne puisse être le premier pays à s'engager sur le chemin de la révolution.

Diverses opinions de ce genre ont été exprimées dans nos rangs, mais la question n'a pas été tranchée, que je sache, pas de décision prise.

Q (PAR M. GOLDMAN) : Revenons à ce facteur que vous avez présenté comme étant un préalable à une révolution sociale ici aux États-Unis, à savoir celui de l'acceptation de l'idée du socialisme par la majorité des gens. Que diriez-vous quant à ce facteur aujourd'hui aux États-Unis ?

R : Je dirais qu'il fait plutôt défaut.

Q : Eh bien, expliquez-vous.

R : La grande masse de la population américaine ne connaît toujours pas les idées socialistes. On le voit de plusieurs façons : par nos résultats électoraux, par l'assistance à nos réunions, par le tirage de nos journaux, etc. On voit qu'un très petit pourcentage du peuple américain s'intéresse aujourd'hui aux idées socialistes.

Q : Combien de voix avez-vous obtenues en tant que candidat à la mairie de New York ?

R : Je ne sais pas s'ils les ont toutes comptées ou pas…

LA COUR : L'audience est suspendue.

(Suspension de l'audience de l'après-midi.)

LA COUR : Poursuivez.

Q (PAR M. GOLDMAN) : J'attire votre attention sur la condition que vous avez mentionnée comme étant un préalable à une révolution sociale aux États-Unis, soit celle relative à un parti. Je vous demande si elle existe au moment présent aux États-Unis ?

R : Non, un parti suffisamment influent, non, d'aucune façon.

Q : Quelle fonction joue le parti avant la transformation de l'ordre social ?

R : Eh bien, la seule chose qu'il puisse faire lorsqu'il est un parti minoritaire, c'est d'essayer de populariser ses idées, son programme, en publiant des journaux, des revues, des livres, des brochures, en tenant des réunions, en travaillant dans les syndicats — par la propagande et l'agitation.

Q : Veuillez expliquer à la cour et au jury ce que Marx entend par « lutte des classes. »

R : Évidemment, je ne peux le faire en deux phrases. Vous faites référence à la lutte des classes au sein de la société actuelle ?

Q : Oui, limitez-vous à la lutte des classes dans la société actuelle.

R : Marx soutenait que la société actuelle est divisée en deux grandes classes. L'une, ce sont les capitalistes ou la bourgeoisie. Bourgeoisie est le terme français que Marx utilisait de façon interchangeable avec l'expression « le capitaliste moderne. »

L'autre classe importante est la classe ouvrière, le prolétariat. Voilà les deux principales classes de la société. Les capitalistes exploitent les travailleurs. Il y a entre eux un constant conflit d'intérêt, une lutte incessante entre ces classes, qui ne peut se terminer que par la victoire finale du prolétariat et l'établissement du socialisme.

Q : Qui incluez-vous sous l'expression « classe ouvrière » ?

R : Nous utilisons l'expression classe ouvrière, ou prolétariat, pour désigner les travailleurs salariés modernes. Très souvent, on élargit son application pour y englober les petits agriculteurs, les métayers, les fermiers à bail, les agriculteurs pauvres, etc., mais ce n'est pas là un usage précis et scientifique de l'expression telle que Marx la définit.

Q : Quelles autres classes, s'il y en a, existe-t-il en dehors de la classe ouvrière et de la classe capitaliste selon la théorie marxiste ?

R : Entre ces deux puissantes et principales classes de la société, il y a la classe que Marx décrit comme la petite bourgeoisie, c'est-à-dire les petits propriétaires, les petits entrepreneurs, les gens qui ont leur propre petit magasin, petite boutique, l'agriculteur qui possède une petite ferme : ils constituent cette classe que Marx a appelée la petite bourgeoisie.

Q : Que diriez-vous au sujet des membres des professions libérales ?

R : Oui, en gros, ils font aussi partie selon la terminologie marxiste de cette catégorie petite-bourgeoise.

Q : Et quelle est l'attitude du parti envers cette classe moyenne ?

R : Le parti a pour opinion que la classe ouvrière salariée n'est pas capable à elle seule de réaliser avec succès la révolution sociale. Il faut que les travailleurs aient le soutien d'une majorité décisive de la petite bourgeoisie et, surtout, des petits agriculteurs. Ceci, que Trotsky n'a cessé de répéter en se fondant sur les expériences russe et allemande, est une condition *sine qua non* de la réussite d'une révolution : les travailleurs doivent avoir le soutien de la petite bourgeoisie. Sinon, ce sont les fascistes qui la gagneront, comme ils l'ont fait en Allemagne, et au lieu d'une révolution sociale progressiste, vous avez une contre-révolution réactionnaire du fascisme.

Dictature du prolétariat

Q : Définissez l'expression « dictature du prolétariat. »

R : La « dictature du prolétariat » est la définition donnée par Marx de l'État qui fonctionnera pendant la période de transition entre le renversement du capitalisme et l'institution de la société socialiste. Autrement dit, selon les marxistes, le gouvernement des travailleurs et des agriculteurs sera une dictature de classe en ce sens qu'il représentera ouvertement les intérêts des travailleurs et des agriculteurs et qu'il ne prétendra même pas représenter les intérêts économiques des capitalistes.

Q : Quelle forme prendra cette dictature en ce qui concerne la classe capitaliste ?

R : Vous voulez dire : quelle sera son attitude envers les capitalistes dépossédés ?

Q : Oui, comment exercera-t-elle sa dictature sur la classe capitaliste ?

R : Cela dépend de plusieurs conditions. Il n'y a pas de règle fixe. Cela dépend de plusieurs conditions, dont la plus importante est la richesse et les ressources du pays où la révolution a lieu. Et la deuxième est l'attitude de la classe capitaliste, si les capitalistes se réconcilient avec le nouveau régime ou s'ils entreprennent une lutte armée contre lui.

Q : Quelle est la différence entre la définition scientifique de la dictature du prolétariat et l'usage courant du mot dictature ?

R : Eh bien, l'impression populaire d'une dictature, c'est la domination d'un seul homme, un absolutisme. Je pense que c'est la compréhension populaire du mot dictature. Ce n'est pas du tout cela qu'envisage l'expression marxiste dictature du prolétariat. Elle signifie la dictature d'une classe.

Q : Et comment la dictature du prolétariat fonctionnera-t-elle en ce qui concerne les droits démocratiques ?

R : Nous pensons qu'il s'agira du gouvernement le plus démocratique qui ait jamais existé du point de vue de la grande masse des gens, bien plus démocratique, dans le vrai sens du terme, que la démocratie bourgeoise actuelle aux États-Unis.

Q : Qu'adviendra-t-il de la liberté d'expression et de toutes les libertés que nous associons généralement à un gouvernement démocratique ?

R : Je pense qu'aux États-Unis, vous pouvez dire avec une certitude absolue que les libertés d'expression, de presse, de réunion, de religion seront inscrites au programme de la révolution victorieuse.

Violence capitaliste contre la révolution socialiste

Q : Maintenant, quelle est l'opinion des marxistes au sujet du changement dans l'ordre social : sera-t-il accompagné ou non de violence ?

R : C'est l'avis de tous les marxistes qu'il s'accompagnera de violence.

Q : Pourquoi ?

R : Ceci est fondé, comme l'ensemble de la doctrine marxiste, sur l'étude de l'histoire, des expériences historiques de l'humanité au cours des nombreux changements d'une forme de société à une autre, des révolutions qui les ont accompagnés et de la résistance que les classes qui avaient fait leur temps ont invariablement opposée au nouvel ordre. Leurs efforts pour se défendre contre le nouvel ordre ou pour supprimer par la violence le mouvement favorable au nouvel ordre ont eu pour effet que, jusqu'à présent, toutes les transformations sociales importantes se sont accompagnées de violence.

Q : Qui, selon les marxistes, a initié cette violence ?

R : Toujours la classe dirigeante ; toujours la classe qui a fait son temps et qui ne veut pas quitter la scène lorsque son heure est venue. Elle veut s'accrocher à ses privilèges, les renforcer par des mesures violentes contre la nouvelle majorité et elle se heurte à la violence de masse de la nouvelle classe désignée par l'histoire pour prendre le pouvoir.

Q : Quelle est l'opinion des marxistes sur le besoin de gagner une majorité des gens aux idées socialistes ?

R : Oui, c'est certainement là le but du parti. C'est le but du mouvement marxiste, ça l'a été depuis qu'il existe. Marx a dit que la révolution sociale du prolétariat — je crois pouvoir le citer de mémoire — « est le mouvement de l'immense majorité dans l'intérêt de l'immense majorité. » Il a dit cela en la distinguant des révolutions précédentes qui s'étaient faites dans l'intérêt de minorités, comme ce fut le cas en France en 1789.

Q : Quelle est, diriez-vous, l'opinion des marxistes quant au caractère souhaitable d'une transition pacifique ?

R : La position des marxistes est que la méthode de transformation sociale la plus économique et préférable, la plus souhaitable, est bien sûr qu'elle se fasse pacifiquement.

Q : Et d'après les marxistes, est-ce que cette solution est absolument exclue ?

R : Eh bien, je ne dirais pas qu'elle est absolument exclue. Nous disons que les leçons de l'histoire ne montrent aucun exemple important en faveur de cette idée et qui permettrait de compter sur elle.

Q : Pouvez-vous nous donner des exemples dans l'histoire de l'Amérique d'une minorité qui refuse de se soumettre à une majorité ?

R : Je peux vous en donner un qui est très important. La conception des marxistes est que, même si le transfert du pouvoir politique des capitalistes au prolétariat s'accomplit pacifiquement, la minorité, la classe exploiteuse capitaliste, se révoltera alors contre le nouveau régime, quelle que soit sa légalité.

Je peux vous donner un exemple tiré de l'histoire américaine. La guerre civile américaine a éclaté quand les propriétaires d'esclaves du Sud ont refusé d'accepter la victoire parlementaire légale des capitalistes du Nord, l'élection du président Lincoln.

Q : Pouvez-vous nous donner un exemple à l'extérieur de l'Amérique où une minorité réactionnaire s'est révoltée contre une majorité au pouvoir ?

R : Oui, en Espagne. La coalition des partis ouvriers et libéraux en Espagne a obtenu la majorité absolue aux élections et établi le gouvernement du Front populaire. À peine ce gouvernement était-il en place qu'il a été confronté à une rébellion armée menée par les capitalistes réactionnaires d'Espagne.

R : Donc, la théorie des marxistes et la théorie du Parti socialiste des travailleurs, en ce qui concerne la violence, est un pronostic fondé sur une étude de l'histoire, c'est bien cela ?

R : Eh bien, en partie. C'est le pronostic que la classe qui a fait son temps et qui est mise en minorité par la montée révolutionnaire dans le pays tentera par des moyens violents de s'accrocher à ses privilèges contre la volonté de la majorité. C'est ce que nous prévoyons.

Bien sûr, nous ne nous limitons pas à ce pronostic. Nous allons plus loin et conseillons aux travailleurs de l'avoir présent à l'esprit et de se préparer pour empêcher la minorité réactionnaire qui a fait son temps d'entraver la volonté de la majorité.

Q : Quel rôle jouent la montée et l'existence du fascisme en ce que concerne la possibilité de violence ?

R : C'est vraiment là l'essentiel de toute la question, parce que la violence réactionnaire de la classe capitaliste, qui s'exprime par le biais du fascisme, est utilisée contre les travailleurs. Bien avant que le mouvement révolutionnaire des travailleurs n'obtienne la majorité, des bandes fascistes sont organisées et subventionnées à coups de millions par les plus gros industriels et financiers, ainsi que le montre l'exemple de l'Allemagne, et ces bandes fascistes entreprennent de briser le mouvement ouvrier par la force. Elles attaquent les locaux, assassinent les dirigeants, dispersent les réunions, incendient

« Même si le transfert du pouvoir s'accomplit pacifiquement, la classe capitaliste minoritaire se révoltera. La guerre civile américaine a éclaté quand les propriétaires d'esclaves ont refusé d'accepter l'élection du président Lincoln.

« En Espagne, quand les partis ouvriers et libéraux ont obtenu la majorité et établi le gouvernement du Front populaire, ils ont été confrontés à une rébellion armée des capitalistes réactionnaires. » ***James P. Cannon***

En haut. Des soldats de l'Artillerie de couleur US s'exercent au tir. Quelque 200 000 Noirs joignent les rangs de l'Armée de l'Union pour vaincre la rébellion des esclavagistes.

En bas. Barcelone, 1936. Des travailleurs et travailleuses forment des milices pour défendre la république contre les forces fascistes dirigées par le général Francisco Franco.

les imprimeries et détruisent toute possibilité de fonctionner bien avant que le mouvement ouvrier ne se soit engagé sur le chemin de la révolution.

Je dis que c'est l'essentiel de toute la question de la violence. Si les travailleurs ne s'en rendent pas compte et ne commencent pas à se défendre contre les fascistes, ils n'auront jamais la possibilité de voter sur la question de la révolution. Ils se retrouveront face au sort des prolétariats allemand et italien et seront dans les chaînes de l'esclavage fasciste avant d'avoir la moindre chance de s'exprimer par un vote honnête pour faire savoir s'ils veulent ou non le socialisme.

C'est une question de vie ou de mort pour les travailleurs que de s'organiser pour empêcher le fascisme, les bandes fascistes, de briser les organisations ouvrières et de ne pas attendre qu'il soit trop tard. C'est dans le programme de notre parti.

Q : Quelle différence y a-t-il, M. Cannon, entre préconiser la violence et prévoir une révolution violente ?

M. SCHWEINHAUT : Objection.

LE JUGE : Cet homme est-il qualifié pour répondre à cette question ? Est-ce à lui de répondre à cette question ?

M. SCHWEINHAUT : C'est le jury qui doit en décider.

M. GOLDMAN : Je formulerai la question autrement.

Q (PAR M. GOLDMAN) : Quelle est l'attitude du Parti socialiste des travailleurs quant à la promotion d'une révolution violente ?

R : Non, autant que je sache, il n'y a personne parmi les maîtres les plus représentatifs du marxisme qui prône une révolution violente. Si nous pouvons avoir la possibilité d'une révolution pacifique par l'enregistrement de la volonté de la majorité du peuple, il me semble qu'il serait parfaitement absurde de la rejeter car, de toute façon, nous ne pouvons faire une révolution victorieuse sans le soutien de la majorité des gens.

Q : Veuillez expliquer la phrase que je lis en page six de la Déclaration de principes, qui constitue la pièce à conviction n° 1 de l'accusation :

> Croire que, dans un pays comme les États-Unis, nous vivons dans une société libre et démocratique où il est possible d'effectuer un changement économique fondamental par la persuasion, par l'éducation, par une méthode légale et strictement parlementaire est une illusion.

R : Cela revient à ce que j'ai dit avant, que nous considérons comme une illusion pour les travailleurs de penser que la classe dirigeante n'utilisera pas la violence contre eux au cours de leurs efforts pour organiser la majorité du peuple.

Le gouvernement dans un État ouvrier

Q : Que signifie l'expression « renversement de l'État capitaliste » ?

R : Elle signifie le remplacer par un gouvernement des travailleurs et des agriculteurs. C'est ce que nous voulons dire.

Q : Que signifie l'expression « détruire l'appareil de l'État capitaliste » ?

R : Nous voulons dire par là que lorsque nous mettrons en place le gouvernement des travailleurs et des agriculteurs dans ce pays, le fonctionnement de ce gouvernement, ses tâches, toute sa nature seront si profondément et si radicalement différents des fonctions, des tâches et de la nature de l'État bourgeois qu'il nous faudra le remplacer sur toute la ligne. Dès le tout début, l'État ouvrier a une base différente et il est différent à tous points de vue. Il doit créer un appareil entièrement nouveau, un appareil d'État nouveau de fond en comble. Voilà ce que nous voulons dire.

Q : Voulez-vous dire qu'il n'y aurait ni Congrès, ni Chambre des représentants ni Sénat ?

R : Ce sera un autre genre de Congrès. Ce sera un Congrès des représentants des travailleurs, des soldats et des agriculteurs, fondé sur leurs unités de travail plutôt que sur la forme actuelle de représentation territoriale.

Q : Et quelle est la signification de « soviet » ?

R : Soviet est un mot russe qui veut dire « conseil ». C'est l'équivalent russe du mot conseil dans notre langue. Il désigne un organe composé de représentants de divers groupements. Voilà ce que le terme signifiait lors de la révolution russe. C'est-à-dire les représentants — ils les appelaient députés — je suppose que nous les appellerions délégués. Les délégués de diverses entreprises dans une ville donnée se rencontrent dans une instance centrale. Les Russes l'appelaient le soviet des députés des travailleurs et des soldats.

Q : Maintenant, que signifie « expropriation » ?

R : Expropriation, nous l'appliquons à la grande industrie, qui est aux mains de capitalistes privés, les 60 familles. Enlevez-la leur des mains et placez-la entre les mains du peuple par l'intermédiaire de ses représentants. Voilà l'expropriation.

Q : Est-ce une question de principe qu'il n'y ait pas d'indemnisation pour les biens expropriés aux 60 familles ?

R : Non, ce n'est pas une question de principe. Le mouvement marxiste a débattu cette question de manière interminable. Nulle part un marxiste faisant autorité a-t-il déclaré que c'était une question de principe de ne pas verser d'indemnisation. C'est une question de capacités, de ressources financières suffisantes, d'accord de la part des propriétaires privés de se soumettre, etc.

Q : Est-ce que le parti paierait volontiers ces propriétaires s'il pouvait éviter la violence ?

R : Je ne peux que vous donner mon opinion.

Q : Quelle est votre opinion ?

Q : Mon opinion personnelle est que, si les travailleurs en arrivent à être la majorité et affrontent les propriétaires capitalistes privés de l'industrie avec le fait de leur majorité et de leur force ; et que si nous pouvons alors en arriver à un accord avec les capitalistes sur l'indemnisation à leur verser pour leurs biens et les laisser en profiter jusqu'à la fin de leur vie — je pense que ce serait un moyen moins coûteux, moins coûteux et plus satisfaisant qu'une guerre civile de réaliser la transformation sociale nécessaire. Personnellement, je voterais en faveur d'un tel accord — si vous pouviez amener les capitalistes à l'accepter, mais vous ne pourrez pas.

Q : Quelle est l'attitude du parti envers les élections ?

R : Notre parti présente des candidats partout où il lui est possible de s'inscrire sur le bulletin de vote. Nous menons des campagnes très énergiques pendant les élections et, en général, dans la mesure du possible et dans les limites de nos ressources, nous prenons part aux campagnes électorales.

Q : À quelles campagnes vous rappelez-vous que le parti a participé au cours des dernières années ?

R : Eh bien, je me souviens de la candidature de la camarade Grace Carlson au Sénat des États-Unis l'an dernier. J'ai été plusieurs fois candidat du parti à divers postes. À Newark, où nous avons une bonne organisation, nous avons pendant un certain temps présenté des candidats à chaque élection. Je cite ces trois exemples. En général, c'est la politique du parti de présenter des candidats partout où c'est possible.

Q : Est-ce que le parti soutient parfois d'autres candidats ?

R : Oui. Dans les cas où nous n'avons pas de candidats, c'est notre politique en règle générale de soutenir les candidats d'un autre parti ouvrier, d'un parti des travailleurs ou d'un parti des agriculteurs et des travailleurs. Nous leur accordons un soutien critique. Autrement dit, nous ne soutenons pas leur programme, mais nous votons pour eux et appelons à voter pour eux en expliquant que nous ne sommes pas d'accord avec leur programme. Nous les soutenons contre les candidats des Partis républicain et démocrate.

Par exemple, nous avons toujours soutenu les candidats du Parti des agriculteurs et des syndicats [Farmer-Labor Party] du Minnesota chaque fois que nous n'avions pas de candidat de notre propre parti. Nous avons soutenu les candidats du Parti américain du travail [American Labor Party] à New York dans des circonstances semblables.

Q : Quel est le but du parti lorsqu'il participe à ces campagnes électorales ?

R : Je dirais que l'objectif premier est d'utiliser pleinement les possibilités démocratiques qui nous sont offertes pour faire connaître nos idées, d'essayer de nous faire élire partout où c'est possible et, à long terme, de tester toutes les possibilités de faire avancer la cause du socialisme par des moyens démocratiques.

Q : Quel but, vous et vos collègues, aviez-vous en créant le Parti socialiste des travailleurs ?

R : Notre but était d'organiser nos forces afin de mieux pouvoir propager nos idées, en ayant pour objectif final celui que j'ai déjà mentionné : la construction d'un parti qui serait capable de mener les masses ouvrières du pays vers le socialisme par le biais de la révolution sociale.

Le gouvernement capitaliste

Q : Quelle est l'attitude du parti et l'opinion du parti quant au fait que le gouvernement, tel qu'il existe maintenant, est capitaliste ?

R : Oui, nous le considérons comme un gouvernement capitaliste. Cela figure dans notre Déclaration de principes. C'est un gouvernement qui représente les intérêts économiques de la classe des capitalistes dans ce pays et pas les intérêts des travailleurs et des agriculteurs pauvres, pas les intérêts de tout le peuple, comme il le prétend. C'est un gouvernement de classe.

Q : Quelle opinion a le parti sur les différences qui existent au sein de la classe dirigeante du point de vue des plus libéraux et des plus réactionnaires ?

R : Nous ne nous représentons pas la classe capitaliste comme une unité solide et homogène. Il y a toutes sortes de tendances différentes, d'intérêts différents en son sein, qui se reflètent dans différents partis capitalistes et dans différentes factions à l'intérieur de ces partis, et dans des luttes très vives. Un exemple en est la lutte qui oppose actuellement les interventionnistes et les isolationnistes.

Q : Le parti a-t-il une attitude sur le fait que l'administration Roosevelt soit plus ou moins libérale que les administrations qui l'ont précédée ?

M. SCHWEINHAUT : Objection. Cette question n'est pas pertinente.

LA COUR : Objection retenue.

Q : Peut-il y avoir des divergences d'opinion au sein du parti sur la question de savoir si la transformation sera pacifique ou violente ?

R : Je pense que c'est possible, oui.

Q : Rien ne force donc un membre du parti à avoir une opinion sur ce que l'avenir réserve au parti ou aux travailleurs ?

R : Non, je ne pense pas que ce soit obligatoire parce que c'est une opinion sur l'avenir qui ne peut être déterminée avec une précision scientifique.

Q : Quelles mesures le parti prend-il, s'il en prend, pour s'assurer que chaque membre interprète correctement la politique du parti ?

R : Eh bien, en plus de nos conférences publiques, de notre presse, de nos forums, etc., nous tenons des réunions internes, des réunions de formation. Dans les plus grandes villes, nous organisons d'habitude une école où nous enseignons les doctrines du parti. Il y a des camarades individuels, des travailleurs sans instruction qui ne comprennent pas notre programme ou qui l'interprètent mal. Nous prenons toutes sortes de dispositions pour essayer de leur expliquer les choses et de les convaincre du point de vue du parti. Ceci se présente souvent parce que, après tout, le programme du parti est un document qui représente près de 100 ans de pensée socialiste et nous ne nous attendons pas à ce qu'un travailleur sans instruction qui adhère au parti comprenne toutes ces doctrines aussi précisément que les dirigeants professionnels du parti.

Q : Que pouvez-vous nous dire sur les différences et les niveaux de connaissance des différents membres du parti ?

R : Et bien, il y a une grosse différence d'un membre à l'autre et d'un dirigeant à l'autre.

Q : Est-il toujours possible de corriger toutes les erreurs que chaque membre du parti commet ?

M. SCHWEINHAUT : Objection.

LA COUR : Il me semble que la réponse est évidente.

M. SCHWEINHAUT : Je suis d'accord pour préciser que ce n'est pas toujours possible.

M. GOLDMAN : Très bien.

Internationalisme du SWP

Q (PAR M. GOLDMAN) : Quelle est la position adoptée par le parti sur la question de l'internationalisme ?

R : Le parti est fondamentalement internationaliste.

Q : Et qu'entendez-vous par cela ?

R : Nous croyons que le monde moderne est un tout économique. Aucun pays n'est autosuffisant. Il est impossible de résoudre les problèmes cumulatifs d'aujourd'hui si ce n'est à l'échelle mondiale. Aucun pays n'est autosuffisant et aucun pays ne peut vivre isolé.

L'économie du monde est aujourd'hui entièrement liée en un tout unique. Et parce que nous pensons que la solution au problème qui est à l'ordre du jour — l'établissement du socialisme — est un problème mondial, nous croyons que les travailleurs avancés de chaque pays doivent collaborer en oeuvrant vers ce but. Depuis le tout début de notre mouvement, nous avons collaboré avec des gens qui pensent comme nous dans tous les autres pays en essayant de promouvoir le mouvement socialiste à l'échelle mondiale. Nous avons préconisé l'organisation internationale des travailleurs et leur coopération et leur assistance mutuelle sous tous les aspects possibles.

Q : Est-ce que le parti a une position sur la question des différences raciales ou nationales ?

R : Oui, le parti s'oppose à toutes les formes de chauvinisme national, de préjugés raciaux, de discrimination, de dénigrement des races — je veux dire par là cette théorie odieuse des fascistes sur les races inférieures. Nous croyons en l'égalité totale de toutes les races, nationalités et croyances et nous militons en faveur de cette position. Il est écrit dans notre programme que nous combattons l'antisémitisme et que nous exigeons l'égalité complète et inconditionnelle pour le Noir dans tous les domaines de la vie. Nous sommes les amis des peuples coloniaux, des Chinois, de tous ceux qui sont persécutés et traités comme inférieurs.

Q : Quelle est la position du parti sur le socialisme en tant que système mondial ?

R : Non seulement militons-nous pour un mouvement socialiste international, mais nous croyons que l'ordre socialiste sera un ordre mondial, pas une autarcie nationale qui est poussée jusqu'à l'absurde par les fascistes qui ont tenté de bâtir la théorie selon laquelle l'Allemagne pourrait être un pays totalement autosuffisant sur le plan économique, que l'Italie pourrait l'être, etc. Nous croyons que les richesses du monde, les matières premières du monde et les ressources naturelles du monde sont ainsi réparties à travers le globe que chaque pays contribue quelque chose et manque de quelque chose pour un développement complet et harmonieux des forces productives de l'humanité.

Nous envisageons la société future de l'humanité comme un ordre socialiste mondial, qui aura une division du travail entre les différents pays en fonction de leurs ressources, une collaboration de camaraderie entre eux et finalement une production des biens de première nécessité et de luxe de l'humanité selon un seul plan mondial universel.

Q : Le parti a-t-il jamais appartenu à une organisation internationale ?

R : Le parti a appartenu à la Quatrième Internationale. On l'a ainsi désignée pour la distinguer des trois autres organisations internationales connues dans l'histoire du socialisme. La première, l'Association internationale des travailleurs, a été fondée sous la direction de Marx dans les années 1860 et s'est maintenue jusqu'aux environs de 1871 [1].

La Deuxième Internationale a été mise sur pied à l'initiative des partis socialistes allemand, français et d'autres pays européens vers 1890. Elle continue à exister aujourd'hui. Elle comprend les partis socialistes et les syndicats réformistes d'Europe. Du moins, ils en faisaient partie jusqu'à ce que le fléau d'Hitler ne les détruise.

---

1. La Première Internationale a été fondée le 28 septembre 1864 et formellement dissoute le 15 juillet 1876. — LA RÉDACTION.

La Troisième Internationale a été fondée sous la direction de Lénine et Trotsky après la révolution russe. Ils l'ont fondée en 1919, comme une rivale de la Deuxième Internationale, la principale raison étant que cette dernière avait soutenu la guerre impérialiste de 1914 et, aux yeux des bolcheviks, elle avait ainsi trahi les intérêts des travailleurs.

La Quatrième Internationale a été mise sur pied à l'initiative de Trotsky comme une rivale de la Troisième Internationale stalinienne. Nous avons pris part au lancement de ce mouvement et avons participé à son travail jusqu'en décembre dernier.

Q : Et qu'est-ce qui vous a amené à ne plus en faire partie ?

R : L'adoption par le Congrès de la loi Voorhis, qui pénalise les organisations ayant des affiliations internationales, l'a rendu nécessaire. Nous avons convoqué un congrès extraordinaire du parti et officiellement rompu nos liens avec la Quatrième Internationale conformément à la loi Voorhis.

Q : Quel rôle jouent les résolutions de la Quatrième Internationale dans le parti ?

R : Eh bien, elles ont une énorme autorité morale au sein de notre parti. Toutes les sections de la Quatrième Internationale prennent leurs décisions nationales de manière autonome, mais chaque fois que les documents programmatiques de la Quatrième Internationale peuvent s'appliquer aux conditions américaines, ils exercent sur nous une influence décisive.

Q : Donc, vous les acceptez pour autant qu'ils s'appliquent aux conditions américaines ?

R : Oui. Pour nous, ce n'est pas la lettre de la loi comme l'est notre Déclaration de principes, mais c'est une ligne idéologique générale qui nous sert de guide.

Les syndicats

Q : Est-ce que le parti s'intéresse au mouvement syndical ?

R : Oh oui, énormément.

Q : Et pourquoi ?

R : Eh bien, nous considérons le mouvement syndical comme l'organisation de base des travailleurs, qui devrait rassembler la grande masse des travailleurs — et doit les rassembler — dans la lutte pour défendre leurs intérêts au jour le jour. Nous sommes en faveur des syndicats et nous participons à leur organisation partout où nous le pouvons.

Q : Et quel est le but fondamental du parti en essayant de renforcer les syndicats et d'en créer partout où ils n'existent pas ?

R : Eh bien, notre but est double. D'abord, nous nous intéressons sérieusement à tout ce qui profite aux travailleurs. Les syndicats aident les travailleurs à résister à l'oppression et si possible à améliorer leurs conditions. Voilà pour nous une raison décisive pour les soutenir, car nous sommes en faveur de tout ce qui profite aux travailleurs.

Une deuxième raison est que les syndicats, qui sont de grandes organisations de masse, nous offrent le terrain le plus fertile où travailler à populariser les idées du parti et l'influence du parti.

Q : Quelles directives, s'il y en a, donne-t-on aux membres du parti en ce qui concerne leur activité dans les syndicats ?

R : Oui, les membres de notre parti ont pour consigne d'être les meilleurs syndicalistes, d'être ceux qui font le plus de travail pour les syndicats — d'être les plus attentifs et les plus actifs dans le travail syndical — d'être les meilleurs mécaniciens dans leur métier, d'acquérir de l'influence grâce à la supériorité de leurs capacités et de leurs actions en faveur des travailleurs dans le syndicat.

Q : Le parti a-t-il une position vis-à-vis du CIO et de l'AFL ?

M. SCHWEINHAUT : Je m'oppose à cette question parce que sans importance, votre Honneur.

LA COUR : Quel est l'intérêt de la question, M. Goldman ?

M. GOLDMAN : Eh bien, elle expliquerait la lutte ici dans la section locale 544-CIO, sur laquelle ont déposé les témoins du gouvernement.

LA COUR : Il peut répondre.

LE TÉMOIN : Oui, nous avons une position.

Q (PAR M. GOLDMAN) : Et quelle est cette position, M. Cannon ?

R : En général, nous sommes en faveur du syndicalisme industriel, c'est-à-dire cette forme de syndicalisme qui organise dans un même syndicat tous les travailleurs d'une entreprise donnée ou d'une industrie donnée. Nous estimons qu'il s'agit là d'une forme d'organisation plus progressiste et efficace que le syndicalisme de métier. Nous soutenons donc le principe du syndicat industriel.

Le CIO a trouvé son champ de travail le plus important dans les grandes industries de production de masse telles que l'automobile et la métallurgie, jusqu'ici non syndiquées, et où les travailleurs ne bénéficiaient de la protection d'aucune organisation et où l'expérience a prouvé qu'il était impossible pour les syndicats de métier, une douzaine ou plus dans une seule entreprise, de les organiser. Nous estimons que la syndicalisation de plusieurs millions de travailleurs de la production de masse est un énorme progrès. En général, nous sympathisons donc avec la tendance que représente le CIO.

Mais nous ne condamnons pas l'AFL. Nous sommes contre le syndicalisme de métier, mais beaucoup de nos membres appartiennent à des syndicats de l'AFL et nous avons en général la même attitude envers eux que vis-à-vis des syndicats du CIO : de les construire, de les renforcer afin d'améliorer les conditions des travailleurs. Et nous soutenons l'idée de l'unité de l'AFL et du CIO : c'était écrit dans notre Déclaration de principes. Ainsi, alors que nous sommes plutôt en faveur du CIO en tant que mouvement national, nous sommes pour l'unité à la condition qu'elle ne sacrifie pas la forme industrielle de syndicalisation.

Q : Quelle est la politique du parti en ce qui concerne l'existence de la démocratie dans les syndicats ?

R : La Déclaration de principes et tous nos éditoriaux et discours ne cessent d'exiger l'institution d'un régime démocratique à l'intérieur des syndicats, d'exiger le droit pour les membres de parler librement, d'avoir des élections libres, des élections fréquentes et, en général, ne cessent d'exiger que les syndicats soient placés sous le contrôle des membres du rang par le biais du système de la démocratie.

Q : Et quelle est la politique du parti en ce qui concerne l'extorsion et le gangstérisme dans les syndicats ?

R : De la même façon, la Déclaration de principes dénonce les extorqueurs, les gangsters, tous les éléments criminels. Elle enjoint à nos membres et sympathisants de lutter sans relâche pour les virer des syndicats et interdit à tout membre du parti, sous peine d'expulsion, d'apporter un quelconque soutien direct ou indirect à tout élément criminel ou pratiquant l'extorsion dans les syndicats.

Q : Le parti a-t-il une politique visant à contrôler les syndicats ?

R : Non, un syndicat est une organisation indépendante, autonome, et…

M. SCHWEINHAUT : Bon, vous avez répondu à la question. Il vous a demandé s'il y avait une politique concernant le contrôle des syndicats et vous avez dit non.

M. GOLDMAN : Laissez-le s'expliquer.

M. SCHWEINHAUT : Pourquoi faut-il une explication ?

M. GOLDMAN : Eh bien, il y a au moins, je dirais, 25 à 50 pages de témoignages sur le contrôle des syndicats par le parti.

M. SCHWEINHAUT : Et le témoin a dit qu'une telle politique n'existe pas. C'est suffisant.

LA COUR : Eh bien, il a certainement répondu à la question.

Q (PAR M. GOLDMAN) : De quelle façon le parti essaie-t-il de gagner de l'influence dans les syndicats ?

R : Nous essayons d'encourager nos membres dans les syndicats à lutter afin d'obtenir une influence prépondérante.

Q : Comment cela ?

R : Tout d'abord, en donnant pour consigne à nos membres dans les syndicats d'être les meilleurs syndicalistes dans le syndicat et d'être les meilleurs travailleurs au boulot. Voilà la première chose, afin qu'ils puissent gagner le respect et la confiance de leurs camarades de travail.

Deuxièmement, ils doivent activement propager nos idées parmi leurs camarades de travail. Ils doivent être énergiques et actifs dans toutes les affaires du syndicat : essayer de vendre des abonnements à notre journal, essayer d'influencer les membres du syndicat pour qu'ils assistent à nos conférences et à nos cours et, d'une façon générale, travailler pour gagner sympathie et soutien au parti et à son programme. Nous disons certainement cela.

Q : Quelle est la politique du parti quant à l'obtention par des membres du parti de positions de responsabilité dans les syndicats ?

R : Oui, chaque fois qu'ils peuvent être honnêtement élus, nous les encourageons certainement à essayer.

Q : Mais par le biais d'élections ?

R : Par le biais d'élections, oui. Et s'ils peuvent être nommés par une instance supérieure et que le travail n'est pas incompatible avec nos principes, nous leur conseillons d'accepter la nomination, comme dans le cas par exemple du camarade Dobbs.

Q : À quel poste ?

R : À un moment donné, Farrell Dobbs a été nommé organisateur international du syndicat des Teamsters.

LA COUR : Mesdames et Messieurs les jurés, vous vous souviendrez je vous prie de la mise en garde de la Cour. Nous reprendrons l'audience à dix heures demain matin.

LE MERCREDI 19 NOVEMBRE 1941
AUDIENCE DU MATIN

Tribunal fédéral des États-Unis,
district du Minnesota, quatrième division.

James P. Cannon

Q (PAR M. GOLDMAN) : M. Cannon, pourriez-vous nous expliquer la position du Parti socialiste des travailleurs sur les causes des guerres modernes ?

R : D'après notre parti, les guerres modernes sont provoquées par le conflit entre les pays impérialistes pour s'approprier marchés, colonies, sources de matières premières, domaines où investir et sphères d'influence.

Q : Que voulez-vous dire par « impérialistes », M. Cannon ?

R : Les pays capitalistes qui, directement ou indirectement, exploitent d'autres pays.

Causes de la guerre moderne

Q : Quelle est la position du parti sur le caractère inévitable des guerres dans le système capitaliste ?

R : Tant que subsistera le système capitaliste, et avec lui les conditions que j'ai mentionnées et qui découlent automatiquement du fonctionnement du système capitaliste et impérialiste, les guerres, les guerres périodiques, sont inévitables.

Q : Et y a-t-il des oppositions à la guerre, y compris celle du Parti socialiste des travailleurs, capables d'empêcher les guerres dans le système capitaliste ?

R : Non. Notre parti a toujours affirmé qu'il est impossible d'empêcher les guerres sans abolir le système capitaliste qui engendre la guerre. Il peut être possible de retarder le déclenchement d'une guerre pendant un certain temps, mais au bout du compte il est impossible d'empêcher les guerres tant que ce système, et ses conflits entre pays impérialistes, subsiste.

Q : Est-il vrai alors, selon le parti, que ce sont les conflits économiques internationaux qui sont la cause des guerres et non la bonne ou mauvaise volonté de certaines personnes ?

R : Oui. Ceci n'élimine pas la possibilité d'attaques accidentelles provoquées par les actions de tel ou tel groupe au pouvoir dans l'un ou l'autre pays. Mais fondamentalement, les guerres sont provoquées par les efforts de toutes les puissances capitalistes pour étendre leur contrôle à d'autres domaines. La seule manière pour elles de se les approprier est de les prendre à une autre puissance parce que le monde entier a été divisé entre un petit groupe de puissances impérialistes. Voilà ce qui conduit à la guerre, indépendamment de la volonté des gens.

Nous n'affirmons pas que les groupes dirigeants de l'une ou l'autre des puissances impérialistes actuellement en guerre désiraient vraiment la guerre. Nous avons déclaré plusieurs fois qu'ils auraient été heureux de l'éviter, mais qu'ils ne pouvaient l'éviter tout en maintenant le système capitaliste dans leur pays.

Q : Quelle est l'attitude du parti envers une guerre qu'il désigne comme une guerre impérialiste ?

R : Notre parti est catégoriquement opposé à toutes les guerres impérialistes.

Q : Et que signifie opposition aux guerres impérialistes ?

R : Nous voulons dire par là que nous n'apportons pas le moindre soutien à une guerre impérialiste. Nous ne votons pas pour elle, nous ne votons pas pour quiconque en fait la promotion, nous ne parlons pas en sa faveur, nous n'écrivons pas en sa faveur. Nous nous y opposons.

THE INDUSTRIAL ORGANIZER

Official Organ of Motor Transport and Allied Workers Industrial Union Local 544-CIO

Labor Fighters Against War Go On Trial Monday

Blair's Latest Move: Backs Company Union

Tobin's Quislings and Blair

Hounded by Biddle For Anti-War Views

Imperialist War-Mongers Are Trying to Stifle Militant Voices of Labor

Civil Rights Group Sends Its Sympathy

CONCLUSION OF CANNON'S TESTIMONY — See Page 2 —

THE MILITANT

PUBLISHED IN THE INTERESTS OF THE WORKING PEOPLE

WAR REINSTATES 1917 ESPIONAGE ACT

USSR Faces War On Two Fronts

SIX OF THE DEFENDANTS CONVICTED

Was Used In Last War To Attack Civil Liberties

Judge Sentences 18 Minnesota Defendants

Wall Street's WAR —Not Ours!

By Joe Hansen

2c

« Dans notre journal, nous écrivons contre l'entrée des États-Unis dans la guerre. Nous parlons contre elle. Nous faisons publiquement de l'agitation politique contre toutes les mesures prises par l'exécutif ou par le Congrès qui mènent à une participation à la guerre. »

James P. Cannon

Des dirigeants du Parti socialiste des travailleurs et de la section locale 544-CIO sont condamnés à la prison pendant la deuxième guerre mondiale pour avoir lutté au sein du mouvement ouvrier contre les efforts des dirigeants US pour mobiliser un appui à ce carnage.

En haut. À l'aide du *Militant*, de brochures et de l'*Industrial Organizer*, ces dirigeants ouvriers révolutionnaires font campagne contre la guerre impérialiste et contre les attaques contre les droits démocratiques garantis par la constitution US.

Q : Comment le Parti socialiste des travailleurs s'oppose-t-il à l'idée que les États-Unis entrent en guerre ?

R : Nous le faisons comme tout autre parti politique défend ses idées sur une question de politique étrangère. Nous écrivons contre elle dans notre journal, nous parlons contre elle, nous essayons de créer un sentiment dans les organisations auprès desquelles nous pouvons effectuer des démarches pour qu'elles adoptent des résolutions contre la guerre. Si nous avions des membres au Congrès, ils parleraient contre elle au Congrès, au Sénat. En général, nous faisons publiquement de l'agitation politique contre l'entrée en guerre des États-Unis et contre toutes les mesures prises, soit par l'exécutif, soit par le Congrès, qui mènent selon nous à une participation active à la guerre.

Q : Que voulez-vous dire par « active » ?

R : Par exemple, toutes les mesures qui ont été prises et qui, en fait, font entrer les États-Unis en guerre sans une déclaration officielle à cet effet.

Q : Quelle a été la position du parti concernant l'amendement de la constitution visant à donner au peuple le pouvoir de déclarer la guerre ?

R : Depuis pas mal de temps, nous soutenons la proposition présentée au Congrès par, je crois, le député Ludlow et connue comme l'amendement Ludlow, en faveur d'un amendement à la constitution qui exigerait la tenue d'un référendum populaire pour déclarer une guerre. Notre parti a soutenu cette proposition et s'est plusieurs fois lancé dans des campagnes d'agitation très énergiques en faveur d'un tel amendement exigeant un vote du peuple par référendum avant de pouvoir déclarer la guerre.

Q : Et telle est toujours la position du parti, M. Cannon ?

R : Oui, elle est incorporée dans l'en-tête éditorial de notre journal comme un des points de notre politique quotidienne pratique. Si je ne me trompe pas, elle apparaît en page éditoriale comme l'un de nos principes actuels et, de temps en temps, paraît dans le journal un éditorial ou un article qui essaie de raviver l'intérêt pour cette idée.

Q : Si les États-Unis se joignaient au conflit européen, quelle forme prendrait l'opposition du parti à la guerre ?

R : Nous maintiendrions notre position.

Q : Et c'est-à-dire ?

R : C'est-à-dire que nous ne deviendrions pas des partisans de la guerre, même après qu'elle ait été déclarée. C'est-à-dire que nous resterions un parti politique d'opposition sur la question de la guerre comme sur d'autres.

Q : Vous ne soutiendriez pas la guerre ?

R : C'est ce que je veux dire, nous ne soutiendrions pas la guerre d'un point de vue politique.

LA COUR : Puis-je vous demander de développer le sens de cette dernière affirmation ?

M. GOLDMAN : Oui.

Q : Lorsque vous dites « pas de soutien à la guerre, » que ferait au juste le parti pendant une guerre pour montrer son non-soutien à la guerre ?

R : Dans la mesure où nous pourrions exercer nos droits, nous prendrions la parole contre la guerre comme étant une politique erronée qu'il faut changer, de la même façon selon nous que d'autres partis pourraient s'opposer à la politique étrangère du gouvernement en temps de guerre, comme Lloyd George par exemple s'est opposé à la guerre des Boers dans ses allocutions et ses discours. Ramsay McDonald, qui est devenu par la suite premier ministre de l'Angleterre, s'est opposé à la politique de guerre de l'Angleterre pendant la guerre mondiale de 1914-1918. Nous avons notre point de vue, qui est différent de celui des deux personnages politiques que je viens de citer, et, dans la mesure où nous pourrions exercer nos droits, nous continuerions à écrire et à parler en faveur d'une politique étrangère différente pour l'Amérique.

Sabotage

Q : Est-ce que le parti prendrait des mesures, disons, pratiques pour montrer son opposition à la guerre ou son non-soutien à la guerre ?

R : Quelles sortes de mesures pratiques ?

Q : Est-ce que le parti essaierait d'une manière ou d'une autre de saboter la conduite de la guerre ?

R : Non. Le parti s'est expressément prononcé contre le sabotage. Nous sommes contre le sabotage.

Q : Qu'est-ce que c'est... Que voulez-vous dire par « sabotage » ?

R : C'est-à-dire faire obstruction au fonctionnement normal des industries, des transports ou des forces armées. Jamais notre parti n'a pris position pour le sabotage des forces armées en temps de guerre.

Q : Et pouvez-vous nous en expliquer les raisons ?

R : Eh bien, tant que nous sommes une minorité, nous n'avons d'autre choix que de nous soumettre à la décision qui a été prise. Le gouvernement a pris la décision d'aller en guerre et la majorité des gens l'acceptent. Nos camarades doivent s'y conformer. Ceux qui sont sujets au service militaire doivent l'accepter avec tous les autres de leur génération, et aller accomplir le devoir qui leur est imposé jusqu'au jour où ils convaincront la majorité d'une autre politique.

Q : Dans ses grandes lignes, votre opposition pendant une guerre serait donc du même genre que votre opposition avant la guerre ?

R : Une opposition politique. Voilà de quoi nous parlons.

Q : Le parti a-t-il déjà conseillé ou le parti conseille-t-il maintenant à ses membres, ou à l'un de ses sympathisants, ou à un travailleur avec qui il entre en contact de créer de l'insubordination dans les forces armées ou la marine des États-Unis ?

R : Non.

Q : Pouvez-vous nous en expliquer la raison ?

R : Fondamentalement, la raison est celle que je viens de donner. Un parti politique sérieux qui vise la transformation sociale de la société — ce qui est possible uniquement avec le consentement et le soutien de la grande masse de la population — un tel parti ne peut tenter lorsqu'il est une minorité de faire obstruction à l'application des décisions de la majorité. Par le sabotage, l'insubordination, l'indiscipline, etc., un parti se discréditerait complètement et détruirait ses possibilités de convaincre les gens, en plus d'être totalement inefficace dans la réalisation de quoi que ce soit.

Q : Voulez-vous énoncer les raisons pour lesquelles le parti ne soutiendrait pas une guerre menée par le gouvernement actuel des États-Unis ?

R : En général, nous n'accordons aucune confiance au groupe capitaliste qui dirige ce pays. Nous ne lui donnons aucun soutien car nous ne croyons pas qu'il peut résoudre ou va résoudre les problèmes sociaux fondamentaux qu'il faut résoudre afin de sauver la civilisation du naufrage.

Nous pensons que la transition sociale nécessaire du système capitaliste actuel vers l'ordre bien plus efficace du socialisme ne peut se réaliser que sous la direction des travailleurs. Les travailleurs doivent s'organiser de façon indépendante des partis politiques capitalistes. Ils doivent organiser un grand parti qui leur appartient, développer un parti ouvrier indépendant qui leur appartient et s'opposer à la politique des partis capitalistes, peu importe qu'ils s'appellent démocrate, républicain ou autre chose.

Q : Quel genre de guerre serait pour vous une guerre menée par l'actuel gouvernement des États-Unis ?

R : Je la considérerais comme une guerre capitaliste.

Q : Pourquoi ?

R : Parce que l'Amérique est aujourd'hui un pays capitaliste. Elle ne se distingue des autres que parce qu'elle est plus forte et plus grande. Nous ne croyons pas dans la politique capitaliste. Nous ne voulons pas obtenir de colonies. Nous ne voulons pas d'effusion de sang afin que le capital américain fasse des profits.

Q : Quelle est la position du parti quant à l'affirmation selon laquelle la guerre contre Hitler serait une guerre de la démocratie contre le fascisme ?

R : Nous disons que c'est un subterfuge, que le conflit entre l'impérialisme américain et l'impérialisme allemand a pour objectif la domination du monde. Il est absolument vrai qu'Hitler veut dominer le monde, mais nous pensons qu'il est également vrai que le groupe des capitalistes américains au pouvoir a la même idée et nous ne sommes ni pour l'un ni pour l'autre.

Nous ne croyons pas que les 60 familles à qui l'Amérique appartient veulent mener cette guerre pour un quelconque principe sacré de démocratie. Nous pensons qu'elles sont les plus grandes ennemies de la démocratie ici, chez nous. Nous pensons qu'elles utiliseraient l'occasion d'une guerre uniquement pour supprimer tous les droits civils chez nous, pour y instaurer la meilleure imitation possible du fascisme.

Q : Quelle est la position du parti sur les ennemis impérialistes ou capitalistes des États-Unis, comme l'Allemagne ou l'Italie ?

R : Nous ne sommes pas pro-allemands. Nous ne sommes absolument pas intéressés par la victoire d'aucun des ennemis impérialistes des États-Unis.

Q : En cas de conflit entre les États-Unis et l'Allemagne, l'Italie ou le Japon, quelle serait la position du parti sur la victoire ou la défaite des États-Unis par rapport à leurs ennemis impérialistes ?

American-Japanese War Preparations Hastened

Rival Imperialists Hold 'Peace' Talks As They Rush Plans for War in the Pacific

By JOSEPH HANSEN

The hasty return of President Roosevelt to Washington

tered. While reinforcements continued to arrive from other British colonies and possessions, volunteers were called up and several thousand militia men who

« Il est absolument vrai qu'Hitler veut dominer le monde, mais nous pensons qu'il est également vrai que le groupe des capitalistes américains au pouvoir a la même idée. Nous ne sommes ni pour que l'impérialisme américain ni pour que l'impérialisme allemand domine le monde. » ***James P. Cannon***

En haut. Port-au-Prince, juillet 1915. Des marines US occupent Haïti, ce qui durera jusqu'en 1934. Au centre. Corinto, Nicaragua, mars 1927. Débarquement de l'armée US, le début d'une guerre de sept ans pour écraser la rébellion menée par l'armée des travailleurs et des paysans dirigée par Augusto César Sandino.

En bas. Le 6 décembre 1941, la veille de l'attaque contre Pearl Harbor, un article du *Militant* intitulé « Les préparatifs de guerre entre les US et le Japon s'accélèrent » décrit l'escalade du conflit entre Washington et Tokyo pour la domination de l'Asie et du Pacifique. Le sous-titre dit : « Les rivaux impérialistes tiennent des pourparlers de « paix » pendant qu'ils hâtent leurs plans de guerre dans le Pacifique. »

R : Eh bien, nous ne sommes certainement pas pour la victoire du Japon ou de l'Allemagne ou de toute autre puissance impérialiste contre les États-Unis.

Q : Est-il vrai alors que le parti est tout autant opposé à Hitler qu'aux revendications capitalistes des États-Unis ?

R : C'est incontestable. Nous considérons Hitler et l'hitlérisme comme le plus grand ennemi de l'humanité. Nous voulons le balayer de la surface de la terre. La raison pour laquelle nous ne soutenons pas une déclaration de guerre par les armes américaines, c'est que nous ne croyons pas que les capitalistes américains peuvent vaincre Hitler et le fascisme. Nous pensons que seule une guerre menée sous la direction des travailleurs peut anéantir l'hitlérisme.

Programme pour combattre le fascisme

Q : Quelle est la méthode que le parti propose pour vaincre Hitler ?

R : Si les travailleurs formaient le gouvernement dont j'ai parlé, si la forme ouvrière du gouvernement était au pouvoir, nous proposerions deux choses.

Premièrement, de faire au peuple allemand une déclaration, une promesse solennelle, selon laquelle nous n'allons pas lui imposer une nouvelle paix de Versailles, que nous n'allons pas saigner le peuple allemand, lui prendre ses installations maritimes ou lui prendre ses vaches laitières comme ce fut fait dans l'horrible traité de Versailles. Ce dernier a affamé les bébés allemands nourris au sein de leurs mères et rempli le peuple allemand d'une telle haine et d'une telle volonté de vengeance qu'un monstre comme Hitler a pu le rallier autour d'un slogan de revanche contre ce terrible traité de Versailles. Nous lui dirions :

« Nous nous engageons à ne rien imposer de tout cela au peuple allemand. Au contraire, nous vous proposons une réorganisation du monde sur de justes bases socialistes, réorganisation à laquelle le peuple allemand pourra participer d'égal à égal avec nous, avec toute la capacité qu'on lui connaît, avec tout son génie et son ardeur au travail. » Ce serait la première proposition que notre parti lui ferait.

Deuxièmement, nous lui dirions aussi : « D'autre part, nous allons construire l'armée, la marine et l'aviation les plus grandes au monde afin de les mettre à votre disposition pour aider à écraser Hitler par la force des armes sur un front, pendant que vous vous révolterez contre lui sur le front intérieur. »

Je pense que ce serait essentiellement le programme de notre parti, que le gouvernement des travailleurs et des agriculteurs de l'Amérique mettrait de l'avant en ce qui concerne Hitler et nous croyons que c'est là le seul moyen de détruire l'hitlérisme. Ce n'est que lorsque les grandes puissances de l'autre bande pourront convaincre le peuple allemand de se soulever contre Hitler, car nous ne pouvons oublier…

M. SCHWEINHAUT : Vous avez répondu à la question, M. Cannon.

Q : Maintenant, d'ici le jour où les travailleurs et les agriculteurs des États-Unis établiront leur propre gouvernement et emploieront leurs propres méthodes pour vaincre Hitler, le Parti socialiste des travailleurs doit se soumettre à la majorité du peuple, c'est bien cela ?

R : C'est tout ce que nous pouvons faire. C'est tout ce que nous proposons de faire.

Q : Et la position du parti est de ne pas faire obstruction aux méthodes et aux moyens adoptés par le gouvernement pour la poursuite effective de la guerre ?

R : Pas d'obstruction de type militaire, ni de révolution par une minorité. Au contraire, le parti s'est clairement prononcé contre toute procédure de ce genre.

Q : Quelle est l'opinion du parti quant au rapport entre la guerre et une éventuelle situation révolutionnaire ?

R : Les guerres ont souvent été suivies de révolutions. Les guerres elles-mêmes sont l'expression d'une terrible crise sociale qu'elles ne peuvent pas résoudre. Pendant la guerre, la misère et la souffrance augmentent à un rythme tellement rapide qu'elles conduisent souvent à une révolution.

La guerre russo-japonaise de 1904 a produit la révolution russe de 1905. La guerre mondiale de 1914 a produit la révolution russe de 1917, la révolution hongroise, une quasi-révolution en Italie et la révolution en Allemagne et en Autriche. Et en général, une situation révolutionnaire s'est développée sur tout le continent européen en conséquence de la première guerre mondiale.

Je pense qu'il est très probable que si la guerre continue en Europe, les masses populaires, surtout en Europe, tenteront de mettre fin à la boucherie par des moyens révolutionnaires.

Q : Il serait donc juste de dire que si une situation révolutionnaire se développe, elle sera créée par une guerre et non pas par le Parti socialiste des travailleurs ?

R : Je dirais qu'elle sera créée par les privations du système capitaliste, que la guerre accélère de façon exponentielle.

Q : Quelle est la politique du parti quant à autoriser la publication d'opinions et d'interprétations diverses de l'actualité dans les publications du parti ?

R : Eh bien, ce n'est pas interdit. D'habitude, les membres individuels du parti écrivent des articles sur l'actualité avec une certaine perspective que la majorité du Comité ne partage pas nécessairement.

Q : Dans le cas de pronostics ou d'opinions sur des événements futurs, diriez-vous que le parti accorde plus largement cette liberté ?

R : Oui, il doit forcément le faire : des pronostics ne sont pas totalement vérifiables avant que l'événement n'ait lieu et des opinions différentes surgissent. En particulier depuis le déclenchement de la guerre mondiale, nous avons eu des opinions contradictoires dans le parti quant au moment où les États-Unis entreraient officiellement en guerre ou quant à savoir s'ils entreraient ou non en guerre. Il n'y en avait pas beaucoup qui doutaient qu'il le fasse, mais j'ai entendu quelques membres du parti exprimer de telles opinions.

Q : Et diriez-vous que les opinions des membres du parti quant à l'éventualité d'une situation révolutionnaire dans l'avenir sont à ranger dans cette catégorie d'opinions pour lesquelles il y a de nombreux points de vue différents ?

R : Oui, nécessairement.

Q : Est-ce que vous rangez aussi dans cette catégorie les pronostics sur le fait que la révolution sera accompagnée de violence ou non ?

R : Eh bien, jusqu'à un certain point, jusqu'à un certain point. Il y a un plus grand accord parmi les dirigeants formés du parti qui ont étudié l'histoire et le marxisme, un plus grand accord sur cette question que sur une question comme la perspective d'entrée dans la présente guerre mondiale.

Q : Mais il peut y avoir, et il y a, des divergences d'opinion quant au moment exact de la situation révolutionnaire et quant à son développement approximatif ?

R : Quant au moment d'une révolution, c'est complètement spéculatif. Il n'y a personne dans le parti capable d'avancer plus qu'une hypothèse sur cette question-là.

Q : Feriez-vous une distinction entre les résolutions officielles du parti et les éditoriaux ?

R : Oui. Une résolution est un document officiel, approuvé par le Comité national lui-même ou par un congrès. Elle est réfléchie et devient une déclaration officielle du parti. Selon moi, elle a plus de poids et devrait avoir plus de poids qu'un éditorial qui peut être écrit par un rédacteur pressé de boucler le journal — et qui n'est pas rédigé avec le soin et la précision d'expression qui s'imposent lorsqu'une résolution est officiellement signée par le Comité national.

Q : Est-ce que le parti accepte officiellement toutes les opinions exprimées dans les articles signés ou même les éditoriaux ?

R : Non, je dirais. Pas officiellement, non. Dans l'esprit des membres du parti, les articles signés par les dirigeants les plus en vue du parti ont, je pense, un caractère au moins semi-officiel, mais ils n'ont pas le poids d'une résolution officielle du Comité ou d'un congrès.

Politique militaire prolétarienne

Q : Voudriez-vous maintenant, s'il vous plaît, expliquer ce qu'on appelle la politique militaire du parti ?

R : La politique militaire du parti est incorporée dans les décisions de la conférence qui s'est tenue il y a un an, en septembre 1940.

À cette époque nous avons convoqué une conférence extraordinaire du parti en liaison avec une réunion plénière du Comité national afin d'examiner cette question particulière — notre attitude sur la conscription et la nouvelle extension de la situation de guerre — et nous y avons adopté une résolution dont voici l'essentiel.

Premier point. Tant que la conscription est adoptée comme loi et dès qu'elle est devenue loi, en référence à la loi du service militaire, tous les membres du parti doivent se conformer à cette loi, doivent s'inscrire et ne doivent pas s'opposer à l'inscription des autres. Au contraire, le parti s'oppose en particulier à la position de groupes tels que les objecteurs de conscience. Bien que nous admirions le courage et l'intégrité d'assez haut niveau requis pour faire ce que les objecteurs de conscience ont fait, nous avons écrit contre leur démarche et avons dit que c'est une erreur pour des individus de refuser de s'inscrire lorsque la grande masse de leur génération part à la guerre. En ce qui nous concerne, si la génération des jeunes travailleurs américains part à la guerre, les membres de notre parti partiront avec eux et partageront tous leurs dangers, épreuves et expériences.

Deuxième point. Notre résolution dit que nos camarades doivent être de bons soldats, de la même façon que nous disons à un camarade dans une usine qu'il doit être le meilleur syndicaliste et le meilleur mécanicien afin de gagner la confiance et le respect de ses collègues de travail. Dans le service militaire, nous disons qu'il doit être le meilleur soldat. Il doit être le plus habile au maniement des armes qui lui sont confiées, quelles qu'elles soient. Il doit se soumettre à la discipline et se préoccuper du sort des autres soldats pour établir sa position en gagnant leur respect et leur confiance.

LA COUR : Puis-je demander si cette politique dont M. Cannon vient de nous faire part est verbale ou écrite ?

LE TÉMOIN : Je pense que mes discours à la conférence de Chicago en septembre dernier ont été déposés comme pièces à conviction, certains extraits en tout cas.

M. GOLDMAN : Oui, je suis sûr qu'ils l'ont été.

LA COUR : M. Myer, je crois que vous devriez pouvoir mettre la main sur ces pièces à conviction.

M. MYER : Je pense que ce sont les pièces à conviction 116 et 186.

Q : Maintenant, y a-t-il d'autres points qui ont été discutés et adoptés lors de cette conférence en ce qui concerne la politique militaire du parti ?

R : Oui. Nous nous sommes déclarés favorables à l'idée de la conscription, d'un entraînement militaire universel. Ceci est basé sur le fait qu'à l'heure actuelle, le monde entier est en armes, que toutes les décisions de nos jours sont faites par la force des armes ou par la menace des armes. Dans une telle situation, il nous faut reconnaître que les travailleurs aussi doivent être entraînés dans l'art militaire. Selon notre décision officielle, nous sommes en faveur d'un entraînement militaire universel. Mais nous ne sommes pas en faveur, autrement dit, nous n'accordons pas de soutien politique à la méthode utilisée par le gouvernement capitaliste actuel.

Nous proposons que les travailleurs reçoivent un entraînement militaire dans des camps spéciaux sous la direction des syndicats, que le gouvernement consacre une partie de ses crédits militaires aux dépenses pour équiper ces camps avec les armes, fournitures et instructeurs nécessaires. Mais les camps devraient être placés sous le contrôle des syndicats.

Il devrait aussi y avoir des camps spéciaux établis sous les auspices des syndicats afin de former des travailleurs à devenir officiers. Il faudrait affecter des fonds à cet effet, afin de créer les conditions pour supprimer l'un des plus grands défauts et l'une des plus grandes sources de mécontentement dans l'actuel appareil militaire, à savoir le fossé qui existe entre le travailleur-soldat ou agriculteur-soldat et l'officier d'une autre classe, qui ne comprend pas les problèmes du soldat et n'a pas envers lui l'attitude qui convient.

Nous croyons que les travailleurs ont le droit d'avoir pour officiers des hommes qui sortent de leurs propres rangs et qu'ils ont appris à respecter au cours de leur travail et de leur lutte commune avec eux, tels que des capitaines de piquet de grève, des dirigeants syndicaux, des hommes qui se sont distingués dans les affaires des organisations ouvrières et qui sont issus des rangs des travailleurs. En tant qu'officiers, de tels hommes se sentiraient bien plus concernés par le bien-être des soldats du rang qu'un jeune universitaire de Harvard ou de Yale qui n'a jamais vu une usine, n'a jamais côtoyé de travailleur et considère ce dernier comme un être inférieur. Voilà, je dirais, le coeur de notre proposition militaire, de notre politique militaire.

Droits démocratiques pour les soldats

Q : Quelle est la position du parti en ce qui concerne les droits civils dans l'armée ?

R : Nous défendons aussi les droits civils des soldats. Nous ne sommes pas d'accord avec l'idée que lorsque vous retirez un million et demi de jeunes de la vie civile, ils cessent d'avoir les droits des citoyens. Nous pensons qu'ils devraient avoir tous les droits des citoyens. Ils devraient avoir le droit d'adresser leurs demandes au Congrès. Ils devraient avoir le droit de vote. Ils devraient avoir le droit d'élire des comités pour exposer leurs revendications. Ils devraient avoir le droit d'élire leurs propres officiers, les officiers subalternes en tout cas. Et en général, ils devraient avoir les droits démocratiques des citoyens. Voila ce que nous préconisons. Nous préconisons une législation qui octroie ces droits aux soldats et nous sommes pour la suppression de l'actuelle situation militaire inefficace.

Q : Est-ce que le parti a officiellement essayé de provoquer de l'insubordination dans les rangs des forces armées ou, à votre connaissance, est-ce qu'un membre du parti actuellement sous les armes l'a fait ?

R : Pas à ma connaissance.

Q : À votre avis, si de tels incidents se sont produits, quelle en est la cause ?

R : Je pense qu'il y a de nombreuses causes de mécontentement et d'insatisfaction dans l'armée des conscrits. C'est un sujet de commentaire public dans tous les journaux et revues, et l'on a exprimé diverses opinions et théories pour en expliquer les raisons.

Q : Comment le parti propose-t-il de faire aboutir les revendications pour l'entraînement obligatoire sous contrôle syndical ?

R : Notre programme est un programme législatif. Tout ce que nous proposons, nous l'aurions incorporé dans une loi. Si nous avions une délégation au Congrès, elle présenterait un projet de loi, ou une série de projets de loi, incorporant dans la législation de ce pays ces propositions, nos propositions militaires.

Q : L'un ou l'autre des principaux dirigeants du parti a-t-il jamais donné Plattsburg en exemple ?

R : Oui. En fait, c'est en partie l'origine de l'idée. Comme je l'ai déjà dit, le point le plus mal accepté dans l'organisation militaire est la différence de classe entre les officiers et les soldats du rang. Nous savons que pendant la période qui a précédé la première guerre mondiale, des camps spéciaux ont été mis sur pied pour former comme officiers de l'armée des hommes d'affaires et des membres des professions libérales. Plattsburg était l'un de ces camps. Cela faisait partie de la campagne dite de préparation, avant que les États-Unis n'entrent finalement en guerre. Le gouvernement y a consacré certains crédits et certains hommes d'affaires ont fait des dons à cet effet. Le gouvernement a fourni des instructeurs et l'équipement nécessaire pour former un grand nombre d'hommes d'affaires et d'hommes des professions libérales qui devaient à la fin devenir officiers dans l'armée.

Nous n'arrivons pas à voir pourquoi les travailleurs ne devraient pas avoir les mêmes droits. Nous pensons que c'est parfaitement juste et raisonnable, c'est certainement compatible avec les lois existantes. Comme je l'ai déjà dit, c'est là une proposition de loi que nous faisons. Si nous le pouvions, nous l'incorporerions dans la législation du pays.

LA COUR : Nous allons maintenant suspendre l'audience.

(Suspension de l'audience du matin.)

Q : J'attire votre attention, M. Cannon, sur les dépositions de quelques témoins à charge selon lesquels certains membres du parti leur ont dit de s'enrôler dans l'armée, puis de commencer à se plaindre de la nourriture et à susciter du mécontentement. Que pouvez-vous dire sur la politique du parti à ce sujet ?

R : Dans les forces armées, selon les renseignements que nous avons reçus de la part de membres du parti qui ont été conscrits et d'autres qui...

M. SCHWEINHAUT : Bon, un instant. Vous ne répondez pas du tout à la question. Il vous a demandé si le parti avait une politique, s'il en a une ou pas. Si oui, dites-nous quelle est cette politique, pas ce que vous avez entendu de la part de gens qui font leur service.

LE TÉMOIN : Je veux expliquer pourquoi notre politique a été définie telle qu'elle est.

LA COUR : Nous n'avons pas encore entendu qu'il y a une politique.

Q : Y a-t-il une politique ?

R : Oui, nous avons une politique.

Q : Quelle est cette politique ?

R : La politique est de ni soutenir, ni entreprendre aucune agitation à propos de la nourriture. Je voudrais vous dire pourquoi. Autant que nous sachions, d'après des membres du parti qui font leur service et que nous avons vus lors de permissions, ainsi que selon d'autres sources, il n'y a pas beaucoup de mécontentement quant à la nourriture à l'heure actuelle.

Q : Et s'il y a du mécontentement à propos de la nourriture, quelle en est la cause d'après vous ?

R : Selon les informations que nous avons, il n'y a actuellement que des cas isolés. Nous ne suggérons à personne de se plaindre de la nourriture si elle est satisfaisante. Si la nourriture est mauvaise, les soldats s'en plaindront d'eux-mêmes, et ils devraient s'en plaindre.

Q : Que diriez-vous sur la déposition de ces témoins...

M. SCHWEINHAUT : Objection.

M. GOLDMAN : Rayez cette question.

Q : Voulez-vous alors énoncer de manière précise la politique du parti quant à susciter du mécontentement dans l'armée lorsque des causes de mécontentement n'existent pas ?

R : Je ne connais rien, dans le programme du parti ou la littérature du parti, qui propose de susciter du mécontentement sans raison. Lorsque des causes de mécontentement existent, ce sont elles qui créent le mécontentement, pas le parti.

M. SCHWEINHAUT : Un moment, je vous prie.

Q : S'il y a eu des plaintes et s'il y a eu du mécontentement, le parti en est-il, d'une manière ou d'une autre, responsable ?

R : Non, je ne le pense pas, en aucune façon. Telle est la situation actuelle.

Q : Et les gens qui s'occupent du ravitaillement de l'armée portent la responsabilité pour cet état de fait ou pour les plaintes ?

M. SCHWEINHAUT : Bien, vous êtes en train de suggérer la réponse au témoin.

M. GOLDMAN : Hé bien, il n'a pas émis d'objection, vous pouvez donc continuer et répondre.

M. SCHWEINHAUT : Alors je fais objection maintenant.

LA COUR : Je retiens l'objection.

Entraînement militaire sous contrôle syndical

Q : Maintenant, sur la question de l'entraînement militaire sous le contrôle des syndicats : vous parliez de Plattsburg au moment de la suspension de l'audience. Voulez-vous poursuivre et expliquer davantage la politique du parti à ce propos ?

R : Je l'ai utilisé pour illustrer comment on avait créé des camps spéciaux et fourni des instructeurs gouvernementaux pour entraîner des hommes d'affaires et des membres des professions libérales peu de temps avant que nous n'entrions dans la dernière guerre mondiale. Pendant la guerre civile espagnole, non seulement tous les partis et syndicats avaient leurs propres camps d'entraînement autorisés par le gouvernement, mais ils ont même fourni leurs propres régiments pour combattre l'armée fasciste de Franco.

Q : À l'heure actuelle, les syndicats existant ne sont pas sous le contrôle du parti, n'est-ce pas ?

R : Non, ils sont sous le contrôle, essentiellement ou presque entièrement, de dirigeants qui sont en harmonie avec la présente administration de Roosevelt.

Q : Si j'ai bien compris, le parti est en faveur d'un entraînement militaire sous le contrôle des syndicats ?

R : Oui. L'idée est de confier aux syndicats, tels qu'ils sont, une autorité et un contrôle plus larges sur leurs membres.

Q : Et cette politique ne dépend pas du contrôle des syndicats par le parti ?

R : Non. Nous ne pouvons que partir du fait que nous serons en minorité dans ces camps d'entraînement, comme nous le sommes dans les syndicats.

Q : Quelles mesures proposez-vous afin d'appliquer cette politique d'entraînement militaire sous contrôle syndical ?

R : Comme je pense l'avoir déjà dit, il s'agit de proposer un programme législatif. Nous ferions présenter un tel projet de loi au Congrès et nous le ferions adopter, si nous en avions les moyens ou si nous pouvions obtenir le soutien de parlementaires qui s'opposent à nous sur d'autres questions mais seraient d'accord sur ce point. C'est un programme qui n'est pas forcément socialiste.

Q : Si un membre du parti essayait d'empêcher l'application de la loi du service militaire obligatoire ou avisait de le faire, que ferait le parti à ce sujet ?

M. SCHWEINHAUT : Objection, car le gouvernement n'a pas déposé de preuves visant à démontrer que le parti essayait de faire obstruction à la loi du service militaire.

M. GOLDMAN : Le gouvernement admet donc que le parti n'a pas essayé d'entraver la loi du service militaire ?

M. SCHWEINHAUT : Nous n'avons pas essayé de démontrer qu'il y avait une quelconque tentative d'entraver la loi du service militaire.

M. GOLDMAN : Un certain nombre de témoins ont été interrogés sur leur âge et la nécessité pour eux de faire leur service militaire. J'en ai déduit que l'accusation avait ainsi l'intention de prouver que, d'une manière ou d'une autre, nous cherchions à l'entraver. Si le gouvernement dit que non, je laisserai tomber la question.

M. SCHWEINHAUT : Nous allons immédiatement clarifier cette question. Nous ne prétendons pas que le parti a essayé d'empêcher qui que ce soit de s'inscrire au service militaire ni, sous ce rapport, d'entraver l'application de la loi du service militaire. Ce que nous avons plutôt démontré, c'est ce que les membres du parti étaient censés faire une fois entrés dans l'armée.

M. GOLDMAN : Eh bien, c'est donc clarifié.

Q : Avez-vous entendu un des témoins du gouvernement déclarer qu'un membre du parti lui avait dit d'aller à Fort Snelling et d'y créer du mécontentement ? Je pense que c'était l'essentiel de la déposition. Avez-vous entendu cela ?

R : Quelque chose comme ça.

Q : Quelle est la politique du parti quant au fait de créer du mécontentement à Fort Snelling ou dans tout autre camp militaire ?

M. SCHWEINHAUT : Objection, car il l'a expliqué au moins deux fois.

LA COUR : Objection retenue.

La révolution russe

Q : Le parti a-t-il une position officielle sur la révolution russe, M. Cannon ?

R : Oui.

Q : Quelle est cette position ? A-t-elle jamais été adoptée sous la forme d'une résolution officielle ?

R : Elle est incorporée dans la Déclaration de principes.

Q : Quelle est cette position ?

R : Que le parti soutient…

M. SCHWEINHAUT : Un instant. Je fais objection à cette question pour la raison que le témoin a affirmé que cela est incorporé dans la Déclaration de principes. C'est donc clair.

M. GOLDMAN : Une explication de la Déclaration de principes s'impose.

LA COUR : Il peut répondre.

R (SUITE) : Nous soutenons la révolution russe de 1917. Nous considérons qu'elle incarne les doctrines et les théories du marxisme que nous défendons.

Q : Combien de révolutions y a-t-il eu en Russie en 1917 ?

R : Il y a eu une révolution en février selon le calendrier russe, en mars selon le calendrier moderne, qui a mené à la révolution prolétarienne du 7 novembre selon le calendrier moderne.

Q : En général, quelle est la position des marxistes vis-à-vis de la révolution russe ?

R : Celle que j'ai présentée ici, un soutien à la révolution.

Q : Et qu'est-ce que « soutien » veut dire ?

R : Eh bien, c'est une description assez édulcoré… Ce serait une description édulcorée de notre attitude. Nous la considérons comme l'événement le plus important et le plus progressiste de toute l'histoire de l'humanité.

Q : Et je pense qu'en réponse à une question antérieure, vous avez dit que vous considériez les doctrines incarnées par cette révolution comme des doctrines marxistes ? Expliquez-vous.

R : À notre avis, la révolution russe a donné entière raison à la théorie du marxisme. Et la théorie du marxisme, qui est l'établissement d'un gouvernement des travailleurs et des agriculteurs qui entreprend une transformation sociale du capitalisme vers le socialisme, la révolution russe a entrepris tout cela.

Q : Maintenant, pouvez-vous nous dire quelque chose sur la légalité de cette révolution ?

R : Oui.

LA COUR : En vous fondant sur quels critères ?

M. GOLDMAN : En fait, ce que je veux dire par là, c'est qu'il explique exactement comment la révolution s'est déroulée, parce que l'avocat du gouvernement essaie de la présenter comme un soulèvement violent de la minorité contre la majorité et les faits disent justement le contraire. Je voudrais que le témoin explique la nature de cette révolution.

R : Le tsar et le tsarisme ont été renversés en mars par un soulèvement des masses, des habitants des grandes villes, et des paysans.

Q : Est-ce qu'on doit, d'une façon ou d'une autre, ce soulèvement au Parti bolchevique ?

R : Non. Au moment de la révolution de mars, le Parti bolchevique n'était qu'un très petit groupe.

Q : Que signifie « bolchevisme » ?

R : Le mot *bolchevik* est un mot russe qui veut dire *majorité*. Il a acquis un sens politique dans le Parti ouvrier social-démocrate russe. Au congrès de 1903, un conflit s'est développé qui a divisé le parti en deux groupes : la majorité appelée les bolcheviks et la minorité appelée les mencheviks.

Q : Ce sont des mots russes qui veulent dire majorité et minorité ?

R : Oui. Il y a eu une scission et ils ont formé deux partis distincts. Chacun s'appelait le Parti ouvrier social-démocrate russe, suivi de « bolchevique » ou « menchevique » entre parenthèses selon le cas.

Q : Maintenant, voulez-vous continuer et dire au jury ce qui s'est passé pendant la révolution d'octobre, ou de novembre 1917 selon notre calendrier ?

R : Eh bien, voici la chronologie. Lorsque le tsarisme a été renversé par les masses populaires, toute la structure de cette tyrannie a été détruite. Un nouveau gouvernement a été constitué, mais la nouvelle machine gouvernementale reposait sur les soviets, qui sont apparus spontanément lors du soulèvement révolutionnaire. Des soviets de travailleurs et de soldats ont été mis en place partout. À Petrograd, les travailleurs et les soldats ont envoyé des délégués — des députés — au conseil central ou, comme ils l'appelaient, au soviet. Pareil à Moscou et ailleurs. Cet organe était vu comme faisant autorité.

Le gouvernement qui avait été formé après le renversement du tsar était dirigé par le prince Lvov, avec Milioukov comme son ministre des Affaires étrangères. Il tenait son autorité des soviets des députés des travailleurs et des soldats et des soviets des députés des paysans. En avril s'est tenu le congrès de Russie des soviets des travailleurs et des soldats, qui a élu un Comité exécutif central de Russie des soviets des travailleurs et des soldats. En mai, les soviets paysans ont tenu un congrès de Russie et élu un Comité exécutif central de Russie des soviets paysans.

Q : Quelle proportion de la population ces soviets représentaient-ils ?

R : Ils représentaient le peuple, la grande masse du peuple. Je pense qu'il était même impossible de parler en termes de majorités ou minorités. C'étaient les masses elles-mêmes. Les paysans, les soldats et les travailleurs étaient le peuple. Ces deux instances, le Comité exécutif central de Russie des soviets des travailleurs et des soldats et le Comité exécutif central de Russie des soviets paysans, ont formé une instance commune qui était reconnue comme l'instance la plus représentative et bénéficiant de la plus grande autorité en Russie. C'est avec leur assentiment que le cabinet du gouvernement gouvernait.

Le Comité exécutif de Russie des soviets a désavoué Milioukov, qui était le dirigeant de la bourgeoisie. Le soviet s'est opposé à lui à cause de sa politique étrangère, notamment des traités secrets qui avaient été dévoilés. Il lui a donc fallu démissionner, parce que sans le soutien des soviets, il n'avait pas d'autorité. Je pense qu'on pourrait le comparer, par analogie, au système français où le premier ministre démissionne lorsque la Chambre vote de lui retirer sa confiance.

Q : Les soviets constituaient donc l'autorité du peuple russe ?

R : C'est cela.

Rôle des bolcheviks dans la révolution russe

Q : De quelle façon s'est effectuée la progression des bolcheviks vers le pouvoir ?

R : Si vous le permettez, je voudrais continuer en respectant l'ordre chronologique. Après la chute de Milioukov, c'est l'ascension de Kérensky. On croit généralement dans ce pays qu'il est devenu premier ministre à la chute du tsar. Il n'en est rien. Kérensky est devenu premier ministre en juillet. On l'a nommé ministre et finalement premier ministre parce qu'il était membre du Parti socialiste révolutionnaire. C'était le parti paysan qui dirigeait alors les soviets. Il était aussi soutenu par les travailleurs parce qu'il avait été avocat des travailleurs. Telle était la base de la prise de fonction de Kérensky. Autrement dit, son autorité découlait directement des soviets.

Maintenant, à cette époque, les bolcheviks constituaient une petite minorité. Ils n'ont pas créé les soviets. Les soviets ont été créés par les masses, les masses en ont pris l'initiative. Ni le Parti bolchevique ni aucun autre parti ne pouvait faire quoi que ce soit sans le soutien des soviets. Au milieu de la révolution de 1905 et encore lors du renversement du tsar en 1917, les soviets sont apparus spontanément.

Le plus influent était naturellement celui de Petrograd, siège du gouvernement. Les bolcheviks étaient une petite minorité dans ce soviet au moment du renversement du tsar. Lorsque Kérensky est devenu premier ministre, la combinaison entre son Parti socialiste révolutionnaire et le Parti socialiste menchevique... Ces deux partis avaient ensemble une majorité écrasante dans les soviets et gouvernaient en vertu de cette majorité. Les bolcheviks étaient une faction d'opposition.

Pendant ce temps, en tant que porte-parole des bolcheviks, Lénine ne cessait de répéter : « Tant que nous sommes minoritaires dans les soviets, tout ce que nous pouvons faire, c'est expliquer patiemment. » Le Parti bolchevique était opposé à toute tentative de prendre le pouvoir par un putsch.

Q : Qu'est-ce qu'un « putsch » ?

R : C'est l'action armée d'un petit groupe. Avec Lénine comme porte-parole, le Parti bolchevique exigeait que le Parti socialiste révolutionnaire et le Parti menchevique prennent le contrôle complet du gouvernement en en chassant les ministres bourgeois et qu'ils en fassent un gouvernement exclusivement ouvrier et paysan. Ils ont promis : « Si vous le faites, nous nous engageons à ne pas essayer de vous renverser tant que nous serons minoritaires. Nous ne vous soutiendrons pas politiquement, nous vous critiquerons, mais nous n'essaierons pas de renverser le gouvernement tant que nous serons minoritaires. » Telle était la politique des bolcheviks, depuis les jours de la révolution de mars contre le tsar jusqu'en juillet.

En juillet, contre l'avis des bolcheviks, les travailleurs de Petrograd ont organisé une manifestation armée. Les bolcheviks l'avaient déconseillée parce que cette action pouvait constituer une provocation inutile et ils ont essayé de persuader les travailleurs de Petrograd de ne pas s'y aventurer. Ce n'était pas une rébellion, c'était simplement un défilé de manifestants armés. Cette action entreprise par les travailleurs de Petrograd contre l'avis des bolcheviks a entraîné une série de mesures répressives du gouvernement Kérensky contre les travailleurs.

Le gouvernement de Kérensky a alors entrepris de discréditer le Parti bolchevique et de monter une machination contre lui. Il a accusé Lénine et Trotsky d'être des espions allemands. C'est l'ancêtre des procès de Moscou de Staline. Il a accusé Lénine, Trotsky et les bolcheviks d'être des espions allemands. Trotsky a été jeté en prison, Lénine a été contraint de se cacher et la répression s'est poursuivie contre les bolcheviks. Mais cela n'a servi à rien parce que la politique et les slogans des bolcheviks devenaient de plus en plus populaires. Peu à peu, les grandes usines et les régiments de soldats ont commencé à voter en faveur du programme bolchevique.

En septembre, une tentative de contre-révolution a eu lieu sous la direction du général Kornilov, qu'on pourrait à proprement parler décrire comme un monarchiste-fasciste russe. Il a organisé une armée et entrepris de renverser le gouvernement de Kérensky à Petrograd dans le but de restaurer l'ancien régime.

Le gouvernement de Kérensky, qui avait mis Trotsky en prison, a dû le libérer afin d'obtenir l'appui de son parti et vaincre l'armée contre-révolutionnaire de Kornilov.

On a fait sortir Trotsky de prison et il s'est rendu directement au Comité militaire révolutionnaire où siégeaient également des membres du gouvernement. Là, il a dressé avec eux les plans d'un combat commun contre Kornilov. Kornilov a été écrasé. La contre-révolution a été écrasée, essentiellement par les travailleurs inspirés par le Parti bolchevique. Ils ont paralysé les convois ferroviaires de Kornilov. Ce dernier n'a pas pu déplacer ses soldats. Ses meilleures troupes ont été persuadées de lutter contre lui et sa contre-révolution a été écrasée.

Pendant ce temps, la popularité des bolcheviks ne cessait d'augmenter en tant que véritables représentants de la révolution. Ils ont obtenu la majorité au soviet de Petrograd, le soviet le plus influent du pays, ainsi qu'à Moscou et ailleurs. Le gouvernement de Kérensky perdait du terrain parce qu'il n'apportait aucune solution aux problèmes du peuple. Les slogans bolcheviques — « Pain », « Paix », « Terre » et autres — voilà les slogans que les masses soutenaient.

Le 7 novembre s'est tenu le congrès de Russie des soviets des travailleurs et des soldats. Les bolcheviks y avaient la majorité et, au moment où se tenait le congrès des soviets où ils avaient la majorité, ils ont pris le pouvoir gouvernemental.

Violence dans la révolution russe

Q : Et y a-t-il eu des actes de violence liés à l'obtention de la majorité par les bolcheviks ?

R : Très peu… seulement quelques bagarres, c'est tout.

M. SCHWEINHAUT : C'était à Petrograd ?

LE TÉMOIN : À Petrograd, oui. C'était aussi là que le tsar a été renversé.

Q : Et après que les bolcheviks ont gagné la majorité, des actes de violence ont-ils été commis et, si oui, lesquels ?

R : D'abord, encore un point. Un mois plus tard environ, un congrès de Russie des soviets paysans s'est réuni en session extraordinaire et, là aussi, les bolcheviks avaient la majorité. La minorité s'est retirée de ces organes gouvernementaux qui faisaient autorité et elle a engagé une lutte d'opposition contre le gouvernement bolchevique.

Q : Y a-t-il eu des manifestations de violence, lesquelles et qui les a déclenchées ?

R : Cela a commencé après la lutte armée contre le gouvernement.

Q : Qui l'a initié ?

R : Les tsaristes, les éléments russes de la garde blanche, la bourgeoisie en général, les capitalistes dépossédés et d'autres. Ils ont entrepris une contre-révolution et la guerre civile qui s'en est suivie a duré pratiquement jusqu'en 1921. La guerre civile a duré si longtemps parce que les éléments de la garde blanche et de la bourgeoisie ont reçu le soutien de l'Allemagne d'abord, puis de l'Angleterre et de la France, et même les États-Unis ont envoyé un corps expéditionnaire.

En plus de combattre sa propre opposition à l'intérieur, le gouvernement soviétique a dû lutter contre l'ensemble du monde capitaliste. Et la meilleure preuve que les bolcheviks représentaient bien la grande majorité du peuple, c'est qu'ils ont été victorieux dans cette guerre civile, non seulement contre leurs adversaires de l'intérieur, mais aussi contre les puissances extérieures qui fournissaient des armes, des soldats et des fonds à l'opposition.

Q : Comment les soviets étaient-ils élus à cette époque ?

R : Ils étaient élus lors d'assemblées d'usine des travailleurs : les travailleurs d'une usine se réunissaient pour élire leur délégué. Chaque soviet constituait un organe gouvernemental et l'ensemble des soviets constituaient le gouvernement.

Dans le système soviétique, les usines choisissent des délégués selon le nombre de travailleurs : un pour mille, par exemple. Les régiments de soldats font la même chose. Les paysans ou paysans pauvres font la même chose, de sorte que le gouvernement ainsi établi par ces soviets représente bien la masse toute entière des gens impliqués dans l'activité productive.

Q : Combien de membres avait le parti bolchevique à l'époque de la révolution russe, en novembre 1917 ?

« Les délégués aux soviets, ou conseils, étaient élus lors d'assemblées de travailleurs d'usine, d'agriculteurs pauvres et de soldats. Le gouvernement ainsi établi représente bien la masse toute entière des gens impliqués dans l'activité productive. » ***James P. Cannon***

En haut. Réunion du soviet des députés des travailleurs et des soldats à Petrograd, 1917. En bas. Petrograd, juin 1917. Premier congrès de Russie des soviets des députés des travailleurs et des soldats. Dans la première rangée se trouvent les dirigeants bolcheviques Gregory Zinoviev (deuxième à gauche) et Lev Kamenev (deuxième à droite).

R : Le chiffre le plus crédible que j'ai vu avancé est 260 000 ou un quart de million. Il semble que c'est là le chiffre qui fait le plus autorité.

Q : Et quelle proportion de la population soutenait le Parti bolchevique à cette époque ?

R : À mon avis, la grande majorité des travailleurs, des paysans et des soldats le soutenaient au moment où il a pris le pouvoir et par la suite.

Q : Dans quel groupe ou dans quelle classe de la société le Parti bolchevique trouvait-il la plupart de ses membres ?

R : Parmi les travailleurs. C'était un parti de travailleurs, un parti de travailleurs d'usine et de travailleurs agricoles. Il y avait quelques paysans dans le parti, mais celui-ci était principalement constitué de travailleurs industriels dans les villes, de travailleurs agricoles et de quelques intellectuels, des gens instruits qui s'étaient mis au service des travailleurs dans le parti.

Q : Quel est le chiffre le plus digne de foi en ce qui concerne le nombre de travailleurs en Russie au moment de la révolution ? Par « travailleurs », j'entends ouvriers industriels.

R : Cinq millions.

Q : Et la majorité de la population était composée de paysans ?

R : De paysans, oui.

Q : À votre avis, combien de membres comprendrait probablement le Parti socialiste des travailleurs quand la majorité des gens dans ce pays adoptera le programme du parti ?

M. SCHWEINHAUT : Objection, votre Honneur.

LA COUR : Sur quelle base faites-vous votre objection ?

M. SCHWEINHAUT : Il demande au témoin de deviner aujourd'hui le nombre de membres qu'aura le Parti socialiste des travailleurs lorsque la majorité des gens aux États-Unis adoptera sa politique.

LA COUR : La réponse comporte trop d'éléments spéculatifs. Objection retenue.

Divergences entre Trotsky et Staline

Q : Voudriez-vous dire à la cour et au jury quelles divergences sont apparues entre Staline et Trotsky suite à la révolution ?

M. SCHWEINHAUT : Objection, car je ne vois pas l'importance ou la pertinence de la question ici.

M. GOLDMAN : L'accusation a affirmé, et je pense que M. Anderson a fait de nombreuses déclarations en ce sens, que Trotsky, qui est le grand conspirateur dans ce procès, avait certaines idées et certaines doctrines. Je pense que le jury a le droit de savoir de manière générale — il est impossible d'entrer dans le détail — mais le gouvernement a entamé ce procès de telle manière qu'il est essentiel pour le jury de connaître au moins certains principes de base de Trotsky, qui est présenté comme l'un des grands conspirateurs.

LA COUR : Eh bien, si vous voulez bien vous en tenir à une déclaration d'une durée raisonnable.

M. GOLDMAN : Certainement, sinon, nous pourrions en avoir pour deux ans.

M. ANDERSON : Sur Trotsky, tout ce que nous avons introduit, ce sont quelques textes, discours et brochures dans la presse du parti.

M. GOLDMAN : Je penserais, après que l'accusation a pris trois semaines, qu'elle devrait m'accorder une semaine au moins pour présenter nos arguments.

LA COUR : Je ne pense pas qu'il soit nécessaire de les présenter de cette façon.

Q : Voulez-vous décrire brièvement les divergences fondamentales qui sont apparues entre Staline et Trotsky suite à la révolution ?

R : J'ai mentionné l'autre jour que le conflit a pris naissance dans la lutte sur question de la démocratie. C'est l'origine du conflit, inspiré en réalité par Lénine au cours de sa dernière maladie, en collaboration avec Trotsky. Lénine n'a pas survécu pour prendre part à la bataille et Trotsky a dû la mener. Cette dernière s'est rapidement étendue.

Les observateurs critiques ont vite remarqué cette tendance qu'avait Staline de fouler aux pieds la démocratie dans le parti et dans la vie du pays en général. C'était dû au désir de Staline de changer le programme et le cours de la révolution, ce qui ne pouvait se faire que de cette manière. Trotsky s'est battu pour une libre discussion du problème, confiant que la majorité des travailleurs dans le parti soutiendraient son programme. À notre avis, Staline et son groupe représentaient la tendance conservatrice, dont la base était une certaine couche du parti et du gouvernement qui avait acquis des postes et des privilèges officiels et voulait s'en tenir là.

Q : Selon vous, Staline représentait donc le parti des bureaucrates ?

R : Des bureaucrates et des conservateurs. En fait, à un moment donné de la lutte, Trotsky l'a appelé la faction bureaucratique et conservatrice.

Q : Intéressée par quoi ?

R : Intéressée à préserver ses privilèges et non pas à étendre et accroître les acquis de la grande masse du peuple.

Q : Quelle forme cette dictature de Staline a-t-elle prise ?

R : Elle a pris la forme d'écraser la démocratie au sein du Parti communiste et d'y établir un régime dictatorial. Par exemple...

M. SCHWEINHAUT : Eh bien, pendant que M. Cannon reprend son souffle, puis-je faire objection à tout ce témoignage car il est sans importance et sans pertinence avec les questions ici ? La forme de gouvernement que Staline a mise en place en Russie est sans importance. Qu'est-ce que ça peut bien nous faire ?

LA COUR : Je ne vois aucune raison pour qu'il entre dans tous les détails. Je pense que vous devriez l'admettre, M. Goldman. Je veux vous donner toutes les occasions possibles et raisonnables de présenter votre théorie de l'affaire devant le jury, mais je pense vraiment qu'il y pas mal de choses ici qui sont sans importance et inutiles.

Q : Quelle est actuellement la position du parti à propos de l'Union soviétique ?

M. SCHWEINHAUT : Objection, votre Honneur.

LA COUR : Il peut répondre à cette question.

R : La définition que nous donnons de l'Union soviétique, dans l'état actuel des choses, est celle d'un État ouvrier, créé par la révolution de novembre 1917, déformé par l'actuel mauvais régime, et même dégénéré, mais qui garde néanmoins son caractère fondamental d'État ouvrier parce qu'il est basé sur l'industrie nationalisée et non sur la propriété privée.

Défense de l'Union soviétique

Q : Maintenant, quelle est la position du parti sur la défense de l'Union soviétique et pourquoi ?

R : Nous sommes pour la défense de l'Union soviétique contre les puissances impérialistes pour la raison que je viens de donner, parce que nous considérons qu'il s'agit d'un développement progressiste. En tant qu'État ouvrier, il a nationalisé l'industrie et éliminé le capitalisme privé et le landlordisme. Voilà la raison pour laquelle nous le défendons.

Q : Autrement dit, vous considérez que l'État russe ou soviétique est un État basé sur l'expropriation de l'industrie privée qui appartenait aux capitalistes ?

R : Oui. Le fonctionnement de l'industrie en tant qu'industrie nationalisée.

Q : Et vous défendez ce type d'État ?

R : Oui.

Q : N'est-ce pas un fait que Staline a tué la plupart de ceux qu'on appelle trotskystes en Russie ?

R : Oui. Nous sommes contre Staline, mais pas contre la forme soviétique de production industrielle.

LA COUR : Les membres du jury se souviendront de la mise en garde qui leur a déjà été faite. Nous allons maintenant suspendre l'audience jusqu'à deux heures cet après-midi.

LE MERCREDI 19 NOVEMBRE 1941
AUDIENCE DE L'APRÈS-MIDI

Tribunal fédéral des États-Unis,
district du Minnesota, quatrième division.

James P. Cannon
ayant dûment prêté serment est retourné à la barre
et a poursuivi son témoignage comme suit :

LA COUR : Poursuivez, messieurs.

Q : Et le parti épuiserait toutes les possibilités de transformation pacifique si les droits démocratiques étaient donnés aux masses travailleuses ?

R : À mon avis, jusqu'au bout, oui.

Q : Même au point d'essayer d'amender la constitution des États-Unis, tel que prévu par la constitution des États-Unis ?

R : Si les processus démocratiques sont conservés ici, si le gouvernement ne les remet pas en question en introduisant des méthodes fascistes et si la majorité des gens favorables aux idées socialistes peuvent obtenir une victoire par les processus démocratiques, je ne vois aucune raison pour qu'ils ne puissent pas suivre, pour qu'ils ne continuent pas à suivre la méthode démocratique consistant à amender la constitution pour l'adapter au nouveau régime.

Naturellement, ces amendements devraient avoir un caractère très radical, mais je serais disposé à n'importe quel moment à inclure certaines parties de la constitution dans le programme du parti — la Charte des droits notamment, à laquelle nous croyons. Nous pensons que la section de la constitution qui protège la propriété privée devrait absolument être modifiée dans la société que nous envisageons, qui élimine la propriété privée des grandes entreprises industrielles.

Q : Mais vous croyez bien, n'est-ce pas, que selon toute vraisemblance la minorité ne permettra pas une telle transformation pacifique ?

R : C'est notre avis. Il se fonde sur tous les précédents historiques montrant que toutes les classes privilégiées, même dépassées, n'ont jamais quitté la scène sans d'abord essayer d'imposer par la force leur volonté à la majorité. J'en ai cité des exemples hier.

Q : Quelle est la…

R : À ce propos, je pourrais vous donner un autre exemple. La révolution bolchevique en Hongrie, par exemple, s'est accomplie sans qu'une seule goutte de sang ne soit versée, de manière parfaitement pacifique.

Q : C'était en quelle année ?

R : C'était en 1919. Il était estimé que le gouvernement établi après la guerre et dont le comte Károlyi était le premier ministre en était arrivé en bout de course : il ne pouvait pas contrôler le pays et n'avait pas le soutien des masses. En tant que chef du gouvernement et de sa propre initiative, le comte Károlyi est allé voir le chef du Parti bolchevique ou, plutôt, du Parti communiste de Hongrie qui se trouvait en prison et il l'a sommé de prendre en charge le gouvernement de manière pacifique et légale, comme un changement de cabinet dans le parlement français — avant le régime de Pétain, bien sûr.

Ce gouvernement soviétique, ainsi établi de manière pacifique, a alors dû faire face à un soulèvement de la classe privilégiée, des grands propriétaires foncier et des grands propriétaires, qui ont organisé une lutte armée contre le gouvernement et l'ont finalement renversé. La violence à une échelle de masse a suivi le changement de gouvernement, elle ne l'a pas précédé.

Le Parti socialiste des travailleurs et Marx

Q : Quelle importance le parti accorde-t-il à Karl Marx et à ses doctrines ?

R : Karl Marx est l'auteur des théories, des doctrines et des analyses sociales que nous connaissons sous le nom de socialisme scientifique, ou de marxisme, sur lesquelles se base tout le mouvement du socialisme scientifique depuis son époque.

Dans *Le Manifeste communiste* de 1848, il a esquissé ses idées et puis, dans d'autres gros ouvrages, notamment *Le Capital*, il a fait une analyse scientifique des plus exhaustives des lois qui régissent le fonctionnement de la société capitaliste, montré comment ses propres contradictions la conduiront à sa chute en tant que système social, montré comment le conflit d'intérêts entre les employeurs et les travailleurs se traduit par une lutte de classes incessante jusqu'à ce que les travailleurs l'emportent et instituent la société du socialisme.

Karl Marx peut donc être considéré non seulement comme le fondateur de notre mouvement, mais aussi comme le plus important représentant de son idéologie.

Q : Est-ce que le parti accepte toutes les déclarations qui se trouvent dans tous les livres écrits par Karl Marx ?

R : Non, le parti ne s'est jamais obligé à faire ça. Même Marx, nous ne le considérons pas comme infaillible. Le parti accepte ses idées et théories fondamentales comme ses propres idées et théories fondamentales. Cela n'empêche pas le parti ou des membres du parti d'être en désaccord avec des choses dites ou écrites par Marx et qui ne vont pas à l'encontre de la base fondamentale du mouvement, de la doctrine.

Q : Et vous interprétez Marx ou appliquez les théories marxistes en tenant compte des conditions qui règnent à l'heure actuelle, c'est bien cela ?

R : Oui. Voyez-vous, nous ne considérons pas la théorie de Marx comme une révélation, comme un dogme. Engels l'a exprimé en disant que notre théorie n'est pas un dogme mais un guide pour agir, ce qui signifie qu'il s'agit d'une méthode que ceux qui étudient le marxisme doivent comprendre et apprendre à mettre en oeuvre. On peut lire chaque lettre et chaque ligne écrites par Marx sans être un marxiste utile si on ne sait les appliquer aux conditions de son époque. Il y a eu des gens comme ça, que nous appelons des pédants.

Q : Vous connaissez *Le Manifeste communiste*, n'est-ce pas ?

R : Oui.

Q : Et vous vous souvenez de… Je pense que c'est dans la dernière phrase du *Manifeste* que Marx et Engels, les coauteurs, disent : « Nous nous refusons à dissimuler nos buts » et mentionnent quelque chose à propos d'une révolution violente. Vous vous en souvenez ?

R : Eh bien, ils disent : « Nous nous refusons à dissimuler nos buts. Nous déclarons ouvertement que nos fins ne peuvent être atteintes que par le renversement par la force de toutes les conditions sociales existantes. »

Q : Quand *Le Manifeste communiste* a-t-il été écrit ?

R : En 1848.

Q : Après avoir écrit *Le Manifeste communiste*, Marx a-t-il jamais écrit quelque chose sur la possibilité d'une révolution pacifique dans les pays démocratiques ?

R : Oui.

Q : Où cela se trouve-t-il ? Et expliquez au jury ce qu'il a dit.

R : Eh bien, l'endroit le plus digne de foi où cela est énoncé et expliqué se trouve dans l'introduction au premier livre de l'oeuvre maîtresse de Marx intitulée *Le Capital* : l'introduction de Friedrich Engels, qui a été son compagnon de travail, qui est le coauteur du *Manifeste communiste* et qui est universellement reconnu dans le mouvement comme complètement identifié à toutes les idées et théories de Marx. En fait, Engels a préparé et rassemblé les deuxième et troisième livres du *Capital* après la mort de Marx.

Q : Que disait-il dans cette introduction ?

R : Il s'agissait de la traduction anglaise du *Capital* et l'introduction présentait le livre au public anglais. Engels a affirmé — je pense pouvoir le citer presque mot pour mot — qu'il pensait que l'ouvrage d'un homme qui avait pensé toute sa vie que la transformation sociale de l'Angleterre, au moins, pourrait s'effectuer par des moyens purement pacifiques et légaux… il pensait qu'un tel ouvrage méritait d'être pris en considération par le public anglais. C'est presque une citation mot à mot de ce qu'il a dit dans cette introduction.

Q : Et pourquoi Marx avait-il cette opinion au sujet de l'Angleterre ?

R : Eh bien, il avait cette opinion sur l'Angleterre, contrairement aux pays autocratiques, à cause de son système parlementaire, de ses processus démocratiques et de sa méthode de libertés civiles dans les procédures politiques.

Q : Donc à l'époque où Marx et Engels ont écrit *Le Manifeste communiste* en 1848, il n'existait aucune démocratie sur le continent européen, c'est bien cela ?

R : À cette époque, la révolution bouillonnait dans l'Europe tout entière.

Q : Et les processus démocratiques n'existaient pas ?

R : En tout cas, pas un système stable comme celui qui avait été établi en Angleterre. Pour bien comprendre toute l'idée de cette introduction dont je suis en train de parler, je pense que je devrais ajouter qu'après avoir fait cette remarque que j'ai mentionnée, Engels a dit : « Certes, Marx n'a pas exclu la possibilité d'une rébellion esclavagiste de la part de la classe dominante dépassée et dépossédée. » C'est-à-dire après le transfert du pouvoir.

« À l'époque où Marx et Engels ont écrit le Manifeste communiste en 1848, il n'existait aucune démocratie sur le continent européen. La révolution bouillonnait dans l'Europe tout entière. » ***James P. Cannon***

En haut. Barricades à Paris en février 1848, le début de la révolution qui va renverser le roi Louis-Philippe.

En bas. Combats contre les soldats de la monarchie prussienne en mars 1848.

LA COUR : Excusez-moi, M. Cannon. Auriez-vous l'amabilité d'élaborer un peu sur la signification de l'expression « rébellion esclavagiste » ?

LE TÉMOIN : Oui. Je pense qu'il avait en tête la guerre civile américaine. Marx et Engels ont suivi avec attention la guerre civile américaine et ont beaucoup écrit à son sujet dans le *New York Tribune*. Un recueil de ces écrits, aussi bien politiques que militaires, a été publié sous forme de livre, qui est un classique dans notre mouvement. Et lorsque Marx a parlé de « rébellion esclavagiste, » il avait sans aucun doute en tête une analogie avec la guerre civile américaine, qu'il avait qualifiée de rébellion esclavagiste de la part des propriétaires d'esclaves du Sud. Évidemment, il n'a pas soutenu que la bourgeoisie anglaise est esclavagiste dans le même sens, mais qu'elle exploite les travailleurs.

Q : Maintenant, quel rapport y a-t-il à votre avis entre la Déclaration de principes du Parti socialiste des travailleurs et les théories de Karl Marx ?

R : Je dirais que, dans la mesure où nous comprenons le marxisme et sommes capables de l'appliquer, elle est une application des théories et des doctrines marxistes, de tout son système d'idées, au problème social en Amérique.

Q : Autrement dit, la Déclaration de principes se base donc sur les théories fondamentales de Karl Marx ?

R : Oui, nous estimons qu'il s'agit d'un document marxiste.

Le Parti socialiste des travailleurs et Lénine

Q : Quelle importance le parti accorde-t-il à Lénine ?

R : Selon nous, Lénine a été le plus grand dirigeant pratique du mouvement ouvrier et de la révolution russe, mais pas au même niveau que Marx dans le domaine de la théorie. Lénine était un disciple de Marx, pas un innovateur au niveau de la théorie. Bien sûr, il a formulé des idées très importantes, mais jusqu'à la fin de sa vie il s'est appuyé sur Marx, comme un disciple au sein du mouvement marxiste mondial. Il est estimé tout autant que Marx, avec cette distinction entre leurs mérites respectifs.

Q : Le parti ou les membres du parti sont-ils d'accord avec tout ce que Lénine a jamais écrit ou publié ?

R : Non. La même attitude qui s'applique à Marx s'applique à Lénine. Autrement dit, notre mouvement soutient les idées et doctrines fondamentales pratiquées, proclamées et mises en oeuvre par Lénine. Ceci n'exclut pas la possibilité de ne pas le suivre dans tel ou tel écrit, ou que des membres individuels du parti ne partagent pas le point de vue de Lénine sur des points importants, ce qui est arrivé plus d'une fois dans notre parti.

Q : À propos, est-il vrai qu'il y a un gouvernement communiste en Union soviétique ?

R : Non, pas selon nous.

Q : Est-il vrai que le communisme existe en Union soviétique ?

R : Non, il n'y a aucun communisme en Union soviétique.

Q : Le socialisme existe-t-il en Union soviétique ?

R : Non… enfin, je voudrais clarifier cela maintenant. Dans le mouvement marxiste, socialisme et communisme sont deux termes plus ou moins interchangeables. Il y en a qui les distinguent dans le sens suivant. Par exemple, Lénine utilisait le terme socialisme pour désigner la première étape du communisme, mais je n'ai pas trouvé d'autres autorités pour cet emploi du terme. Je pense qu'il s'agit d'une idée propre à Lénine. Moi par exemple, je considère les termes socialisme et communisme comme interchangeables et qu'ils désignent la société sans classe basée sur la production planifiée en fonction des besoins, par opposition au système capitaliste basé sur la propriété privée et la production pour le profit.

Q : Pourrait-il y avoir une société socialiste et une dictature telle que celle exercée actuellement par Staline ?

R : Non. D'après Marx et Engels, à mesure qu'on se rapproche de la société socialiste ou communiste sans classe, au lieu de prendre plus d'importance dans les affaires humaines, le gouvernement devient de moins en moins important et finit par dépérir et disparaître. Il est remplacé, ou évolue dans ce sens, par un organe administratif qui n'utilise pas la répression contre le peuple.

Le terme même de gouvernement implique donc, dans notre terminologie, une société divisée en classes, c'est-à-dire une classe qui domine et une autre qui est réprimée. Cela reste vrai tant pour un gouvernement capitaliste qui, selon nous, opprime ou réprime les travailleurs et les agriculteurs et représente les intérêts du grand capital, que pour un gouvernement des travailleurs et des agriculteurs tout de suite après une révolution, qui représente les intérêts des travailleurs et des agriculteurs et réprime toute tentative de la classe capitaliste destituée de résister à son autorité ou de rétablir sa loi.

Mais une fois brisée la résistance de l'ancienne classe exploiteuse dépassée et une fois que ses membres finissent par accepter la société nouvelle, y sont assimilés, y trouvent leur place et qu'est abolie la lutte entre les classes — qui est le facteur dominant de toutes les sociétés divisées en classes — parce qu'ont disparu les distinctions de classe, alors la fonction première du gouvernement en tant qu'instrument de répression disparaît et le gouvernement dépérit avec lui. Telle est la conception profonde de Marx et Engels à laquelle adhèrent tous leurs disciples.

Q : Lénine a-t-il jamais utilisé le terme « blanquisme » pour désigner un certain type de mouvement ?

LA COUR : Comment dites-vous ?

M. GOLDMAN : Le blanquisme.

LE TÉMOIN : Oui, il a écrit plus d'un article au cours de la révolution russe, plus d'une fois il a écrit : « Nous ne sommes pas des blanquistes. »

Q : Maintenant, que signifie « blanquisme » ?

R : Blanqui était un personnage du mouvement révolutionnaire français qui a eu des adeptes pendant la Commune de Paris en 1871. Blanqui avait sa propre conception du parti et de la révolution et c'est sous le nom de blanquisme que ceux qui étudient l'histoire du mouvement ouvrier connaissent ses idées.

Q : Quelles sont ses idées ?

R : L'idée de Blanqui était qu'un petit groupe d'hommes déterminés et bien disciplinés pourraient faire la révolution par un coup d'État.

Q : Qu'est-ce qu'un « coup d'État » ?

R : C'est la conquête du pouvoir, la conquête du pouvoir d'État, au moyen de l'action armée d'un petit groupe d'hommes déterminés et disciplinés. Ils feraient pour ainsi dire la révolution pour les masses.

Q : Et qu'est-ce que Lénine a dit à ce sujet ?

R : Lénine s'opposait à cette opinion et il a écrit des articles pour répondre à des adversaires qui accusaient les bolcheviks de vouloir prendre le pouvoir sans avoir une majorité. Il a dit : « Nous ne sommes pas des blanquistes. Nous nous basons sur des partis et des mouvements de masse. Et tant que nous sommes en minorité, notre tâche consiste à expliquer patiemment les problèmes et les questions jusqu'à ce que nous obtenions la majorité. Et tant que nous sommes en minorité, nous n'essaierons pas de vous renverser. Vous nous laissez notre liberté de parole et de presse, vous nous donnez la possibilité d'exposer nos idées et vous n'avez à craindre aucun putsch blanquiste de notre part. » Comme je l'ai déjà expliqué, un putsch est une tentative faite par un petit groupe de prendre le pouvoir par une tactique surprise.

Q : Lénine comptait donc sur des partis de masse et sur le fait que ces partis obtiennent une majorité, c'est cela ?

R : Oui, dans les premiers jours de l'Internationale communiste — c'est une période que je connais bien pour l'avoir étudiée en détail et pour avoir personnellement participé au mouvement — il martelait sans cesse cette idée, non seulement contre ses détracteurs en Russie, mais aussi contre divers individus et groupes qui en sont venu à soutenir la révolution russe et qui avaient quelques idées de travers.

En Allemagne par exemple, en mars 1921, le parti allemand qui s'était constitué a tenté une insurrection sans avoir le soutien des masses. C'est devenu célèbre dans la littérature de notre mouvement international comme « l'action de mars. » Les tactiques qu'elle incarnait, la conception de certains des dirigeants allemands selon laquelle ils pouvaient forcer le cours de la révolution grâce à leurs propres sacrifices et détermination… toute cette idée, l'action de mars, et toutes les idées qu'elle incarnait ont été condamnées par le troisième congrès de l'Internationale communiste à l'insistance de Lénine et de Trotsky. Ils ont réfuté cette théorie et lui ont opposé les partis de masse, les mouvements de masse et la nécessité d'obtenir la majorité.

Ils ont avancé un slogan pour le parti allemand : il devait viser un million de membres. Zinoviev, qui était président du Comintern, en a fait une de ses idées principales sur la question allemande : que la tâche du parti allemand n'était pas de s'impatienter ou d'essayer de forcer le cours de l'histoire, mais de s'occuper à faire de l'agitation et de la propagande et d'avoir pour but d'avoir un million de membres dans le parti.

Q : Ce n'est pas ce million de membres qui, à eux seuls, feraient une révolution, n'est-ce pas ?

R : Non, naturellement. Lénine ne s'attendait pas à ce que la majorité de la population adhère au parti, mais qu'elle soutienne le parti. Mais le simple fait qu'il a proposé — ou plutôt que Zinoviev, qui était le lieutenant de Lénine, a proposé en sa capacité de président de l'Internationale communiste — comme slogan : « Un million de membres dans le parti allemand » était certainement une indication très claire qu'ils ne s'attendaient pas à rallier la majorité du peuple avant d'avoir un parti numériquement fort.

Le Parti socialiste des travailleurs et Trotsky

Q : Maintenant, quelles relations Léon Trotsky a-t-il eues avec le Parti socialiste des travailleurs, s'il en a eues ?

R : Notre mouvement en 1928, quand notre faction a été exclue du Parti communiste, a adopté le programme de Trotsky.

Nous avons soutenu son programme dès le tout début — et c'était bien avant d'avoir le moindre contact personnel avec lui. Il avait été exclu du parti russe et était en exil dans les étendues sauvages d'Asie à un endroit appelé Alma Ata. Nous n'avions aucune communication avec lui. Nous ne savions pas où il était, s'il était mort ou vivant, mais nous étions en possession d'un de ses importants documents programmatiques qui s'appelait *La critique du projet de programme de l'Internationale communiste*. Ce livre expliquait en détail les points fondamentaux de ses théories contre celles de Staline. Nous l'avons adopté comme notre propre programme et, dès le tout début, nous avons identifié notre faction comme la faction de Trotsky.

Nous avons travaillé pendant six mois ici sans aucun contact avec lui, jusqu'au moment où il a été expulsé en Turquie, à Constantinople. Puis nous sommes entrés en contact avec lui par courrier. Par la suite, plusieurs membres dirigeants du parti lui ont rendu visite. Nous avons entretenu une correspondance considérable avec lui et, grâce à cette correspondance et aux visites que lui rendaient des membres individuels du parti, nous avons eu une relation très étroite avec lui et nous l'avons toujours considéré comme l'inspirateur théorique et l'éducateur de notre mouvement.

Q : Quand avez-vous rendu visite à Trotsky pour la première fois ?

R : Je lui ai rendu visite en France en 1934 — c'est-à-dire pour la première fois après notre expulsion du Parti communiste.

Q : Et quel rôle Trotsky a-t-il joué, s'il en a joué un, dans la formulation des doctrines du Parti socialiste des travailleurs ?

R : Il a joué un rôle très important. Bien qu'il n'a pas rédigé les documents du parti, ses idées interprétaient le marxisme à notre époque et ont constitué la source où nous avons puisé nos principaux concepts. Nous les avons réécrits en termes américains, nous avons essayé de les appliquer aux conditions américaines.

Q : Est-ce qu'il a écrit des articles sur les conditions et les développements aux États-Unis à l'époque ?

R : Je ne me rappelle pas qu'il ait beaucoup écrit sur l'Amérique à l'époque.

Q : À l'époque, vous a-t-il jamais dit quelle action pratique votre groupe devait entreprendre aux États-Unis ?

R : Oui. À nos débuts, un des sujets de conflit portait sur le genre d'activité auquel nous devions nous consacrer.

À nos débuts, il soutenait l'idée d'une activité purement propagandiste — c'est-à-dire par opposition à ce que nous appelons le travail de masse. Nous étions si peu nombreux, nous ne pouvions espérer faire autre chose que d'essayer de publier un journal et de convertir quelques personnes à nos idées essentielles. La situation à l'époque imposait à notre groupe une tâche très, très modeste de propagande de routine et il a soutenu cette démarche.

Q : Quand avez-vous commencé à avoir des contacts fréquents avec Trotsky ?

R : Il a été chassé de France, puis de Norvège et il a finalement trouvé asile au Mexique, grâce à l'intervention du président Cárdenas. Si je me souviens bien du mois exact, je pense que c'était en janvier 1937.

Par la suite, il a vécu au Mexique jusqu'au 21 août 1940, quand il a été assassiné. Dans la période où il était là, nous lui avons souvent rendu visite. J'y ai moi-même été deux fois pour le voir : une fois au printemps de 1938 et encore à l'été de 1940. D'autres dirigeants du parti et membres du parti lui ont souvent rendu visite. Personnellement, j'ai entretenu une correspondance très suivie avec lui, ce qu'ont aussi fait d'autres membres du parti, et je dirais que nous avons eu des contacts très, très étroits avec lui après son arrivée au Mexique.

Q : Qu'a fait le Parti socialiste des travailleurs pour aider Trotsky à assurer sa défense et aussi pour l'aider dans ses dépenses ?

R : Nous savions que Staline avait désigné Trotsky comme la cible d'un assassinat. Staline avait tué pratiquement tous les dirigeants importants de la révolution dans ses procès de masse, ses purges, ses coups montés, etc. Nous savions que Trotsky, en tant que l'adversaire le plus redoutable de Staline, était la cible désignée d'un assassinat et nous avons entrepris de le protéger. Nous avons mis sur pied un comité spécial dont le seul but était de rassembler des fonds pour soutenir cet effort.

Nous avons fourni des gardes, nous avons régulièrement et systématiquement avancé de l'argent afin de transformer autant que possible sa maison en forteresse. Nous avons rassemblé et avancé les fonds pour lui acheter la maison. Nous avons couvert les dépenses des gardes qui y ont été envoyés et, en général, nous nous sommes efforcés de protéger sa vie et de faciliter son travail de toutes les façons possibles.

Q : Quelle est la nature des discussions que vous avez eues avec Trotsky lorsque vous étiez là ?

R : Tous les problèmes importants du mouvement mondial.

Q : Et les problèmes du mouvement syndical américain ?

R : Oui.

Q : Avez-vous jamais discuté avec lui la question des gardes de défense syndicales et de la section locale 544 ?

R : Non, je n'ai jamais personnellement parlé avec lui des gardes de défense de la section 544. Nous avons discuté avec lui la question générale des gardes de défense. Ceci, je crois, lors de notre visite en 1938.

Q : Savez-vous personnellement si Trotsky recevait beaucoup de visiteurs ?

R : Oui, je sais qu'il en recevait beaucoup. Je sais qu'il recevait de nombreux visiteurs parce que, en tant que secrétaire du parti, on me demandait fréquemment de rédiger des lettres d'introduction pour des gens qui voulaient lui rendre visite. Il a eu la visite non seulement de nos membres, mais de journalistes, d'instituteurs, d'une classe d'histoire qui avait l'habitude de faire des tournées au Mexique et il a aussi reçu la visite pendant qu'il était là-bas de personnalités de tous genres et opinions.

Q : Alors les discussions que vous aviez avec Trotsky portaient sur des questions politiques d'ordre général, n'est-ce pas ?

R : Oui. La question de la guerre, du fascisme, du syndicalisme…

Q : Mais elles n'avaient rien à voir avec les activités du parti, des branches ou des sections particulières du parti ?

R : Non, je ne me rappelle pas que Trotsky s'est jamais intéressé aux détails du travail local du parti. Je ne me rappelle pas cela.

Q : Était-il un homme occupé ?

R : C'était l'homme le plus occupé que j'aie jamais connu. Trotsky, en plus de tout son travail politique, de son énorme correspondance et de son travail de journaliste — et il a écrit d'innombrables articles et brochures pour nous, il a écrit pour des magazines et des journaux tels que le *New York Times*, le *Saturday Evening Post*, *Liberty* et d'autres revues — en plus de tout cela, pendant les onze années qui vont de son exil en Turquie en 1929 jusqu'à sa mort en 1940, il a généré une production littéraire dont le volume dépasse celui de l'écrivain moyen qui ne fait rien d'autre qu'écrire.

Il a écrit ces trois énormes volumes sur l'histoire de la révolution russe que n'importe quel écrivain pourrait considérer comme le travail de toute une vie du point de vue du travail littéraire. Pendant cette période, il a écrit un livre entier intitulé *La Révolution trahie* et il a écrit son autobiographie et un nombre incalculable de livres plus petits, de brochures et d'articles.

Q : Le parti ne l'a donc jamais importuné avec des questions secondaires sur sa politique ou ses activités ?

R : Pas à ma connaissance. Je sais que je ne l'ai jamais fait.

Gardes de défense ouvrières

Q : Voulez-vous expliquer à la cour et au jury la position du Parti socialiste des travailleurs sur les gardes de défense ouvrières ?

R : Eh bien, le parti pense que les travailleurs devraient constituer des gardes de défense partout où leurs organisations ou leurs réunions sont menacées par la violence de voyous.

Les travailleurs ne devraient pas permettre que des membres du Ku Klux Klan, des Chemises d'argent [Silver Shirts], des fascistes de tout genre, des voyous réactionnaires dispersent leurs réunions, saccagent leurs locaux ou les gênent dans leur travail. Ils devraient au contraire organiser une garde et se protéger quand c'est nécessaire.

Q : Il y a combien de temps que le groupe dont vous êtes membre a soulevé l'idée d'une garde de défense ouvrière ?

R : Je dirais que j'ai eu connaissance de cette idée, que nous n'avons pas du tout inventée, tout au long de mes 30 ans dans le mouvement ouvrier. J'ai eu connaissance de l'idée de gardes de défense ouvrières, j'en ai vues être organisées et j'ai plus d'une fois aidé à en organiser bien avant d'avoir entendu parler de la révolution russe.

Q : Et le groupe trotskyste a-t-il jamais commencé à organiser ces gardes avant de devenir le Parti socialiste des travailleurs ?

R : Oui, pendant la première année de notre existence, en 1929. Le Parti communiste, les staliniens, essayait de violemment disperser nos réunions à l'aide de voyous. Ils ont réussi à disperser un certain nombre de réunions et nous avons réagi à cela en organisant une garde de défense ouvrière pour protéger nos réunions. Nous avons invité à faire partie de cette garde non seulement les trotskystes, mais d'autres organisations ouvrières qui étaient aussi attaquées par les voyous staliniens.

Permettez-moi de m'expliquer. À l'époque, les staliniens avaient une méthode pour essayer de disperser les réunions du Parti socialiste, des IWW, d'un groupe appelé les Prolétaires [The Proletarians], de tous ceux qui n'étaient pas d'accord avec les staliniens. Ils s'essayaient au jeu de Staline, qui consistait à disperser ces réunions. Afin de nous défendre et sans aucune théorie de qui que ce soit, nous avons donc réagi en organisant des gardes de défense ouvrières pour protéger nos réunions. Et j'ajouterais entre parenthèses que nous les avons si bien protégées que nous avons mis fin à toutes ces singeries au prix de quelques crânes fracassés, ce que j'ai personnellement beaucoup apprécié à l'époque.

Q : Je vous montre un volume du *Militant* des années 1928 et 1930 et vous demande de vous servir de ce volume pour vous rafraîchir la mémoire et dire au jury à quelles occasions le groupe trotskyste a organisé des gardes de défense ouvrières. Lisez simplement l'article, puis adressez-vous au jury sans lui lire l'article.

R : Le premier date du 1er janvier 1929. Il fait référence à une réunion qui a eu lieu à New Haven, dans le Connecticut, où j'ai pris la parole sur le thème « La Vérité sur Trotsky et la plateforme de l'Opposition. » C'est un compte rendu de la réunion.

Attaques des voyous staliniens

Q : Eh bien, M. Cannon, lisez-le simplement, puis dites au jury ce dont vous vous souvenez à propos de cet incident.

R : Je m'en souviens très bien parce qu'ils ont envoyé une bande de voyous à la réunion, qui ont empêché qu'elle se poursuive et ne m'ont pas permis de continuer ma présentation. Ils ont provoqué une bagarre et, en pleine bagarre, la police est entrée dans la salle et a déclaré la réunion terminée. C'est un compte rendu d'une réunion qui a eu lieu au Labor Lyceum de New Haven, dans le Connecticut, le 21 décembre 1928.

Q : Et par la suite, avez-vous organisé des gardes de défense pour protéger vos réunions ?

R : Oui. Dans le même article figure le compte rendu d'une deuxième réunion tenue à Philadelphie le 27 décembre et où Max Shachtman a fait la présentation. L'article dit que, mettant à profit l'expérience de New Haven, ils ont organisé une garde de défense ouvrière qui est venue protéger la réunion et que l'orateur a pu continuer sans être dérangé.

Q : Vous est-il arrivé de tenir une réunion où vous avez pris la parole et qu'une garde de défense ouvrière protégeait ?

R : Oui. Voici le *Militant* (il le montre) daté du 15 janvier 1929. Il donne le compte rendu d'une réunion où j'ai pris la parole à Cleveland, dans l'Ohio, sur le même sujet dont je parlais à l'époque : « La vérité sur Trotsky et l'Opposition russe. » Le journal rapporte qu'une bande de staliniens est venue, a essayé de perturber la réunion, a chahuté l'orateur et commencé à essayer violemment…

Q : C'était vous l'orateur, n'est-ce pas ?

R : C'était moi l'orateur et je me rappelle très bien que j'étais protégé par une garde que nous avions organisée. Le comte rendu dit que la garde ouvrière a finalement organisé une formation mobile en V et expulsé les perturbateurs de la réunion et que l'orateur a pu continuer sa présentation jusqu'à la fin.

Q : Et par la suite, avez-vous jamais pris la parole à des réunions où des gardes de défense ouvrières avaient été organisées pour les protéger ?

R : Oui. Voici un article du *Militant* de février 1929, qui parle de deux réunions où j'ai pris la parole dans la ville de Minneapolis.

Q : Et vous souvenez-vous de ce qui s'est passé à ces réunions ?

R : Oui. Ici, nous avons essayé de tenir la première réunion dans une salle. J'en ai oublié le nom — la salle de l'AOUW, rapporte ici le journal. Je me rappelle qu'à cette réunion, avant qu'elle ne commence, une bande de voyous staliniens avait envahi le hall et attaqué Oscar Coover avec des matraques, là où il se tenait à la porte pour prendre les billets, je pense. Ils ont pénétré de force dans la salle avant que les gens n'arrivent et se sont installés aux premiers rangs. Puis, lorsque les gens sont arrivés et que je me suis avancé pour prendre la parole, ils se sont levés, ont interrompu la réunion, chahuté, perturbé et entravé la tenue de la réunion jusqu'à ce qu'elle se termine à la fin dans une mêlée générale. Je n'ai pas eu la possibilité de faire ma présentation. Puis ce compte rendu ici dit…

Q : Eh bien, de quoi vous souvenez-vous ?

R : Oui, ce numéro du journal rapporte que nous sommes alors allés à la salle de l'IWW ici — c'est une autre organisation radicale à laquelle nous ne sommes pas affiliés mais qui avait aussi souffert de ces tactiques staliniennes. Nous leur avons demandé s'ils seraient prêts à collaborer avec nous pour organiser une garde qui protégerait la réunion, afin que je puisse prendre la parole sur le sujet sur lequel j'effectuais alors une tournée dans le pays, « La vérité sur Trotsky et notre plateforme. » Ils ont donné leur accord.

En janvier 1929, nous avons formé une garde de défense ouvrière à Minneapolis et l'IWW nous a prêté sa salle. Ce dernier avait une salle à lui, quelque part ici sur la rue Washington. Nous avons fait beaucoup de publicité pour la réunion et avons annoncé que cette réunion se déroulerait sous la protection de la garde ouvrière. Et je sais personnellement qu'il y avait une telle garde, qu'elle s'est équipée de manches de hache et se tenait sur les côtés de la salle ainsi que devant l'entrée. Elle a fait comprendre que personne ne devrait perturber cette réunion. J'ai parlé environ deux heures sans être perturbé, sous la protection de cette garde ouvrière.

Q : Vous pouvez donc dire à partir de votre propre expérience que la garde de défense ouvrière…

R : Si vous les voulez, il y a ici d'autres comptes rendus. Cette période a duré jusqu'au moment où nous avons finalement établi notre droit d'être tranquilles. À ce moment, la garde n'était plus nécessaire et nous l'avons dissoute.

Mouvements fascistes naissants

Q : Maintenant, quelles initiatives formelles le Parti socialiste des travailleurs a-t-il prises jusqu'à présent en ce qui concerne la garde de défense ouvrière qu'il préconise ?

R : Eh bien, dans cette dernière période de 1938 et 1939, nous avons fait face à un mouvement fasciste naissant dans certaines régions du pays. Différentes organisations portant des noms divers ont commencé à prêcher les doctrines hitlériennes dans ce pays et ont essayé d'appliquer les méthodes hitlériennes d'intimidation physique contre des réunions de travailleurs, des Juifs et des commerces juifs. Elles ont aussi tenté de supprimer la liberté de parole par des méthodes violentes.

À New York, c'est devenu un problème assez grave. Les différents bundistes et groupes qui leur étaient associés à New York ont pris l'habitude d'attaquer les meetings de rue lorsque notre parti ou un autre parti ouvrier essayait de prendre la parole avec un permis accordé par les autorités de la ville. Ils avaient l'habitude d'aller molester des commerçants juifs, de dresser des lignes de piquetage devant leurs magasins, de les tabasser, de les provoquer à la bataille, et ainsi de suite.

Il y avait à l'époque une organisation appelée les « Chemises d'argent. » Je ne me rappelle pas d'elle à New York, mais elle sévissait en différents points de l'Ouest et du Midwest.

Q : Vous souvenez-vous du Front chrétien [Christian Front] ?

R : Oui. À New York, le Bund germano-américain et le Front chrétien, ainsi que deux ou trois autres organisations fascistes embryonnaires, avaient l'habitude de se regrouper pour ce genre d'affaires. À cette époque, la liberté de parole était bafouée à Jersey City de manière très flagrante sous l'autorité de cet homme Hague, qui a proclamé qu'il était la loi. Il a pris l'habitude de chasser des gens de la ville et de permettre que les réunions soient dispersées non pas par les autorités, mais de manière ostensible par des « citoyens indignés » que lui et sa bande avaient organisés à cette fin. En général, il y avait à cette époque des indications — il y avait beaucoup de mécontentement et d'agitation dans le pays — il y avait des indications qu'un mouvement fasciste grandissait et la question s'est posée de comment nous pourrions nous protéger, pas seulement nous mais comment les syndicats pourraient se protéger. À Jersey City par exemple, ces méthodes ont empêché de dresser des piquets de grève et porté atteinte au droit de grève — des questions très sérieuses de violation des libertés civiles par des instances non officielles.

En nous appuyant sur l'expérience des mouvements fascistes allemand et italien, qui ont commencé par des bandes de voyous et fini par la destruction complète des syndicats et de toutes les organisations ouvrières et de tous les droits civils, nous en sommes arrivés à la conclusion qu'il fallait rencontrer les fascistes sur leur propre terrain et que nous devions lancer le slogan des gardes de défense ouvrières pour protéger les réunions, les locaux et les institutions ouvrières contre la violence de voyou des mouvements fascistes naissants.

Nous en avons discuté avec Trotsky. Sa contribution a surtout consisté à retracer le développement du mouvement fasciste en Europe. Je ne me rappelle plus maintenant si l'idée venait de lui, mais en tout cas il a pleinement soutenu l'idée que notre parti devait proposer aux syndicats, partout où leur tranquillité était menacée par ces voyous, d'organiser des gardes de défense ouvrières pour se protéger.

Q : Et les syndicats ont-ils suivi le conseil du parti ?

R : Je me rappelle que nous avons formé en coopération avec quelques autres radicaux et quelques Juifs — et même quelques Juifs nationalistes qui n'étaient pas d'accord avec notre programme socialiste, mais qui étaient d'accord pour défendre leur droit humain à la vie — nous avons formé à cette époque une garde de défense ouvrière à New York. Dans le but de protéger non seulement les réunions de notre parti, mais de toute organisation menacée par ces voyous. De protéger les habitants contre toute attaque dans le Bronx, où ces voyous intimidaient et insultaient les Juifs. La garde a eu plusieurs bagarres et accrochages avec ces bandes.

Ensuite, les conditions ont commencé à changer dans le pays. La situation économique du pays s'est un peu améliorée. La question de la guerre européenne a commencé à absorber l'attention et à la détourner de ces Hitlers américains provinciaux. Le mouvement fasciste est devenu passif et notre garde de défense ouvrière à New York n'a rien eu à faire et a simplement cessé d'exister. Si j'ai bonne mémoire, il y a eu une expérience semblable à Los Angeles.

Q : À votre connaissance, y a-t-il des syndicats internationaux qui ont adopté cette idée ?

R : Je ne sais pas. Je sais que la question a été soulevée au sein de l'Union des ouvriers du vêtement qui se sentait doublement concerné par cette affaire. Premièrement, en tant que syndicat ouvrier, il était menacé par la montée du fascisme. Deuxièmement, un pourcentage important de ses membres sont juifs, que ces voyous considèrent comme des victimes toutes désignées. L'une des sections locales de ce syndicat à New York a adopté une résolution en faveur de cette idée, qui a ensuite été envoyée pour examen au Comité exécutif international. Une certaine correspondance et quelques entretiens ont eu lieu entre nos camarades qui avaient parrainé l'idée et les officiers de l'Union internationale des ouvriers du vêtement pour dame. Je ne pense pas que cela soit allé plus loin, dans un sens positif

THE MILITANT

Socialist Appeal

50,000 ANTI-NAZIS ANSWER S.W.P. CALL

AT THE GARDEN PICKET LINE

1,780 LaGuardia Cops Protect Nazis from Workers' Wrath in Brutal Attack on Demonstrators

NAZIS CHEER NEW YORK COPS FOR CLUBBING OF PICKET LINES

All Races, Creeds Join Picket Line

LOCAL NEW YORK RALLIES WORKERS

S.W.P. Protests Police Brutality

« Nous avons formé en coopération avec d'autres radicaux une garde de défense ouvrière à New York, dans le but de protéger non seulement les réunions de notre parti, mais de toute organisation menacée par les voyous fascistes. De protéger les habitants contre toute attaque des bandes qui intimidaient et insultaient les Juifs. »

James P. Cannon

En haut. En plus d'organiser des gardes de défense ouvrières, le SWP prend l'initiative d'appeler en février 1939 à une contre-mobilisation dans les rues entourant un rassemblement du Bund germano-américain au Madison Square Garden à Manhattan. Quelque 50 000 personnes y participent, se heurtant à 1 800 flics qui protègent le rassemblement fasciste. La manchette du *Socialist Appeal* dit : « 50 000 antinazis répondent à l'appel du SWP. » Cet hebdomadaire, qui reflète le point de vue du SWP, paraît de 1938 jusqu'en janvier 1941 lorsqu'il reprend le nom *The Militant*.

ou négatif, parce que le mouvement fasciste s'est affaibli et la question a perdu de son actualité.

Q : La question de la garde de défense ouvrière a donc été reléguée au second plan parce que les conditions ont changé ?

R : Oui. Nous avons retenu la proposition des gardes de défense ouvrières dans notre programme. Je crois qu'elle figure sur la page éditoriale du *Militant* comme un des points que nous proposons à titre de programme pratique.

Q : Et elle devient une question vitale particulièrement face à la possibilité d'un mouvement fasciste dans notre pays ?

R : Oui. À cette époque, notre journal était rempli de comptes rendus et d'articles sur les bundistes et les membres du Front chrétien, etc. Mais si vous parcourez ces anciens numéros, vous constaterez une diminution graduelle du nombre d'articles sur la violence fasciste. Et la question de la garde de défense ouvrière a disparu des pages du journal et n'y est plus soulevée maintenant que de manière épisodique en tant que slogan.

(La pièce à conviction H de la défense est présentée pour identification.)

LE TÉMOIN (SUITE) : Je pourrais ajouter, M. Goldman, qu'autant que je sache, à l'heure actuelle, il n'y a aucune garde de défense ouvrière en activité quelque part dans le pays à laquelle nos membres sont associés, pas à ma connaissance. Mais nous retenons l'idée dans un but d'éducation pratique au cas où les syndicats traversent à nouveau l'expérience de cette époque.

M. GOLDMAN : Je soumets comme preuve, votre Honneur, la pièce à conviction de la défense H-1 à H-5 inclusivement. Il s'agit de la copie d'une résolution intitulée « Résolution du congrès sur la garde de défense ouvrière » publiée dans le *Socialist Appeal* du 7 juillet 1939.

LA COUR : Elle sera reçue.

M. GOLDMAN : Je n'ai pas l'intention de la lire, puisque le témoin en a exposé le contenu.

Le témoin est à vous.

LA COUR : Je pense que nous pourrions suspendre l'audience maintenant.

(Suspension de l'audience de l'après-midi.)

LE MERCREDI 19 NOVEMBRE 1941
AUDIENCE DE L'APRÈS-MIDI (SUITE)

Tribunal fédéral des États-Unis,
district du Minnesota, quatrième division.

Q : Bon. Vous avez dit lors de l'interrogatoire principal que l'expropriation sans indemnité de la propriété privée n'était pas un principe du Parti socialiste des travailleurs, mais je voudrais vous lire la phrase suivante de la Déclaration de principes et vous poser une question à son sujet :

« La mesure socio-économique la plus importante que doit prendre l'État ouvrier dans sa période initiale est l'expropriation et la socialisation, sans indemnité, de tous les monopoles industriels et agricoles, c'est-à-dire les mines, les usines, et la marine marchande, toutes les entreprises de service public, les chemins de fer, les réseaux de transport aérien et les autres moyens de communication organisés, toutes les banques, tous les établissements de crédit et de commerce d'or, ainsi que tous les autres services et fournitures dont le gouvernement révolutionnaire considère comme nécessaire de prendre le contrôle afin de poser les bases d'une société socialiste. »

Qu'avez-vous à dire à ce propos, M. Cannon ?

R : Si je me rappelle bien, j'ai dit que ce n'est pas un principe du marxisme que les biens saisis par le gouvernement ne puissent faire l'objet d'une indemnisation.

Q : Êtes-vous bien certain que vous parliez du marxisme et non pas du programme du parti à ce moment-là ?

R : Je crois avoir fait référence aux sources du marxisme qui font autorité. J'avais à l'esprit surtout l'autorité de Trotsky.

Expropriation de la propriété privée

Q : Bon, de toute façon, c'est un principe du Parti socialiste des travailleurs que ces biens doivent être saisis sans compensation ?

R : C'est dans la Déclaration. Mais ce n'est pas un principe.

Q : Voudriez-vous expliquer pourquoi les propriétaires actuels de ces biens, qui ont au moins acquis leurs droits de propriété par des voies constitutionnelles, ne recevraient rien en échange ? Pourquoi ce principe est-il incorporé dans le programme du parti ?

R : Les 60 familles qui possèdent la majeure partie des industries et des banques de l'Amérique n'ont légitimement pas le droit d'avoir autant de biens et de pouvoir sur la vie des gens qui ont produit ces biens par leur travail.

Q : Vous n'accordez donc aucun mérite à leurs efforts, travail, études, intelligence…

R : Si, je leur accorderais autant de mérite qu'aura tout citoyen qui participera à la production des richesses du pays, c'est-à-dire la possibilité de fonctionner sur une base d'égalité au sein de la nouvelle société.

Q : Oui. Mais je parle du moment où vous prenez le pouvoir et avec lui la propriété, de ce moment où vous en prendriez le contrôle sans la moindre compensation, et je vous demande donc pourquoi vous ne tenez pas compte, à ce moment-là, de l'effort, du travail, de l'intelligence de ces gens et, j'ajouterais, du risque de perte auquel ils se sont toujours exposés ?

R : Ce qui nous importe, c'est le bien-être de la grande masse du peuple. Son bien-être nécessite de manière catégorique que les usines productives de ce pays soient transférées des mains privées à celles du public. Voilà ce qui nous importe avant toute chose. Il faut nationaliser l'industrie — il faut abolir la propriété privée dans le processus industriel. La question des droits et des intérêts du nombre relativement restreint de personnes dans la population qui sont touchées par cette mesure radicale est naturellement secondaire par rapport à ce que nous considérons comme une nécessité publique, comme l'intérêt public.

Je ne vois aucune raison de principe interdisant de prendre ces gens en considération, qui sont privés de leur capacité ou de leur pouvoir de continuer à exploiter les travailleurs, à condition qu'ils acceptent la volonté de la majorité. Ils peuvent percevoir une pension, on peut prendre leur âge en considération, ou leur incapacité de travailler, ou leur accord de ne pas s'opposer par la force au mandat de la majorité.

À vrai dire, je pense que nous serions en faveur de telles mesures.

Q : Vous leur accorderiez une pension ?

R : C'est possible, oui.

Q : Eh bien, maintenant, est-ce votre théorie qu'aucune personne ayant acquis des biens importants ne pourrait l'avoir fait autrement qu'en exploitant les travailleurs ?

R : C'est ainsi que la propriété se crée sous le capitalisme.

Q : Maintenant, veuillez nous dire ce que vous entendez par « exploitation ».

R : Ceci veut dire l'emploi de travailleurs salariés à un taux salarial inférieur à la valeur du produit de leur travail.

Q : Eh bien alors, il s'agit d'un dogme arbitraire, pourrait-on dire, du Parti socialiste des travailleurs qu'aucune personne qui travaille n'est rémunéré de façon adéquate dans le système actuel de gouvernement ?

R : Je ne dirais pas « aucune personne. » Il y a des gens qui gagnent beaucoup trop.

Q : Je parle des travailleurs, les mêmes travailleurs dont vous parlez.

R : Oui, je peux même imaginer un travailleur qui gagne trop, c'est-à-dire un travailleur improductif, incompétent ou négligent.

Mais lorsque nous parlons de main-d'oeuvre salariée, nous parlons de la moyenne et de la règle générale. Le marxisme s'intéresse à l'ensemble, pas à une analyse de chaque travailleur individuel. Dans l'ensemble et en moyenne, les travailleurs produisent une énorme quantité de richesses pour laquelle ils ne reçoivent pas l'équivalent en salaires. C'est la plus-value, selon la terminologie marxiste. C'est le profit qui va dans les mains des capitalistes, pas en échange de leur travail, mais comme profit sur investissement.

Production pour l'usage

Q : Et vous pensez qu'ils ne devraient faire aucun profit sur leur investissement ?

R : Nous voulons supprimer tout le système de profit. Nous voulons produire pour les besoins, pas les profits.

Q : Eh bien, maintenant, vous exproprieriez les biens non seulement des 60 familles, mais de quiconque possède beaucoup de biens, c'est bien cela ?

R : Notre programme exclut expressément l'expropriation des petits propriétaires ou toute ingérence dans leurs affaires. Nous parlons des gens qui possèdent de grands intérêts et exploitent des travailleurs. Leurs biens seront transférés à la propriété et au contrôle publiques, représentés par le gouvernement des travailleurs et des agriculteurs.

Q : D'où vient l'expression « 60 familles » ?

R : À ma connaissance, c'est un livre écrit par un brillant journaliste du nom de Ferdinand Lundberg qui l'a portée à l'attention du public pour la première fois.

Il y a quatre ou cinq ans, M. Lundberg a effectué des recherches sur la propriété et le contrôle de l'industrie et des banques américaines, etc. Sur la base de ses recherches exhaustives, il a produit un livre remarquablement bien documenté intitulé *America's Sixty Families* [Les 60 familles de l'Amérique]. Il y présente des faits et des chiffres prouvant que le contrôle décisif de l'industrie, des banques et des autres institutions américaines, qui représentent la véritable richesse et la véritable puissance économiques de ce pays, est concentré dans la propriété et le contrôle de 60 familles dont il a dressé une liste.

Que je sache, l'ouvrage de M. Lundberg n'a jamais été sérieusement remis en cause. Je me rappelle même qu'un personnage aussi représentatif de l'actuelle administration que le secrétaire Ickes a parlé à la radio et mentionné ce livre comme une référence faisant autorité pour soutenir une position qu'il défendait dans un débat politique du moment.

Q : Bon, vous avez donc utilisé l'expression de manière littérale, quand vous l'utilisez dans la littérature du parti, n'est-ce pas ? Vous faites référence à 60 familles spécifiques ?

R : Je ne dirais pas qu'il s'agit d'une description précise au sens propre du terme. C'est une approximation de la situation réelle. Nous ne proposons pas de limiter la chose exactement à cela, mais l'expression « 60 familles » illustre de manière claire ce qui s'est passé dans le pays. Pendant que les travailleurs travaillaient et que les agriculteurs cultivaient, 60 familles prenaient le contrôle du pays. Et c'est une image très parlante à utiliser dans notre agitation. Beaucoup de gens ne se rendent pas compte de la concentration de richesse qui s'est produite dans ce pays.

Q : Permettez-moi, je vous prie, de vous poser une ou deux questions sur le concept de gouvernement impérialiste et capitaliste. Vous avez dit que le gouvernement actuel des États-Unis est à la fois impérialiste et capitaliste.

R : Oui.

Q : Vous croyez donc que le gouvernement est l'outil des capitalistes ?

R : Il représente les capitalistes.

Q : Et puis, pour mettre fin aux capitalistes, il s'ensuit bien sûr que s'ils devaient vous résister, il vous faudra mettre fin au gouvernement ?

R : Nous allons changer le gouvernement.

Q : Vous allez donc mettre fin au gouvernement comme une conséquence naturelle de l'acte qui met fin aux capitalistes. C'est bien cela, n'est-ce pas ?

R : Une fois que nous aurons la majorité et que nous aurons le pouvoir... si ce pouvoir vient entre nos mains par le biais de processus pacifiques et démocratiques, dans ce cas nous changerons radicalement toute la structure gouvernementale, nous la réorganiserons sur la base de la représentation par conseils, comme je l'ai décrit ce matin.

Q : Eh bien, supposons maintenant que le gouvernement ne suive pas l'exemple du comte Károlyi et ne vous cède pas le pouvoir. Vous allez alors le prendre, n'est-ce pas ?

R : Vous voulez dire, s'il résiste à une majorité dans une élection démocratique ?

Participation des socialistes aux élections

Q : Oh, vous allez le faire par le biais d'élections ?

R : Nous participons tout le temps aux élections. Tout ce que nous avons dit, c'est que la classe dirigeante de ce pays aura recours à la violence avant que ne se présente une véritable occasion de mesurer la majorité ou la minorité par des moyens démocratiques.

Q : Eh bien, dites-nous maintenant comment vous pensez que cela se produira et se déroulera ici dans ce pays. Pour les besoins de cette question, je vous prie de ne pas vous servir de l'exemple d'une autre révolution. Mais comment pensez-vous que cela se déroulera ici ? Permettez-moi de guider votre réflexion à cet égard : vous dites que s'ils résistent à une élection ou quelque chose de la sorte… dites-nous ce que vous voulez dire par là, donnez-nous le déroulement des événements tel que vous l'envisagez.

R : Dans l'état actuel des choses, état qu'on peut concevoir exister encore dans le proche avenir, nous, en tant que parti minoritaire, continuerons à prêcher nos doctrines, à recruter des membres, à faire de notre mieux pour grandir, devenir plus populaires et obtenir plus de soutien.

Naturellement, si nous sommes contraints de ne compter que sur l'efficacité de nos arguments, toute chose restant égale par ailleurs, nous ne grandirons pas très vite. Mais en tant que marxistes, nous croyons que le développement historique apportera une aide puissante à nos idées. La faillite continue du système actuel, son incapacité à résoudre ses problèmes, sa dégradation des conditions des gens pousseront ceux-ci à rechercher une solution à ce qui leur semble être une situation absolument sans espoir.

Dans de telles conditions, notre programme peut apparaître aux gens comme de plus en plus plausible, de plus en plus raisonnable, et nous pouvons commencer à devenir un parti plus fort. C'est déjà arrivé à des partis ayant des idées semblables.

Les réactionnaires vont violer les droits démocratiques

Q : Je comprends maintenant, vous vous en sortez bien. Mais comprenez que je veux que vous nous disiez comment vous pensez que cela se déroulera dans ce pays.

R : À mesure que notre parti croîtra, ce sera en soi le reflet de la croissance et du développement de l'ensemble du mouvement ouvrier, des syndicats. Les syndicats seront de plus en plus poussés sur la voie de l'action soutenue, parce que les capitalistes d'Amérique ne pensent pas que les travailleurs ont droit à des conditions de vie et à un nombre d'heures de travail décents et qu'ils essaieront de presser les travailleurs au maximum.

Les capitalistes essaieront d'utiliser le prétexte de la « défense nationale » et du danger de guerre pour priver les travailleurs du droit de grève. Et une fois qu'ils auront privé les travailleurs du droit de grève pour des raisons soi-disant patriotiques, les capitalistes commenceront à restreindre les salaires et à refuser de faire des concessions. Ils pousseront les travailleurs à adopter une attitude plus radicale vis-à-vis de la situation actuelle et notre parti en croîtra.

La prochaine chose qui apparaîtra probablement à l'horizon, ce sera les efforts de ces 60 familles et de leurs partisans pour enrayer la dissémination d'idées hostiles aux capitalistes et pour empêcher par la loi la syndicalisation des travailleurs. Vous en avez le début ici dans le Minnesota avec la loi Stassen contre les grèves.

Ils commenceront à arrêter des gens pour avoir honnêtement exprimé leurs opinions, à les mettre en prison et à organiser des coups montés contre eux. Ils commenceront à organiser des bandes de voyous fascistes comme en Allemagne, où Fritz Thyssen, le grand magnat de l'acier, a avoué avoir versé des millions de marks pour financer l'organisation des voyous d'Hitler. La tâche des voyous d'Hitler était d'aller disperser les réunions ouvrières et, par des attaques violentes, de priver les travailleurs de leurs droits civils et de leurs droits démocratiques.

Q : Les capitalistes se serviront des lois ?

R : Oui, de lois qui violeront le premier amendement de la constitution qui interdit ce type de loi.

Et dans ces conditions, ils mèneront la guerre. Ils ne se contenteront pas d'une armée d'un million et demi de soldats ;

ils mettront sur pied une armée de cinq millions. Ils enverront des millions de jeunes Américains à l'étranger dans des aventures militaires impérialistes afin de protéger leurs marchés et leurs profits. Des vies seront perdues. Les conditions dans le pays vont empirer parce qu'il faut bien que quelqu'un paie ces 60 à 100 milliards de dollars qu'ils votent pour des dépenses de guerre inutiles et qu'ils essaieront de faire payer par les masses et les agriculteurs pauvres.

La misère s'accroîtra et s'étendra et les revendications se multiplieront dans ce pays, chez les gens qui veulent la liberté et le droit de vivre, en faveur d'une façon de sortir de cette maison de fous où sévissent la guerre, le chômage et le fascisme montant.

Q : Maintenant, cette partie de votre histoire, se passera-t-elle pendant la guerre ?

R : Eh bien, elle peut se produire pendant la guerre si la guerre se prolonge. Ou elle peut se produire, telle une catastrophe, d'une manière rapide à la fin de la guerre, lorsque des millions d'hommes reviendront à la maison, de la victoire ou de la défaite selon le cas, et trouveront que le chômage les attend et que toute la prospérité économique du moment s'effondre parce qu'elle se base sur la production d'armements.

Le moment où ils arrêtent de produire des navires de guerre, des bombardiers, des canons, des munitions et tout le reste du matériel de guerre, vous aurez dans ce pays une armée de 15 à 25 millions de chômeurs. Les petits entrepreneurs seront ruinés et les agriculteurs qui ont connu une crise chronique depuis 25 ans feront face à des conditions qui auront encore empiré.

Les gens de ce pays commenceront alors à sérieusement penser à trouver une solution politique à cette crise dans laquelle les dirigeants actuels les auront plongés et d'où ils seront incapables de les sortir. C'est ainsi que j'envisage l'évolution de la situation.

Que voulons-nous donc ? Nous voulons le simple droit d'affirmer nos idées. Nous voulons le droit à la liberté d'expression, à la liberté de presse et à la liberté d'association.

Q : Je sais, mais je pense que vous vous écartez un petit peu du sujet. Vous en êtes maintenant arrivé dans votre histoire au point de nous dire comment les États-Unis en arriveront à une situation où tout le monde est assez mécontent de la situation ou peut-être pire que mécontent, en colère. Continuez à partir de là et dites-nous : qu'arrive-t-il ensuite ?

R : C'est ce que j'ai l'intention de faire. Je disais : « Que voulons-nous dans cette situation ? »

Nous voulons la possibilité de continuer à expliquer aux gens de l'Amérique en quoi consiste notre plan pour résoudre le problème.

Voilà ce que nous voulons. Et si cette exigence est satisfaite, nous proposerons notre programme aux élections. Nous présenterons des résolutions dans les syndicats. Nous présenterons des résolutions dans les organisations d'agriculteurs. Nous essaierons d'organiser des conférences entre les travailleurs des villes et les agriculteurs afin de voir si nous pouvons élaborer un programme commun pour proposer une solution.

Nous participerons aux élections et, si nous sommes élus et qu'on ne nous prive pas de nos droits électoraux, nous commencerons à débattre la question au Congrès. À cette seule petite condition que nous conservions nos droits constitutionnels, nous avons toutes les raisons d'avoir confiance que nous pouvons gagner la majorité des gens à notre programme.

Et la question de savoir si la volonté de cette majorité s'affirmera de façon démocratique et paisible ne sera pas décidée par nous. Elle sera décidée par vos 60 familles, à savoir si elles veulent déclencher la violence ou si elles veulent accepter une solution pacifique.

Q : Une minute. Vous n'avez pas encore été élus à la tête du gouvernement. Vous en êtes à un point où peut-être vous avez remporté une élection ou deux. Vous vous attendez à être élus à la tête du gouvernement ?

R : Je pense que c'est concevable, oui.

Q : Je veux dire : c'est ce que vous cherchez ? C'est votre but ?

R : C'est le but d'avoir des candidats, de les faire élire.

Q : Croyez-vous être capables de prendre le contrôle, disons, du pouvoir gouvernemental ou d'y accéder par le biais d'élections ?

R : Nous pouvons le prendre si les capitalistes ne nous en empêchent pas par la violence.

Q : Vous voulez dire que les capitalistes ne vous permettront pas d'être élus ?

R : Quand nous disons qu'il est illusoire de nous attendre à pouvoir effectuer la transformation sociale par la voie parlementaire, ceci ne signifie pas que nous ne voulons pas le faire ou que nous n'accepterions pas volontiers une telle méthode. À partir de notre connaissance de l'histoire et à partir de notre connaissance de l'avidité et de la rapacité de la classe dirigeante américaine, nous ne croyons pas qu'elle permettra ce genre de solution.

Q : Revenons alors à la question que je vous ai posée. Vous ne croyez pas que les capitalistes, les 60 familles, etc., vous permettront d'accéder au pouvoir par des élections ?

R : Non.

Protéger les droits des travailleurs

Q : Comment vont-ils s'y prendre pour vous empêcher de le faire ? Ils ne laisseront pas les gens voter ?

R : Ils peuvent l'empêcher de diverses manières.

Q : Comment vont-ils le faire ?

R : Ils peuvent abroger les élections.

Q : Expliquez-nous cela, s'il vous plaît.

R : Ça s'est fait, vous savez, tellement de fois et dans tellement de pays que ça n'a plus rien de nouveau.

Q : Comment vont-ils le faire ?

R : En annulant les élections. Et vous savez, nous ne sommes pas les seuls à envisager de telles possibilités.

Q : Vous voulez dire qu'ils vont simplement empêcher la tenue d'élections ?

R : Même une personnalité publique comme Lindbergh a sérieusement posé la question de savoir si on permettra les élections au Congrès en 1942. Je pense qu'il est en avance sur le temps, mais ce n'est pas forcément une idée trotskyste que de dire qu'ils empêcheront les élections.

Q : Peut-être me suis-je mal exprimé. J'essaie maintenant de comprendre : comment les capitalistes vont-ils vous empêcher d'être élus ? Vous avez dit qu'ils pouvaient le faire de plusieurs manières. L'une d'elles est d'annuler les élections. Je vous demande maintenant ce que vous voulez dire par là. Voulez-vous dire que les capitalistes empêcheront la tenue de toute élection ?

R : C'est possible, oui.

Q : Vous pensez que c'est un des moyens qui seront utilisés pour vous empêcher d'être élus ?

R : C'est une façon, oui. On l'a déjà fait.

Q : Ici ?

R : Pas encore ici, non. En France, le gouvernement de Pétain n'a pas été élu et n'autorise aucune élection pour le mettre à l'épreuve. Ils ont mis fin au parlement démocratique. Personnellement, je pense que…

LA COUR : Je pense, M. Cannon, que vous devriez vous en tenir au sujet suggéré par la question. À cette étape de la procédure, les élections en France ne nous intéressent pas.

Q (PAR M. SCHWEINHAUT) : Bon, je ne veux pas qu'on s'éternise, mais par contre je veux que vous essayiez de me répondre. Je veux savoir, encore une fois, de quelle manière les capitalistes aux États-Unis d'Amérique vont vous empêcher d'être élus. Maintenant, vous en avez indiqué une parmi d'autres : ils vont carrément empêcher la tenue d'élections.

R : Oui.

Q : Dites-nous quels sont les autres moyens par lesquels ils vous empêcheront d'être élus.

R : Un autre moyen, c'est d'adopter des lois discriminatoires qui pénalisent les partis ouvriers.

Q : Expliquez-vous, s'il vous plaît.

R : Restreindre le fonctionnement des partis ouvriers, empêcher leur pleine liberté d'action, ce qui serait nécessaire pour remporter des victoires parlementaires.

Q : Et y a-t-il d'autres moyens ?

R : Oui. Un autre moyen, le moyen le plus probable pour les 60 familles, est d'organiser et de subventionner un mouvement fasciste dans le but de détruire le mouvement ouvrier par la violence avant que celui-ci n'ait la possibilité de mettre sa force à l'épreuve dans les élections.

C'est ainsi que cela s'est passé en Italie. Et j'aimerais expliquer que je me réfère ainsi à d'autres pays uniquement parce qu'ils permettent d'éclairer le processus qui pourrait se produire ici. Je n'avais pas l'intention par ces exemples d'introduire une question étrangère au procès. Nous pensons que, placée dans des conditions similaires, la société capitaliste fonctionne dans un pays ou dans un autre selon des lois similaires.

Q : Maintenant, comment allez-vous empêcher ces choses de se produire ? Vous voulez les arrêter avant qu'elles ne se produisent, je suppose ?

R : Oui.

Q : Comment allez-vous vous y prendre ?

R : Tout d'abord, nous allons essayer de faire valoir nos droits. Nous allons essayer du mieux que nous pouvons d'obtenir le soutien d'assez de gens, qu'ils partagent nos conceptions politiques ou non, pour maintenir les processus démocratiques et les droits civils de toute la population. Voilà ce que nous allons essayer de faire.

Lorsque nous verrons des bandes fascistes s'organiser dans le but d'écraser le mouvement ouvrier, nous allons conseiller aux travailleurs, avant qu'il ne soit trop tard, d'organiser des gardes de défense ouvrières et d'empêcher les voyous fascistes de briser les organisations ouvrières et leurs réunions.

Ce sont là deux des idées les plus importantes et les plus immédiates que nous avons sur la protection des droits des travailleurs et de leurs possibilités de développer leur mouvement dans le cadre d'un processus démocratique.

Q : Supposez maintenant que les élections ne soient pas abrogées. Vous allez continuer de faire uniquement de la propagande, c'est cela ?

R : C'est cela.

Q : Pour essayer d'être élus ?

R : C'est cela.

Q : Peu importe le temps que cela prendra ?

R : Nous ne pouvons pas du tout savoir combien de temps il faudra.

Q : Maintenant, comment pensez-vous que les capitalistes s'y prendront pour abroger les élections ? Comment parviendront-ils à ce but ?

R : Ils peuvent le faire de diverses façons : par décret, par un vote du Congrès qui déclare un état d'urgence qui nécessite de se passer de luttes électorales et qui remet au président ou à quelqu'un le pouvoir de gouverner pendant cette période, qui peut être longue ou courte — mais qui serait vraisemblablement longue.

C'est précisément ce qui est arrivé à un parlement légalement constitué par le suffrage du peuple français, un parlement formé de représentants de divers partis : socialistes, radicaux socialistes, conservateurs, communistes et d'autres partis. Ce parlement a été dissout et un dictateur nommé, avec le pouvoir de gouverner le pays à sa guise jusqu'à nouvel ordre. Voilà ce qui s'est passé, aussi vite que cela (geste de la main).

Q : Supposons qu'ils ne fassent pas ces choses que vous anticipez et que vous vous faites élire à la tête du gouvernement, disons à la tête du Sénat et de la Chambre, et que vous élisiez aussi un président. Vous attendez-vous alors à ce que l'armée et la marine se retournent contre vous et tentent de résister à votre autorité ?

R : Je m'attends à ce que certains officiers le fassent, ceux qui sont les plus étroitement liés aux cercles supérieurs de la classe dirigeante. Je m'attendrais à ce que certains d'entre eux tentent de contester l'autorité du gouvernement populaire. Ceci s'est produit dans d'autres cas.

Q : Oui, je sais que vous illustrez ainsi. Je parle de ce pays-ci. Maintenant, vous vous êtes fait élire à la tête du gouvernement. Maintenant, dites-nous comment vous vous attendez à ce que se fasse la résistance à votre autorité ? Qui va le faire et comment le fera-t-on ?

R : Elle serait le fait des agents de la classe dirigeante menacée d'expropriation.

Q : Vous attendez-vous à ce que l'armée et la marine des États-Unis tournent leurs canons contre vous une fois que vous serez à la tête du gouvernement suite au déroulement normal des élections ?

R : Oui, je m'attendrais à ce que certains officiers le fassent — pas tous. Si toute l'armée et la marine étaient ainsi disposées, il serait tout d'abord manifestement impossible d'être élus parce que les rangs de l'armée et de la marine reflètent plus ou moins l'ensemble de la population. Si nous sommes élus par le vote de la majorité, vous pouvez être certain que notre popularité auprès des masses se reflètera dans l'institution militaire. C'est toujours le cas.

Q : Eh bien, comment résisteriez-vous à ce soulèvement contre vous ?

R : De la même façon que Lincoln en 1861.

Q : Disposeriez-vous déjà d'une armée ou utiliseriez-vous l'armée que vous trouveriez en place au moment où vous seriez arrivés au pouvoir ?

R : Nous prendrons simplement les mesures qui seront possibles. En 1861, une bonne partie de l'armée américaine et de ses meilleurs officiers se sont révoltés contre l'autorité du gouvernement légalement élu de Lincoln. Lincoln a pris ce qu'il pouvait, en a recruté d'autres et leur a livré bataille. Et j'ai toujours pensé que c'était une très bonne idée.

Garde de défense et révolution sociale

Q : Mais en attendant, vous voulez mettre sur pied une milice ouvrière, n'est-ce pas ?

R : Une garde de défense ouvrière, oui.

Q : Je veux dire, pas seulement dans le but de défendre les locaux syndicaux, mais à d'autres fins, c'est bien cela ? N'avez-vous pas l'intention, pendant que vous avancez vers le pouvoir, de construire une milice ouvrière ? Pour vous aider lorsque vous serez au pouvoir ?

R : Nous utilisons l'expression « gardes de défense ouvrières » parce qu'elle est plus américaine et qu'elle définit le plus simplement et précisément ce que nous voulons. Les gardes de défense ouvrières croîtront et se renforceront dans la mesure où les gardes auront une tâche à remplir, pas parce que nous voulons qu'elles grandissent.

Si les forces des fascistes augmentent et qu'elles s'attaquent aux syndicats, les syndicats devront inévitablement contrer ce mouvement en développant leurs gardes de défense. Et si les gangsters et voyous fascistes l'emportent sur les gardes de défense, les syndicats ne pourront répondre qu'en renforçant les gardes. Et au cours de cette lutte entre les bandes fascistes et les gardes de défense ouvrières, nous espérons que les gardes de défense ouvrières se renforceront et deviendront finalement une force très efficace.

Q : Bon, essayons de résumer un peu la question. Vous ne vous attendez pas à pouvoir vous faire élire au gouvernement, n'est-ce pas ?

R : Non, notre programme dit que nous ne nous y attendons pas, et pour les raisons que je vous ai données.

Q : Mais vous vous attendez néanmoins à prendre le pouvoir, n'est-ce pas ?

R : Oui, la répression ne peut arrêter la révolution, car la révolution est un formidable mouvement social constitué de masses considérables de gens.

Q : Votre parti s'attend donc à une guerre civile inévitable provoquée par la divergence entre vos opinions et celles des capitalistes ?

R : Si vous me permettez, j'aimerais dire que nous ne l'attendons pas dans le sens de la vouloir.

Q : Je vous comprends, oui.

R : Et nous ne considérons pas qu'elle soit inévitable. Les processus historiques peuvent varier.

Mais, en nous fondant sur l'expérience historique, nous disons qu'il est hautement probable que la classe dirigeante de ce pays tente de régler le conflit qui l'oppose aux travailleurs par la violence fasciste avant que nous n'obtenions la majorité au Congrès. Ou que si l'on en arrivait au point où nous obtenions la majorité dans une élection démocratique, la classe

« La mise sur pied de gardes de défense ouvrières est un processus presque automatique à mesure que les syndicats se heurtent à la violence des voyous fascistes. Notre tâche est de l'accélérer, de le développer et de le renforcer. Ne permettez pas aux fascistes de briser votre mouvement. » ***James P. Cannon***

En haut. Une partie des 600 membres de la Garde de défense syndicale formée de volontaires des syndicats de Minneapolis et de St-Paul, en réponse à un appel de la section locale 544 des Teamsters pour résister aux forces fascistes soutenues par les patrons. En bas, à gauche. En août 1938, une caricature du *Northwest Organizer* décrit l'évolution des méthodes patronales — de leurs « auxiliaires de police » (on lit sur le gourdin : « À bas les syndicats ») et syndicats maison (le placard du patron dit : « Joignez-vous à notre syndicat ») aux Chemises d'argent (« Où sont les locaux syndicaux ? » demande leur tueur.) En bas, à droite. William Dudley Pelley, fondateur des Chemises d'argent. En juillet 1938, les organisations patronales de Minneapolis l'invitent à y organiser des réunions de recrutement. Avant la fin d'octobre, les mobilisations de la Garde de défense auront forcé les fascistes à quitter la ville.

dirigeante déclencherait une rébellion esclavagiste contre ce développement. Et nous entreprendrons de réprimer cette rébellion de la façon la plus décisive possible.

Q : Et c'est à cette fin que vous voulez commencer d'avance à mettre sur pied une armée des travailleurs, n'est-ce pas ?

R : Vous ne pouvez pas à l'aide d'un simple programme mettre sur pied une armée ouvrière pour faire face à une telle chose. La force des travailleurs va croître à partir de leurs syndicats, à partir de leurs gardes de défense ouvrières, à partir des rangs des soldats et des agriculteurs qui sont présents dans les forces armées et qui ne soutiendront pas la rébellion esclavagiste. Nous ne serons pas sans ressources si la majorité du peuple est avec nous.

Q : Je comprends cela. Maintenant, la mise sur pied de gardes de défense syndicales dans tous les syndicats serait très utile à votre programme si la résistance à laquelle vous vous attendez a lieu, n'est-ce pas ?

R : Ce sera quelque chose d'absolument indispensable, oui.

Q : C'est donc une bonne idée quant à vos buts ultimes que de disposer dès maintenant de gardes de défense syndicales ?

R : C'est une bonne idée si vous pouvez les organiser. Mais vous ne pouvez pas organiser des gardes de défense ouvrières simplement parce que vous en avez envie — seulement lorsqu'il est évident aux travailleurs qu'il leur en faut de façon urgente, qu'ils soient d'accord ou non avec nos idées.

Q : Ce serait une chose qui plairait sans doute au Parti socialiste des travailleurs, en vue du but final du parti, que de pouvoir établir des gardes ouvrières dans tous les syndicats ?

R : J'irais plus loin et dirais que la mise sur pied de gardes de défense ouvrières est un processus presque automatique à mesure que les syndicats affrontent la violence des voyous fascistes. Notre tâche sera de l'accélérer, de dire que c'est une bonne chose, de le développer et de le renforcer, et de ne pas permettre aux fascistes de briser votre mouvement et de vous réduire en esclavage.

Mais les gardes ne sont pas quelque chose que nous pouvons créer en claquant les doigts. Il s'agit d'un processus naturel issu du développement de la lutte et nous essayons de le prévoir, essayons de l'accélérer, essayons d'en populariser l'idée, de convaincre les travailleurs que c'est une bonne chose et de les y impliquer.

Mais peu importe le nombre de livres que nous écrivons ou avec quelle force nous hurlons, nous ne pourrions pas organiser une garde de défense ouvrière dans un endroit où un syndicat fonctionne sans encombre. Minneapolis en est, si vous voulez, une illustration : nous y avons de très bons amis et des camarades influents dans les syndicats, mais lorsque la menace des Chemises d'argent a disparu, la garde de défense syndicale n'a simplement plus rien trouvé à faire et est tombée dans l'inaction. On ne peut pas la construire de manière artificielle.

Q : Êtes-vous en train de dire que la garde de défense syndicale n'existe plus ?

R : Je ne sais pas si elle existe formellement, mais elle ne fonctionne pas pour autant que j'aie pu en juger d'après les dépositions.

Institutions militaires dans un État ouvrier

Q : Maintenant, permettez-moi de vous poser cette question : une fois que vous serez au pouvoir, vous allez créer une armée, n'est-ce pas ?

R : À la longue, oui.

Q : Votre Déclaration de principes dit que l'État ouvrier n'aura pas d'armée de métier, mais dépendra d'une milice ouvrière de masse où seront abolies les distinctions autres que celles exigées par l'efficacité technique et où les rangs exerceront un contrôle démocratique sur les officiers.

R : Cela a toujours été la conception marxiste d'une armée.

Q : Eh bien, voudriez-vous l'expliquer un petit peu ?

R : Nous voulons supprimer les soldats de métier. Pendant un certain temps, l'État ouvrier aura probablement besoin d'une institution militaire, même s'il parvient ici à un accord avec les capitalistes expropriés pour leur accorder une pension en échange de leur soumission aux décisions de la majorité. Il y a la possibilité qu'une Europe capitaliste, qu'un Hitler ou quelque chose comme ça, menace notre pays et il nous faudra maintenir une institution militaire pour défendre le pays.

Notre idée est de ne pas avoir de classe de soldats de métier sauf, bien sûr, pour ce qui est de la compétence technique. Tout citoyen valide sera à tour de rôle astreint au service militaire. Il faudra armer le peuple.

Q : Je crois probablement comprendre ce que vous venez de dire, mais voulez-vous nous dire en particulier ce que signifie ceci (il lit un passage de la Déclaration de principes) : « où les distinctions autres que celles exigées par l'efficacité technique seront abolies et où les rangs exerceront un contrôle démocratique sur les officiers. » Prenons la première partie : « les distinctions autres que celles exigées par l'efficacité technique seront abolies. » Qu'est-ce que cela signifie ?

R : Il faut avoir certaines personnes dans l'institution militaire qui sont compétentes dans certaines techniques : l'artillerie, l'aviation, etc.

Les distinctions que nous voulons abolir sont les distinctions de privilège dans l'armée, les distinctions qui permettent aux officiers de toucher de plus grandes compensations que les soldats — et pas simplement plus grandes, mais tellement plus grandes que l'officier vit dans un autre monde. L'officier peut se marier, avoir une vie sociale, vivre quelque peu comme un être humain, tandis que le soldat, à cause de son maigre salaire, se voit privé de ces possibilités.

Si nous pouvions décider, nous abolirions ces distinctions de privilèges et accorderions à chaque membre de l'appareil militaire une compensation, une réglementation des privilèges, etc., plus ou moins semblables. Évidemment, je ne dis pas que cela s'applique uniquement à l'armée. Selon notre théorie, cela s'applique à la société en général.

Q : Pour prendre un cas extrême, d'après cette théorie, le simple soldat serait l'égal du major-général à tous points de vue, je suppose ?

R : Son égal non pas quant à ses connaissances militaires, son égal non pas quant à son grade militaire, mais son égal quant à son droit d'avoir une existence et une vie sociale décentes. Pourquoi ne les aurait-il pas ?

Q : C'est moi qui vous le demande. Prenons le capitaine, pourrait-il donner des ordres à ses soldats ?

R : Oui.

Q : Devraient-ils obéir aux ordres ?

R : Oui, vous ne pouvez pas avoir une institution militaire sans discipline, sans commandement.

Démocratie dans les forces armées

Q : Que voulez-vous dire par « les rangs exerceront un contrôle sur les officiers » ?

R : Nous sommes pour que les soldats aient le privilège d'élire leurs officiers au sein de l'institution militaire, tout comme ils ont le droit d'élire leurs responsables municipaux dans la vie civile ou leurs responsables syndicaux dans les syndicats. Nous croyons que, dans l'ensemble, ils auraient un meilleur calibre d'officiers et des officiers en qui ils placeraient plus volontiers leur confiance que si on leur imposait les officiers. Vous aurez une meilleure discipline à cause du droit démocratique accordé aux soldats du rang de choisir leurs officiers.

Q : Maintenant, aurez-vous une espèce de commissaire politique, si c'est le terme approprié, qui exercerait un contrôle sur les officiers dans l'armée ?

R : Tout cela dépend de si les officiers sont considérés comme dignes de confiance ou pas.

Q : Ils en avaient, je crois, en Russie soviétique, n'est-ce pas ?

R : Oui, après la révolution, ils avaient dans l'armée beaucoup d'officiers qui avaient été formés sous le régime tsariste.

Q : Serait-ce là ce que vous entendez par « un contrôle démocratique sur les officiers » ?

R : Non, c'est quelque chose de tout à fait différent. Par contrôle démocratique sur les officiers, nous voulons dire le droit des rangs de les élire et de les révoquer.

Q : Mais auriez-vous un représentant du bureau administratif de l'État, ou quel que soit son nom, avec les troupes et qui contrôlerait les officiers ?

R : Vous voulez parler de l'institution des commissaires dans l'armée russe ?

Q : Je n'en sais rien. Je vous le demande.

R : Je vais l'expliquer, mais c'est quelque chose de différent. Dans l'armée reconstituée qu'a organisée Trotsky après la révolution, ils ont naturellement dû compter sur des dizaines de milliers d'officiers qui avaient été formés sous le régime tsariste. Les travailleurs n'avaient pas eu la possibilité de former certains des leurs pour devenir officiers. Pour diverses raisons, de nombreux officiers se sont ralliés au gouvernement soviétique. Certains se sont convertis à la révolution. D'autres sont restés hostiles à la révolution mais étaient patriotiques à l'égard du pays et étaient prêts à le défendre contre les interventionnistes. D'autres se sont résignés à la réalité et en ont tiré le meilleur parti.

Mais naturellement, beaucoup d'entre eux étaient considérés comme politiquement peu sûrs. Le contrôle que les commissaires ont exercé sur eux n'était pas un contrôle des rangs comme nous proposons par le biais d'élections. Il s'agissait d'un contrôle venant de la tête du gouvernement. Le commissaire était nommé en tant que représentant éprouvé du gouvernement central pour travailler avec l'officier et veiller à ce que celui-ci se conduise loyalement. C'est ce qui a été mis sur pied en pratique dans l'expérience russe.

Nous ne l'avons même pas mentionné dans notre programme parce que nous ne savons pas ce qui se passera ici.

Je devrais ajouter que dans la mesure où ces officiers se sont intégrés au nouveau régime et que de nouveaux officiers ont été formés, la nécessité d'avoir des commissaires auprès des officiers à la loyauté douteuse a disparu et l'importance de cette institution a diminué d'autant.

Q : Je voudrais savoir si le programme du Parti socialiste des travailleurs englobe ou pas la mise en place de ces commissaires politiques.

R : Non, je ne pense pas que cela figure à notre programme.

Q : Je vous pose la question.

R : Non, ce n'est ni compris ni exclu. C'est une des nombreuses questions auxquelles il reste à répondre.

Q : Ils avaient récemment le même système dans la guerre civile espagnole, n'est-ce pas ?

R : Dans une certaine mesure, oui.

Q : Voudriez-vous nous expliquer un petit peu ou illustrer au moyen de la guerre civile espagnole l'avantage de votre programme qui prévoit un entraînement militaire sous le contrôle des syndicats et ce genre de choses ? Voudriez-vous nous expliquer un peu cela ?

R : J'ai mentionné que la coalition du Front populaire avait obtenu la majorité aux élections. La minorité réactionnaire s'est alors révoltée et a entrepris une rébellion armée, entraînant avec elle une bonne partie des officiers de l'armée. D'autre part, comme c'est presque toujours le cas, une partie des officiers est restée fidèle au gouvernement légalement constitué, comme ce fut le cas ici dans notre guerre civile. Il y a eu une division au sein de l'armée.

Les travailleurs avaient déjà réclamé des armes à cor et à cri, mais le gouvernement du Front populaire avait refusé de leur donner des armes et a tellement temporisé que les travailleurs n'ont reçu aucune formation dans le maniement des armes. C'est une des raisons de la victoire du fascisme en Espagne.

Les organisations ouvrières étaient les adversaires le plus agressifs des fascistes. Notre parti en Espagne, tout en ne soutenant pas politiquement le gouvernement du Front populaire, a donné son appui et participé à la lutte militaire pour contrer les fascistes et a combattu dans l'armée, côte à côte avec les républicains, les démocrates, etc.

Les syndicats et les organisations ouvrières se sont rendu compte qu'ils pouvaient bien mieux organiser, équiper et déployer des hommes sur le terrain en se servant de leur propre appareil qu'en passant par le gouvernement du Front populaire. Les puissants syndicats là-bas ont mis sur pied leurs propres régiments. Les partis politiques ont mis sur pied leurs propres régiments et ceux-ci ont été intégrés dans les lignes de combat côte à côte avec les républicains et les troupes régulières et ils ont combattu ensemble. Sans eux, une véritable lutte militaire n'aurait pas été possible en Espagne. Si les travailleurs espagnols avaient eu l'occasion de recevoir un entraînement militaire au cours des années précédentes, surtout s'ils avaient eu la possibilité de donner à des hommes une formation d'officier, je pense qu'il est fort possible que l'issue militaire en Espagne aurait été différente.

Q : Laissez-moi vous demander ceci : pendant la guerre, l'armée loyaliste n'a-t-elle pas adopté la théorie d'un contrôle démocratique sur les officiers et de l'élection des officiers, un peu comme celle que votre parti préconise ?

R : Je crois que dans une certaine mesure, c'est ce qui a prévalu au début dans quelques régiments contrôlés par les syndicats. Quant à savoir s'il a prévalu dans l'ensemble de l'armée, je ne le sais pas vraiment. Je ne connais pas d'assez près l'aspect militaire de la guerre civile espagnole pour le savoir.

Q : Votre parti croit que c'est ainsi que l'actuelle armée des États-Unis devrait être organisée, n'est-ce pas ?

R : Oui, nous croyons que les rangs devraient avoir le droit d'élire leurs officiers.

Q : Dès maintenant ?

R : Dès maintenant.

Q : Et dans le cas où nous entrons en guerre ?

R : Oui, raison de plus de le faire à ce moment-là, parce qu'il est alors d'autant plus important pour les soldats du rang d'avoir des officiers qu'ils veulent et en qui ils peuvent avoir confiance étant donné qu'ils entrent dans des situations dangereuses. C'est une affaire très, très regrettable que de mettre sa vie en danger sous les ordres d'officiers en qui on n'a pas confiance.

Q : Les membres de votre parti ont reçu pour instruction, n'est-ce pas, de rester fidèles aux principes et théories du parti une fois qu'ils sont incorporés dans l'armée ?

R : Ils ne reçoivent pas de telles instructions, mais il est entendu qu'un homme qui est formé dans notre mouvement ne renoncera en aucune circonstance à ses principes.

M. SCHWEINHAUT : Seriez-vous d'accord, votre Honneur, de suspendre l'audience maintenant ?

LA COUR : Mesdames et messieurs les jurés, c'est l'Action de grâce demain et nous allons l'observer. Je vous souhaite de passer une agréable et confortable journée.

Vous vous souviendrez, je vous prie, de la mise en garde de la cour.

Nous allons maintenant suspendre l'audience jusqu'à dix heures vendredi matin.

(Sur ce, à 16 h 35, la séance a été normalement suspendue jusqu'à 10 h, le vendredi 21 novembre 1941.)

LE VENDREDI 21 NOVEMBRE 1941
AUDIENCE DU MATIN

Tribunal fédéral des États-Unis,
district du Minnesota, quatrième division.

James P. Cannon
un des accusés, ayant déjà prêté serment, a été rappelé à la barre et a poursuivi sa déposition comme suit :

Q : M. Cannon, je voudrais vous lire un passage du *Manifeste communiste* à propos duquel M. Goldman vous a interrogé vendredi ou à un autre moment : « Les communistes se refusent à dissimuler leurs opinions et buts. Ils déclarent ouvertement que leurs fins ne peuvent être atteintes que par le renversement par la force de toutes les conditions sociales existantes. » Est-ce que cela représente les vues du parti ou pas ?

R : Dans la mesure où cela est incorporé dans la Déclaration de principes, oui. Comme tous les autres écrits marxistes, nous l'avons interprété à notre façon, tel que cela figure dans la Déclaration de principes.

Q : Vous serez d'accord, n'est-ce pas, pour dire que, pris tel quel et sans contexte, ce passage revient à préconiser le renversement du gouvernement par la force ?

R : Non, je ne l'interprète pas ainsi.

Q : Vous n'êtes pas d'accord que c'est ce que ça veut dire ?

R : Nous ne l'interprétons pas ainsi, mais dans la Déclaration de principes…

Q : Je vous demande si, oui ou non, en prenant ce texte tel quel et sans contexte, vous êtes d'accord pour dire qu'il revient à préconiser le renversement du gouvernement par la force.

R : Non, pas nécessairement parce que les auteurs de ce même document, dans la déclaration que j'ai citée l'autre jour, disent expressément penser que leurs buts pourraient être atteints, au moins en Angleterre, par le processus de la démocratie parlementaire.

Q : Vous savez fort bien que cela ne répond pas à ma question, n'est-ce pas M. Cannon ? Laissez-moi je vous prie vous demander :

Si vous prenez ce texte que je viens de vous lire, tel quel et sans contexte, n'êtes-vous pas d'accord pour dire qu'il revient à préconiser le renversement du gouvernement par la force ?

R : Non, je ne crois pas parce que les auteurs eux-mêmes l'ont interprété différemment au moins dans le cas de l'Angleterre.

Q : D'accord, laissons tomber. Lorsque vous remettez *Le Manifeste communiste* à vos membres, les mettez-vous en garde contre cette phrase ?

R : Je ne sais pas si on le fait vraiment. Nous le publions comme un document historique, vieux de 93 ans.

Q : Vous vous attendriez à ce que les membres du parti, lorsqu'ils lisent cela, comprennent en le lisant qu'il ne représente pas les vues du parti et qu'il ne s'agit pas d'une incitation à renverser le gouvernement par la force ?

R : Nous nous attendons à ce que la Déclaration de principes guide les membres du parti.

Réformes et révolution

Q : Je voudrais maintenant vous lire un passage du document *Le congrès de fondation de la Quatrième Internationale,* où je trouve la phrase : « La tâche stratégique de la Quatrième Internationale ne consiste pas à réformer le capitalisme mais à le renverser. » Est-ce que cela ne signifie pas que vous n'avez même pas l'intention de tenter quelque chose par des réformes législatives ?

R : Non, ce n'est pas là ce que ça veut dire.

Q : Qu'est ce que ça veut dire ?

R : Au contraire, nous proposons constamment des changements législatifs.

Q : Telle quelle est ici, qu'est-ce que cette phrase signifie pour vous ?

R : Nous ne nous attendons pas à atteindre les buts ultimes du socialisme en réformant le capitalisme, que nous considérons comme un système qui a fait son temps. En attendant, sur la voie conduisant au moment où nous serons capables de réaliser nos buts ultimes, nous sommes constamment à l'affût d'occasions appropriées pour proposer des réformes opportunes.

Q : N'est-il pas vrai que, partout dans votre littérature, l'on ridiculise constamment toute idée de réforme ?

R : Nous ne pensons pas qu'il soit possible d'atteindre les buts ultimes du socialisme en réformant un État ou un système qu'il faut remplacer. Mais nous ne considérons pas que les réformes et la révolution sont incompatibles, pas du tout.

Q : Maintenant, je lis dans *La révolution de 1905* de Lénine : « Il est de notre devoir… »

M. GOLDMAN : Cela n'a pas été admis comme pièce à conviction, votre Honneur.

M. SCHWEINHAUT : Je ne dis pas qu'il l'a été. Je veux interroger le témoin à ce sujet.

Q (SUITE) : « En temps d'insurrection, notre devoir est d'exterminer impitoyablement les chefs civils et militaires. » Est-ce que cela représente les vues du parti ?

R : Non, nous n'avons jamais rien déclaré de pareil.

Q : Vous êtes en désaccord avec cela ?

R : Oui. Que je sache, cela n'est d'aucune façon un énoncé de la politique de notre parti.

Q : Cela fait partie de la philosophie et de la doctrine de Lénine avec lesquelles vous êtes en désaccord. Est-ce correct ?

R : Nous ne sommes pas d'accord avec l'extermination de qui que ce soit, à moins qu'il ne s'agisse d'un véritable conflit armé où s'appliquent les lois de la guerre.

Q : Dans le cas où votre parti dirige une insurrection, seriez-vous alors d'accord pour dire qu'il faut impitoyablement exterminer les chefs civils et militaires ?

R : Je ne veux pas être tenu pour responsable ou je ne veux pas que le parti soit tenu pour responsable de tels énoncés qui ne figurent pas parmi nos déclarations officielles.

Q : Mais vous nous avez dit, n'est-ce pas, que les conceptions fondamentales de Lénine étaient aussi les conceptions fondamentales du Parti socialiste des travailleurs ?

R : C'est vrai et je vous ai dit en même temps que cela ne signifiait pas que nous admettons comme un dogme chaque lettre et chaque ligne écrites par Lénine.

Q : Et il s'agit ici de quelque chose que vous n'admettez pas comme un dogme, c'est bien cela ?

R : Certainement pas avec l'interprétation que vous en donnez.

Le socialisme est l'alternative à la guerre

Q : Laissez-moi vous lire quelques passages de la publication *Qu'est-ce que le trotskysme ?*, décrite comme « Esquisse de cours nº 2 de Jack Weber » et distribuée par votre parti : « Pour réaliser le socialisme, le marxisme postule qu'il est d'abord nécessaire de détruire l'appareil d'État de la classe dirigeante capitaliste, à savoir l'armée, la police et la bureaucratie d'État. » Puis : « La politique du marxisme demeure celle d'utiliser la guerre et l'armement des travailleurs pour faire avancer les intérêts de la révolution mondiale, transformer la guerre impérialiste en guerre civile et considérer la bourgeoisie nationale comme l'ennemi principal. » Et enfin : « La classe ouvrière ne peut obtenir le pouvoir en poursuivant une politique fasciste. » Est-ce que cela ne signifie pas que vous et votre parti avez l'intention, au cours de la guerre qui s'annonce, si nous y participons, de vous en servir pour fomenter une guerre civile ?

R : Je ne le présenterais pas d'une manière aussi crue. J'ai expliqué ici de façon assez détaillée que nous allions continuer à propager nos idées en toutes circonstances, dans la mesure où on nous permet de le faire. Nous croyons que la prolongation de la guerre menée par les puissances impérialistes aura inévitablement pour effet d'accélérer le déclin du système représenté par les puissances impérialistes et d'accroître la misère et le mécontentement des masses, qui exigeront la fin de la tuerie. Et notre parti entreprendra certainement dans une telle situation d'offrir au public l'alternative du socialisme, c'est vrai.

Q : Et vous chercherez à utiliser la guerre, pendant la guerre, pour détruire la forme actuelle de gouvernement, n'est-ce pas ?

R : Eh bien, ce n'est pas un secret que nous voulons changer cette forme de gouvernement.

Q : Et vous anticipez avec impatience la guerre qui s'annonce, c'est bien cela, comme le moment où vous pourriez être capable d'y arriver ?

R : Oui, je pense que la guerre qui s'annonce affaiblira sans aucun doute les gouvernements impérialistes de tous les pays.

Q : Vous avez dit, je crois, que vous ne soutiendrez pas la guerre. Vous ne croyez pas du tout à la défense nationale, n'est-ce pas ?

R : Pas dans les pays impérialistes, non.

Q : Je parle de ce pays-ci.

R : Je crois à 100 pour cent dans la défense de ce pays par nos propres moyens, mais je ne crois pas dans la défense des gouvernements impérialistes du monde…

Q : Je parle du gouvernement des États-Unis tel qu'il est maintenant établi en vertu de la constitution. Vous ne croyez pas en sa défense, n'est-ce pas ?

R : Pas dans un sens politique, non.

Q : Vous ne croyez nullement en sa défense, c'est ça ?

R : J'ai expliqué l'autre jour que si la majorité du peuple se prononce pour la guerre et y participe, nos membres et les gens que nous influençons participeront aussi à la guerre. Nous ne sabotons pas la guerre, nous n'y faisons pas obstacle, mais nous continuons à propager nos idées, à réclamer l'arrêt de la guerre et à réclamer un changement de gouvernement.

Q : Voulez-vous dire par cette déclaration que vos membres, une fois sous les drapeaux, seraient de bons soldats ?

R : Oui.

Q : Et qu'ils chercheraient à faire avancer l'effort de guerre des États-Unis ?

R : Nous disons que nos membres doivent être de bons soldats dans l'armée, au même titre qu'ils sont de bons travailleurs à l'usine et de bons syndicalistes dans le syndicat. Sinon, il ne leur serait pas possible d'avoir la moindre influence sur leurs camarades.

Opposition au social-patriotisme

Q : Comment pouvez-vous concilier cette affirmation avec une déclaration parue dans le *Socialist Appeal* du 1er août 1939 : « Un socialiste qui prêche la défense nationale est un réactionnaire petit-bourgeois au service du capitalisme décadent » ? Comment conciliez-vous votre réponse à ma question précédente et la déclaration faite ici ?

R : Nous ne sommes pas en faveur de défendre le régime actuel. Nous sommes opposés au régime actuel.

Q : Et les membres de votre parti qui sont soldats dans l'armée, lorsqu'ils sont incorporés dans l'armée, s'y opposeront ?

R : En ce qui concerne leurs idées, en ce qui concerne l'expression de leurs opinions, oui, dans la mesure où on leur permet d'exprimer leurs opinions.

Nous ne croyons pas non plus dans l'autorité et la direction capitalistes à l'usine, mais tant que nous sommes en minorité et ne pouvons l'empêcher, nous travaillons en usine et insistons pour que nos membres soient de bons travailleurs.

Q : Et pendant que vous travaillez en usine, vous essayez de faire tout ce que vous pouvez pour lutter contre les patrons ?

R : Nous faisons tout ce que nous pouvons dans le sens d'expliquer et de propager à nos camarades de travail l'idée qu'il est mieux pour eux de posséder les usines que d'être des travailleurs salariés sous le contrôle d'un propriétaire privé.

Q : Et vous, personnellement, vous considérez comme ridicule l'idée de défendre le gouvernement des États-Unis, n'est-ce pas ?

R : Dans le sens d'accorder un appui politique à toutes les formes de gouvernement capitaliste, oui.

Q : Je vais lire un extrait d'un de vos propres discours et nous verrons s'il s'agit d'opposition politique. Le 14 novembre 1939, dans un discours, vous avez dit…

R : Quelle était la date, encore ?

Q : Le 14 novembre 1939. Ce discours que vous avez prononcé a été reproduit dans le *Bulletin intérieur* réservé aux membres. Vous avez dit : « Certains camarades parlent aujourd'hui de défense « conditionnelle » de l'Union soviétique.

Si vous vous arrêtez pour y réfléchir, nous sommes pour la défense conditionnelle des États-Unis. C'est formulé ainsi dans le programme de la Quatrième Internationale. En cas de guerre, nous défendrons de manière absolue le pays, à une seule petite « condition » : que nous renversions d'abord le gouvernement des capitalistes et le remplacions par un gouvernement des travailleurs. » Vouliez-vous dire opposition politique par là ?

R : Je voulais dire que, dans ce cas, nous abandonnerions notre opposition politique et deviendrions des partisans politiques ainsi que des participants militaires de la guerre.

Q : Pensez-vous que cette affirmation est cohérente par rapport à ce que je viens de lire et que vous avez dit dans un de vos discours ?

R : C'est ce que je voulais dire. Nous n'avons jamais, en aucune occasion, dit que nous ne combattrions pas dans l'armée des États-Unis aux côtés du reste de notre génération en temps de guerre. Nous avons dit : « Nous ne donnerons pas de soutien politique à la guerre. »

Q : Voyons si votre énoncé dans la Déclaration de principes est cohérent par rapport à ce que vous venez de dire. (Il lit :) « Si malgré les efforts des révolutionnaires et des travailleurs combatifs, le gouvernement US s'engage dans une nouvelle guerre, le SWP ne soutiendra en aucun cas cette guerre mais au contraire la combattra. Le SWP préconisera la poursuite de la lutte des classes pendant la guerre, quelles qu'en soient les conséquences sur l'issue de la lutte militaire américaine, et essaiera de préparer les masses à utiliser la crise provoquée par la guerre pour le renversement du capitalisme US et la victoire du socialisme. » Cela veut-il dire que vous soutenez l'effort de guerre ?

R : Non, je n'ai jamais dit que nous soutenions l'effort de guerre. Nous ne le soutenons pas. Nous nous y opposons.

Q : Et est-ce qu'un membre de votre parti pourrait respecter ce principe et en même temps être un bon soldat ?

R : Il le pourrait. Et non seulement le pourrait-il, mais il le fera, au même titre qu'il peut être un bon travailleur à l'usine tout en s'opposant au travail salarié à l'usine. Nous ne pouvons l'empêcher tant que nous sommes une minorité.

Q : La Déclaration de principes dit aussi : « Le Parti socialiste des travailleurs s'oppose et continuera toujours de s'opposer à toutes les formes de social-patriotisme, à tout plaidoyer d'« union nationale » ou de « suspension de la lutte des classes » en temps de guerre »...

R : Ça, c'est sous un gouvernement capitaliste.

Q : Vous voulez dire dans les conditions actuelles, dans ce pays, aujourd'hui, c'est bien cela ?

R : C'est cela.

Q : Mais vous dites toujours que vous n'allez pas entraver la bonne marche de l'armée ?

R : Non, pas dans un sens militaire.

Tâches des révolutionnaires en période de guerre

Q : Je voudrais vous demander si ce que je vais lire maintenant ne signifie pas que vous voulez fomenter une guerre civile. Il s'agit d'un extrait de la brochure *Are You Ready for War?* [Êtes-vous prêts pour la guerre ?], publiée par la Ligue socialiste de la jeunesse [Young Peoples Socialist League] liée à la Quatrième Internationale : « Sommes-nous partisans de transformer la guerre impérialiste en guerre civile ? C'est ainsi que les travailleurs russes ont obtenu la paix en 1917, alors que dans d'autres pays leurs frères combattaient toujours sous le joug de l'impérialisme. C'est le seul moyen d'obtenir une paix permanente et de faire disparaître la guerre de la surface de la terre. » Cela ne veut-il pas dire que vous avez l'intention de fomenter et de délibérément essayer de provoquer la guerre civile pendant la période de guerre qui s'annonce ?

R : Pendant la guerre, les conditions mûrissent pour le développement d'un mouvement révolutionnaire. Nous continuons à nous opposer au système impérialiste, au régime impérialiste, et nous essayons de le conduire dans la direction du socialisme. Il ne fait aucun doute que tel est le but de notre parti.

Q : Voici un extrait d'une résolution adoptée à l'un de vos congrès sur le même sujet. Je suppose que votre réponse sera la même : « Si la classe ouvrière est incapable d'empêcher le déclenchement de la guerre et que les États-Unis y participent directement, notre parti restera fidèle à la position traditionnelle du marxisme révolutionnaire. Il utilisera la crise du régime capitaliste engendrée par la guerre pour poursuivre la lutte des classes avec la plus grande intransigeance, pour renforcer le mouvement ouvrier indépendant et le mouvement révolutionnaire et pour mettre fin à la guerre par le renversement révolutionnaire du capitalisme et l'établissement de la domination prolétarienne sous la forme d'un État ouvrier. » Est-ce là votre façon de ne pas faire obstacle à l'effort militaire de ce pays ?

R : Oui, c'est une description claire de nos buts. Nous allons nous opposer à la guerre, nous allons parler contre elle.

Q : Laissez-vous entendre que ce texte signifie que vous allez seulement vous prononcer contre elle ?

R : Si vous essayez de faire dire à ce texte que nous allons donner pour consigne à nos membres ou aux gens que nous influençons de faire obstacle à la poursuite militaire de la guerre, de ne pas respecter la discipline, d'effectuer des sabotages et d'entreprendre d'autres actions de ce genre, ce n'est pas ce qu'il veut dire. Il veut dire opposition politique.

Q : Voici maintenant un extrait du *Manifeste de la Quatrième Internationale sur la guerre impérialiste et la révolution prolétarienne*, que je lis : « Chaque membre du rang de notre organisation a non seulement le droit mais le devoir de se considérer à partir de maintenant comme un officier de l'armée révolutionnaire qui sera créée dans le feu des événements. » Croyez-vous que vos membres pourraient à la fois être de bons soldats et ne pas entraver l'effort de guerre s'ils obéissaient à ce principe ?

R : Cela ne veut pas nécessairement dire officier au sens militaire du terme. Quand nous parlons de l'armée révolutionnaire, nous utilisons ce terme dans de nombreux sens. Nous parlons du parti en tant qu'armée révolutionnaire, nous parlons du mouvement du prolétariat en tant qu'armée révolutionnaire, pas toujours dans un sens militaire. Littéralement, cela n'aurait pas un sens militaire parce que…

Q : Je ne vous demande pas s'il en a un. Je vous demande si quelqu'un peut être un bon soldat dans l'armée américaine et obéir à ce principe.

R : Oui, sinon il n'aurait pas assez d'influence pour être officier où que ce soit.

Q : Laissez-moi vous lire un passage d'un de vos discours sur la politique militaire, publié dans le *Socialist Appeal* du 26 octobre 1940 : « Comment travaillons-nous dans une armée de conscrits, a demandé quelqu'un. Nous travaillons de la même façon que dans une usine. En effet, la tâche principale de l'industrie maintenant est de fournir l'armée. Où traceriez-vous la ligne de démarcation ? Il n'y a pratiquement aucune industrie qui ne sera pas mobilisée soit pour fabriquer, soit pour transporter du matériel pour l'armée. Les masses sont dans l'armée ou travaillent pour fournir l'armée. Les travailleurs subissent une exploitation militaire. Nous y allons et défendons les intérêts des esclaves de l'exploitation militaire, tout comme nous allons à l'usine et y luttons contre l'exploitation capitaliste. Partout, notre position fondamentale est la position de classe.

« Deuxièmement, il faut être prudent, prendre ses précautions. Pas de putsch, pas d'initiative prématurée qui nous exposerait et nous séparerait des masses. Marchons avec les masses. Soyons avec les masses, comme les bolcheviks étaient dans l'armée de Kérensky. Pourquoi ne pourrions-nous pas le faire ici ? Et sinon, comment pourrions-nous le faire ? Comment autrement, dans un monde dominé par le militarisme, pouvons-nous envisager notre voie vers le salut du monde si ce n'est par des moyens militaires ? Et comment pouvons-nous obtenir ces moyens militaires si ce n'est en entrant dans l'armée telle qu'elle existe ? »

Vous voulez dire par là, n'est-ce pas, que vous voulez que vos membres, une fois incorporés dans le service de l'armée, exposent vos doctrines aux autres soldats de l'armée et les défendent ainsi contre l'exploitation militaire des officiers qui les commandent ? N'est-ce pas là une interprétation honnête de ce que cela veut dire ?

R : Notre parti est pour la défense des droits des soldats du rang, de leur droit démocratique d'être traités décemment, de leur droit d'exprimer leurs opinions et d'adresser leurs demandes au Congrès, d'élire leurs officiers, au moins leurs officiers subalternes. Nous les protégeons de manière générale contre les mauvais traitements du régime capitaliste.

Q : Et c'est ça que vous voulez que les membres de votre parti qui sont actuellement dans l'armée fassent : défendre et propager ces idées ?

R : Oui.

Q : Dans l'armée ?

R : De la même manière qu'ils le font à l'usine.

Q : Mais vous ne pensez pas que cela entraverait l'effort de guerre de l'armée ?

R : Si vous relisez ce passage, vous verrez que nous ne voulons aucun putsch. Nous disons à nos membres : « Ne faites aucun putsch et ne gênez pas l'armée. » Nous donnons expressément pour instruction à nos membres de ne pas entraver les opérations militaires, mais de limiter leurs efforts à un travail de propagande, de gagner la sympathie et l'appui de la masse des soldats du rang.

Q : Et vous croyez que vos membres peuvent propager ce genre de choses dans l'armée sans entraver l'effort de guerre ?

R : Oui, je le crois. À vrai dire, je pense que plus on prendra en considération les droits et les sentiments des soldats du rang, meilleure sera la vie dans l'armée. Toute la conception du militarisme — basée sur des soldats du rang sans droit de s'organiser, une discipline arbitraire imposée d'en haut, sans possibilité d'exprimer leurs opinions et sans considération pour les sentiments des masses — nous sommes tout autant contre cela dans l'armée qu'à l'usine ou dans la vie civile.

Q : Et c'est comme vous parlez maintenant que vous voulez que vos membres parlent dans l'armée, non ?

R : Chacun à sa manière.

Q : Maintenant, le 29 juin 1940, le *Socialist Appeal* a publié cet extrait du rapport sur le *Manifeste de la Quatrième Internationale* : « Indépendamment du cours de la guerre, nous accomplissons notre tâche fondamentale : nous expliquons aux travailleurs l'opposition irréconciliable entre leurs intérêts et les intérêts du capitalisme assoiffé de sang ; nous mobilisons les travailleurs et les agriculteurs contre l'impérialisme ; nous prônons l'unité des travailleurs dans tous les pays belligérants et neutres ; nous appelons les travailleurs et les soldats à fraterniser dans chaque pays, et les soldats à fraterniser avec les soldats du côté opposé du front ; nous mobilisons les femmes et les jeunes contre la guerre ; nous poursuivons une préparation constante, persistante, infatigable de la révolution — dans les usines, dans les manufactures, dans les villages, dans les casernes, au front et dans la marine. » Vous voulez que les soldats fassent cela, c'est cela ?

R : Oui, je pense que cela résume l'idée : que les soldats et tout le monde le fassent. C'est la façon de mettre fin à ce massacre.

Q : Et vous ne pensez pas que la propagation de ces idées dans l'armée pendant la guerre entraverait l'effort de guerre ?

R : Pas au sens d'ouvrir des brèches dans le front pour les armées adverses, non. Nous offrons cette solution aux soldats de toutes les armées impérialistes, mais cela ne veut pas dire et ne pourrait en aucune façon vouloir dire que nous voulons saboter le fonctionnement de l'armée américaine au profit d'une armée adverse. Vous ne trouverez pas ça là-dedans, ni nulle part ailleurs dans notre littérature.

Q : C'est une divergence de point de vue. Dans la Tribune ouvrière [Workers Forum] du *Socialist Appeal* du 30 mars 1940 figure une note de la rédaction qui dit : « Entrer dans l'armée lorsqu'on est appelé est nécessaire pour notre travail. » Que voulez-vous dire par cela ?

R : Quel est le contexte de cette note ?

Q : C'est extrait de la pièce à conviction 215-A. M. Smith va nous la trouver. Pendant que M. Smith la cherche, je vais vous poser une question à propos d'un article publié dans le *Socialist Appeal* du 29 juin 1940 sous le titre « Le manque de volontaires entraîne l'imposition du service militaire obligatoire » : « En attendant, que les travailleurs se souviennent de ceci. Lorsqu'ils sont appelés, qu'ils ne perdent pas le temps passé dans l'armée. Ils doivent apprendre tout ce qu'il y a à apprendre de l'entraînement militaire pour que, le moment venu, ils puissent mettre cet entraînement au service du mouvement ouvrier. » Que voulez-vous dire par cela ?

R : Cela veut dire que mieux les travailleurs sont entraînés, mieux ils sont instruits des tactiques et des opérations militaires, mieux ils pourront défendre leur société socialiste contre les tentatives de la renverser de la part des réactionnaires minoritaires.

Q : Voici le contexte où apparaît la note de la rédaction dans la Tribune ouvrière du *Socialist Appeal* du 30 mars 1940 : « Nous suivons Lénine. Nous nous opposons à la guerre non pas comme une manière d'expression personnelle, mais comme une partie intégrante de notre lutte pour renverser le capitalisme. Entrer dans l'armée lorsqu'on est appelé est nécessaire pour notre travail. »

R : Dans le cas de nos membres ou des gens que nous influençons, la seule chose qu'ils feraient en refusant d'entrer dans l'armée serait simplement de s'isoler de la génération qui va prendre les décisions dans l'avenir. Individuelles ou minoritaires, de telles actions sont tout à fait incorrectes et incompatibles avec les buts d'un parti qui ne peut accomplir son programme qu'avec l'appui de la majorité.

C'est pourquoi nous nous opposons aux objecteurs de conscience et pourquoi nous nous opposons à ceux qui refusent de se soumettre au service militaire obligatoire. Nous nous opposons à tous ceux qui essaient d'adopter une position individuelle contre la majorité. Notre politique est de nous soumettre à la décision de la majorité, mais de nous y opposer dans nos activités politiques, de nous exprimer contre elle.

Q : En octobre 1938, vous avez prononcé un discours sur « Dix ans de lutte pour construire un parti révolutionnaire aux États-Unis » où vous avez dit ceci : « Pendant les grandes grèves de Minneapolis, le « trotskysme » est apparu de la façon la plus éclatante non pas comme un dogme savant, mais comme un guide pour l'action la plus combative et la plus efficace. » Que vouliez-vous dire par là ?

R : Que dans la grève de Minneapolis en 1934, quelques camarades affiliés à notre parti ont eu une influence dirigeante, ou ont fait partie d'une influence dirigeante, et ils ont prouvé en pratique que les principes du trotskysme sont les meilleurs et les plus efficaces et qu'ils peuvent être appliqués de manière très efficace dans l'intérêt des travailleurs.

Q : Est-ce que ce qui suit serait une illustration de ce principe ? Dans un article du *Militant* du 12 juillet 1941 intitulé « Le bilan fier et sans tache de la section locale 544-CIO, » on peut lire : « Pendant la première grève des camionneurs en mai 1934, les patrons ont lancé contre les travailleurs du transport assiégés l'ensemble des forces de police de la ville de Minneapolis ainsi que 5 000 auxiliaires de police armés de matraques et d'armes à feu. Au cours d'une bataille historique — la « bataille de la fuite des agents » — les camionneurs ont stoppé l'assaut des policiers et des auxiliaires et les ont chassés des rues de la ville. » Est-ce là le trotskysme en train de faire ses preuves ?

R : Eh bien, je peux vous donner mon opinion personnelle : je suis extrêmement fier du fait que le trotskysme a eu une certaine influence sur les travailleurs pour qu'ils se protègent contre ce type de violence.

Q : Eh bien, de quelle sorte de violence voulez-vous parler ?

R : C'est à cela que les auxiliaires devaient servir : à chasser les travailleurs des rues de la ville. Ils ont eu la monnaie de leur pièce. Je pense que les travailleurs ont le droit de se défendre. Si c'est de la trahison, qu'on en fasse ce que l'on voudra.

Légalité de la révolution russe

Q : Lorsque vous nous avez raconté l'histoire de la révolution russe, vous avez dit ceci : « Le gouvernement de Kérensky perdait du terrain parce qu'il ne réglait aucun des problèmes du peuple. Les slogans des bolcheviks « Pain » et d'autres slogans — c'étaient les slogans que les masses soutenaient. Les bolcheviks ont obtenu la majorité au soviet de Petrograd. Le 7 novembre s'est tenu le congrès de Russie des soviets. Les bolcheviks y avaient la majorité et, en même temps que se tenait la réunion des soviets de Russie où les bolcheviks avaient la majorité, ils ont pris le pouvoir des mains du gouvernement. » Eh bien, espérez-vous nous faire comprendre par là que les bolcheviks ont pris le pouvoir en vertu d'un vote de la majorité du congrès des soviets ?

R : C'est juste.

Q : Ne voulez-vous pas dire que c'est le contraire qui est vrai ?

R : Non.

Q : Ignorez-vous qu'une insurrection avait été planifiée avant le congrès et que cette insurrection a en fait eu lieu avant que le congrès ne se réunisse ?

R : Non. Le congrès s'est tenu le matin, après le début de l'insurrection, et il a reconnu le nouveau gouvernement.

Q : Le fait est que l'insurrection a débuté et s'est terminée avant que le congrès ne se réunisse, non ?

R : Non, le pouvoir était entre les mains du congrès, c'est le congrès qui détenait vraiment le pouvoir.

Q : Contentez-vous de répondre à ma question, je vous prie. N'est-il pas exact que l'insurrection avait été planifiée et en fait menée à bien avant que le congrès ne se réunisse ?

R : Non. La question a été soumise le 7 novembre au Congrès des soviets de Russie. C'est pour cela qu'ils l'appellent la révolution du 7 novembre.

Q : Ignorez-vous, en outre, que Lénine a déconseillé de manière persistante d'attendre l'ouverture du congrès et de le faire d'une manière légale ?

SOCIÉTÉ HISTORIQUE DU MINNESOTA

« Les patrons ont lancé des centaines de policiers et d'auxiliaires de police pour chasser les travailleurs des rues de la ville. Ils ont eu la monnaie de leur pièce. Je pense que les travailleurs ont le droit de se défendre. Si c'est de la trahison, qu'on en fasse ce que l'on voudra. »

James P. Cannon

En haut. Minneapolis, mai 1934. « Bataille de la fuite des auxiliaires de police » pendant la première de deux grèves acharnées des camionneurs et manutentionnaires syndiqués par les Teamsters. Les travailleurs obtiennent la reconnaissance officielle du syndicat et jettent les bases de campagnes de syndicalisation et d'autres luttes de classe dans le Midwest au cours des cinq années suivantes.

R : Oh ! C'était une fois où Lénine a été mis en minorité.

Q : Et qui l'a emporté ?

R : Trotsky l'a emporté.

Q : N'est-ce pas aussi un fait que Trotsky ridiculisait l'idée que ce soit fait légalement ?

R : Non, au contraire, Trotsky voulait que l'action soit sanctionnée par les soviets. C'est pour cette raison qu'elle a été reportée jusqu'au 7 novembre.

Q : N'est-il pas vrai aussi qu'il a endormi la vigilance de Kérensky en prétendant attendre l'ouverture du congrès de façon à ce que la question de savoir qui devait prendre le pouvoir soit tranchée légalement ?

R : Il n'a pas prétendu attendre. Il a attendu.

Q : J'affirme que c'est le contraire qui est vrai, vu que M. Trotsky l'a dit, et je voudrais vous lire une dizaine de pages environ des *Leçons d'octobre*. Vous pourrez alors me dire si j'ai raison ou tort.

(M. Schweinhaut lit des passages des pages 74 à 80 des *Leçons d'octobre* de Trotsky.)

M. GOLDMAN : Je ferai observer, votre Honneur, que ce livre n'a pas été retenu comme pièce à conviction. Je n'ai pas d'objection s'il veut en lire une ou deux phrases, ou même trois. Mais profiter du contre-interrogatoire pour soumettre en preuve un document rejeté par la cour, je trouve que c'est aller un peu trop loin.

LE JUGE : Eh bien, je pense que ceci relève d'un désaccord sur les faits entre l'avocat et le témoin, où le témoin a un point de vue déterminé et l'avocat un autre. Dans le cas qui nous occupe, l'avocat tente de réfuter les déclarations du témoin en faisant appel au moyen indiqué. Je suppose qu'il a le droit de le faire. Il peut continuer sa lecture.

M. GOLDMAN : Qu'on inscrive mon objection.

(M. Schweinhaut lit les pages 80 à 91 des *Leçons d'octobre* de Trotsky.)

M. SCHWEINHAUT : Maintenant, M. Cannon, est-ce que j'ai tort ou raison de dire qu'en fait, l'insurrection a commencé et s'est achevée avant que le congrès des soviets n'en reconnaisse la légalité ?

R : Si vous le permettez, je vais vous montrer où vous vous trompez. Vous avez tout compris de travers. C'est sur Trotsky que j'ai basé ma déposition. Il a écrit l'histoire de la révolution la plus digne de foi et la plus authentique. Je devrais peut-être mentionner plusieurs choses pour montrer où vous vous trompez.

Premièrement, ces pages que vous avez lues montrent qu'il y avait trois opinions différentes au sein du Comité central du Parti communiste. Lénine disait qu'ils avaient la majorité et qu'ils devaient prendre le pouvoir sans plus attendre. Il y avait l'opinion de Zinoviev et Kamenev qui pensaient que les bolcheviks n'avaient pas la majorité et ne devraient pas prendre le pouvoir. La troisième opinion était celle de Trotsky, selon qui la prise du pouvoir pouvait s'appuyer sur la légalité des soviets.

Deuxièmement, ces pages que vous avez lues prouvent qu'autant les mencheviks que les bolcheviks tiraient leur autorité des soviets. En novembre, il est devenu clair que les bolcheviks avaient gagné la majorité dans les soviets. Kérensky, qui auparavant avait la majorité dans les soviets, s'est préparé à éloigner des troupes de la capitale. Qu'ont fait les troupes ? Les troupes ont refusé de s'en aller avant que le congrès des soviets ne leur en donne l'ordre. Le congrès des soviets s'est réuni le 7 novembre. Il est apparu que les bolcheviks y avaient la majorité et leur prise du pouvoir a été confirmée.

Les partis qui avaient auparavant été la majorité étaient présents à ce congrès des soviets de Russie. Ils y ont pris la parole et ont participé aux débats. Quand on est passé au vote, les bolcheviks avaient la majorité. Les bolcheviks ont offert aux autres partis une représentation proportionnelle au gouvernement. Ceux-ci ont refusé et ont quitté le congrès. En fait, les bolcheviks ont incorporé dans le gouvernement une section du parti de Kérensky, l'aile gauche du Parti socialiste révolutionnaire.

Voici, me semble-t-il, un excellent exemple de la façon dont un parti révolutionnaire, après un long travail de propagande, parvient dans une crise politique à rallier une majorité de la population représentée au sein de l'institution ayant la plus grande autorité, le soviet des députés des travailleurs, des soldats et des paysans. Et les bolcheviks, s'adaptant à la légalité de cette institution qui faisait autorité…

Q : Minute. Êtes-vous toujours en train de nous expliquer comment cela s'est passé ou n'êtes-vous pas simplement en train de nous dire que vous pensez que c'était quelque chose de magnifique ?

R : Non, j'explique la légalité des événements, contre votre interprétation qu'ils étaient illégaux. Et il me semble…

Q : Je ne veux pas votre avis à ce sujet. Si vous voulez continuer et nous dire ce qui s'est passé, d'accord. Mais tenez-vous en aux faits.

R : Je pense que vous n'aurez jamais une révolution plus légale que celle-là.

M. SCHWEINHAUT : Ce sera tout.

La politique communiste au procès de Minneapolis

JAMES P. CANNON RÉPOND
À SES CRITIQUES GAUCHISTES

PHOTO ET ILLUSTRATION : LABOR DEFENDER

« Les accusés de Minneapolis avaient soigneusement réfléchi à la politique à suivre dans la salle d'audience et dans l'arène de l'opinion publique. Ils étaient résolus à se défendre de la façon la plus efficace et vigoureuse.

« Cannon avait été secrétaire national de la Défense ouvrière internationale (ILD) de sa fondation en 1925 jusqu'en 1928, alors qu'elle s'est mobilisée dans des causes aussi célèbres que les affaires Mooney et Billings et Sacco et Vanzetti. »

George Novack

En haut. Rassemblement de la Défense ouvrière internationale à New York en 1928, pour rendre hommage à Nicolo Sacco et Bartolomeo Vanzetti, travailleurs anarchistes exécutés un an plus tôt sous des accusations fabriquées de meurtre. La réunion a également exigé la libération des militants syndicaux Tom Mooney et Warren K. Billings, emprisonnés en Californie en 1916 sous des accusations fabriquées d'attentat à la bombe.

En bas. Illustration de la revue de l'ILD, le *Labor Defender*, annonçant en avril 1928 une tournée nationale de James P. Cannon sous le thème « Contre le système des coups montés en Amérique. »

Note d'introduction

La deuxième partie de ce livre est un développement de la première. Le groupe inculpé en vertu de la loi Smith avait eu une très grande expérience de la persécution gouvernementale dans des luttes politiques et syndicales. Son principal avocat, Albert Goldman, était l'un des accusés. James P. Cannon avait été secrétaire national de la Défense ouvrière internationale de sa fondation en 1925 jusqu'en 1928, alors qu'elle a mobilisé un soutien aux accusés de causes aussi célèbres que les affaires Mooney et Billings et Sacco et Vanzetti.

Les accusés avaient soigneusement réfléchi à la politique à suivre dans la salle d'audience de Minneapolis et dans l'arène de l'opinion publique. Ils étaient résolus à défendre de la façon la plus efficace et vigoureuse leurs droits individuels, le programme du SWP et la démocratie syndicale mis en péril par le procureur.

Après leur condamnation, les 18 ont vu leur conduite au cours du procès contestée par Grandizo Munis, alors membre de la Quatrième Internationale. Celui-ci avait combattu Franco pendant la guerre civile dans son Espagne natale et il vivait à l'époque en exil au Mexique. Munis a attaqué la politique de la défense à Minneapolis d'un point de vue gauchiste. Le texte complet de ses commentaires est reproduit ici avec la longue réponse écrite par Cannon, qui était alors en liberté sous caution pendant que les condamnations étaient portées en appel.

Extrait de l'introduction de 1973 de George Novack à *Socialism on Trial*.

Lénine avait analysé le genre de critiques avancées par Munis dans son célèbre ouvrage intitulé *La maladie infantile du communisme (le « gauchisme »)*. La réponse de Cannon à Munis s'accorde tellement avec les vues de Lénine sur ce fléau qu'on peut la considérer comme une suite de la réfutation par Lénine de la pensée gauchiste dans le contexte des traditions et des conditions des États-Unis au début des années 1940.

Cannon aborde un large éventail de problèmes qui sont aussi pertinents aujourd'hui qu'ils l'étaient lorsqu'il a écrit à leur sujet. Le gouvernement US est à nouveau en train d'adopter des lois sur les « complots » visant à étouffer la résistance à la guerre et au racisme, emprisonner les dissidents et écraser les mouvements d'opposition par la force et des coups montés. Cannon examine comment les révolutionnaires se défendent contre des attaques, à l'intérieur et à l'extérieur de la salle d'audience.

Cannon présente de nombreuses observations utiles sur la tactique à suivre dans la salle d'audience : comment établir une stratégie correcte sans sacrifier les principes révolutionnaires ; comment protéger sa légalité ; comment utiliser les attaques de l'adversaire pour faire de la propagande révolutionnaire ; comment choisir le style, la rhétorique et le ton appropriés pour la défense ; comment faire la distinction entre les « manoeuvres » qui servent les principes et celles qui les contredisent ; comment répondre aux accusations que vous préconisez la violence ou complotez en vue d'utiliser la violence ; et ainsi de suite.

Il montre comment un petit groupe révolutionnaire doit établir des liens avec la majorité des travailleurs et de leurs alliés que la minorité révolutionnaire essaie de rejoindre et d'organiser. Il passe en revue l'approche marxiste sur le pacifisme, l'objection de conscience et la désertion. Il explique pourquoi le sabotage et le terrorisme individuel ne peuvent être un substitut à l'action de masse. La partie la plus riche et la plus intéressante de sa réponse à Munis réside peut-être dans l'emploi qu'il fait d'exemples et de citations historiques pour démontrer la nécessité de formulations défensives autant pour gagner l'appui des masses que pour préparer la classe ouvrière à agir de manière révolutionnaire.

George Novack
Août 1973

Une critique de Grandizo Munis

Les poursuites judiciaires engagées par le gouvernement des États-Unis contre le Parti socialiste des travailleurs et les dirigeants du syndicat des camionneurs de Minneapolis nous ont fait craindre une décapitation, ne serait-ce que temporaire, de notre mouvement américain. Mais en même temps, elles nous ont remplis de joie et d'espoir, car nous étions certains que la persécution des tribunaux bourgeois contribuerait à populariser nos idées révolutionnaires en donnant à nos militants l'occasion de les exposer de manière complète et vaillante. Depuis la réplique virulente de Louise Michel à ses juges et de Karl Marx au tribunal bismarckien, c'est la norme et la fierté du mouvement révolutionnaire mondial que de transformer les accusés en accusateurs et d'utiliser la barre des témoins comme une forteresse à partir de laquelle attaquer les puissances réactionnaires. Cette attitude a été une des principales forces d'attraction du mouvement révolutionnaire.

J'ai commencé à ressentir le premier soupçon que ces résultats seraient totalement ou partiellement gâchés en lisant la première déclaration publiée (dans le *Militant*, vol. V, n° 29), qui semble avoir donné le ton à toutes les déclarations qui ont suivi. L'espoir m'est revenu lors des premières séances du procès, pendant lesquelles nos camarades ont énergiquement démasqué le rôle réactionnaire du gouvernement aidé par Tobin contre les camionneurs de la section locale 544-CIO. Mais j'ai à nouveau considéré comme perdue une très bonne part des avantages politiques du procès en lisant les déclarations fondamentales du camarade Cannon alors qu'il était interrogé par le camarade Goldman et par le procureur (Schweinhaut).

C'est là, en répondant aux accusations politiques — lutte contre la guerre, apologie de la violence, renversement du gouvernement par la force — qu'il aurait fallu élever la voix et renverser les rôles : accuser le gouvernement et la bourgeoisie de complot réactionnaire ; de violence constante contre la majorité de la population, une violence physique, économique, morale et éducative ; d'envoyer la population au massacre, aussi par la violence, afin de défendre les 60 familles. Au contraire, c'est en arrivant à cette phase que, visiblement, le procès faiblit : nos camarades se dérobent, minimisent la portée révolutionnaire de leurs idées, essaient d'impressionner favorablement le jury sans tenir compte du fait qu'ils devraient parler pour les masses. Parfois, ils frisent le renoncement aux principes. Quelques bonnes paroles prononcées par Goldman lors de son discours de clôture ne parviennent pas à effacer l'impression lamentable et négative de son premier discours et de l'interrogatoire de Cannon.

Je commencerai ma critique en les citant textuellement, d'après les numéros 45, 47, 48, 50 et 52, volume V, du *Militant*.

Goldman, dans son exposé des faits au jury :

> Je répète : *L'objectif et le but du parti étaient de gagner par l'éducation et la propagande une majorité du peuple des États-Unis* (souligné dans le texte original).

C'est exactement la même chose que la déclaration faite en juillet, avant que le procès ne commence. En réponse à une critique faite à ce moment du Mexique, un camarade ayant certaines responsabilités dans le SWP a répondu qu'il ne fallait pas s'en faire parce que personne n'était d'accord avec

« Dans les longues pages de l'interrogatoire de Cannon, je ne trouve rien d'autre que de la propagande, de la propagande et encore de la propagande. [...] Pourquoi ne pas appeler les travailleurs à organiser leur propre violence contre la violence réactionnaire ? »

Grandizo Munis
Une critique

« Notre tâche principale était utiliser la salle d'audience comme une tribune pour parler aux travailleurs américains qui nous entendraient peut-être pour la première fois. Nous devions, pensions-nous, non pas appeler à l'action, mais expliquer patiemment. »

James P. Cannon
Une réponse

cette déclaration. Si personne n'était d'accord, il fallait alors en faire une autre, c'est évident, à moins que nous n'ayons une politique pour les masses et une autre lorsque nous comparaissons devant un juge bourgeois. C'est à peine nécessaire d'expliquer l'erreur d'une telle déclaration. Tout le monde comprend, à commencer par celui qui a fait la déclaration, que notre objectif ne se limite en aucun cas à la propagande ni que celle-ci suffira à nous rallier la majorité. Nous sommes un parti de propagande en ce sens que notre proportion numérique nous oblige ou nous limite à un minimum d'actions. Mais essentiellement et potentiellement, nous sommes un parti d'action révolutionnaire — économique, politique et éducative — parce que notre propagande elle-même ne peut tendre que vers l'action et que seule l'action nous permettra de conquérir la majorité des exploités et de les éduquer en vue de la prise du pouvoir.

Si j'insiste sur ces lieux communs, c'est parce que le caractère euphémique et édulcoré de cette déclaration préliminaire de Goldman, destinée à se concilier le jury, est une concession qui a entraîné d'autres déclarations beaucoup plus graves. C'est ce que nous allons voir maintenant.

1. LA LUTTE CONTRE LA GUERRE IMPÉRIALISTE

Prenons les problèmes principaux et voyons comment ils ont été traités lors du procès.

Goldman commence par la déclaration suivante :

> Nous montrerons que le Parti socialiste des travailleurs s'oppose au sabotage. Nous montrerons que l'affirmation de M. Anderson est absolument fausse et sans aucun fondement, selon laquelle nous préférons que l'ennemi, l'ennemi impérialiste des

> États-Unis, inflige une défaite à notre gouvernement. Elle est absolument fausse. Ce que nous voulons, ainsi que les dépositions le montreront, c'est que les travailleurs et les agriculteurs établissent leur propre gouvernement, pour ensuite poursuivre une guerre réelle contre le fascisme.

Cannon va même un peu plus loin en répondant à une question de Goldman : « Le gouvernement a pris la décision d'aller en guerre et la majorité des gens l'acceptent. Nos camarades doivent s'y conformer. »

Puis Goldman demande : « Vous ne soutiendriez pas la guerre ? »

Cannon : « C'est ce que je veux dire, nous ne soutiendrions pas la guerre d'un point de vue politique. »

Et il revient même sur ce point :

> Nous considérons Hitler et l'hitlérisme comme le plus grand ennemi de l'humanité. Nous voulons le balayer de la surface de la terre. La raison pour laquelle nous ne soutenons pas une déclaration de guerre par les armes américaines, c'est que nous ne croyons pas que les capitalistes américains peuvent vaincre Hitler et le fascisme. Nous pensons que seule une guerre menée sous la direction des travailleurs peut anéantir l'hitlérisme.

Premièrement, il n'est pas vrai que : « Le gouvernement a pris la décision d'aller en guerre et la majorité des gens l'acceptent. » Cette affirmation peut être critiquée très vigoureusement : c'est une affirmation que nous condamnerions très énergiquement si elle venait d'un centriste. Au lieu d'accuser le gouvernement d'envoyer le peuple américain au massacre contre la volonté de la majorité, au lieu de l'accuser avec force devant les masses et de leur montrer comment la majorité parlementaire agit contre la majorité du peuple, Cannon souscrit à la décision de Roosevelt comme si elle correspondait à la majorité du peuple.

Oui, nous nous soumettons à la guerre et nos militants vont à la guerre, mais non pas parce que telle est la décision de la majorité, mais plutôt parce qu'elle nous est imposée par la violence de la société bourgeoise, tout comme l'exploitation salariale est imposée. Comme à l'usine, nous devrions profiter de toutes les occasions pour lutter contre la guerre et contre le système qui l'engendre, tout comme nous luttons contre le patron à l'usine dans le cadre de la lutte générale contre le système capitaliste.

« Nous ne soutiendrions pas la guerre d'un point de vue politique, » dit Cannon. La soutenons-nous, peut-être, d'un autre point de vue ? Social, économique ? Je ne vois pas d'autre signification. Par « soutenir », veut-il peut-être dire accepter le fait accompli et aller à la guerre ? C'est-à-dire nous soumettre comme nous nous soumettons aux conditions imposées par un patron après l'échec d'une grève, mais en nous préparant pour la prochaine. Pourquoi alors rester si dangereusement ambigu ? Je ne vois qu'une raison : nos camarades ont commis la très grave erreur de parler pour un jury petit-bourgeois en pensant au présent plus immédiat, sans anticiper les luttes futures. N'aurait-il pas mieux valu dire : « Bourgeois américains, nous nous soumettons à votre guerre parce que la violence de votre société nous l'impose, la violence physique de vos armes. Mais les masses vont se retourner contre vous. À partir d'aujourd'hui, notre parti est avec les masses dans une lutte irréconciliable contre votre régime d'oppression, de misère et de boucherie. Nous lutterons donc contre votre guerre par tous les moyens. »

L'équivoque et l'inexactitude sont constantes. Il semble que nous sommes des opposants platoniques à la guerre et que nous nous limitons à des déclarations et à la propagande, écrites ou orales, sans action d'aucune sorte. Dire : « La raison pour laquelle nous ne soutenons pas une déclaration de guerre par les armes américaines, c'est que nous ne croyons pas que les capitalistes américains peuvent vaincre Hitler et le fascisme, » c'est laisser entendre que nous la soutiendrions si nous croyions à cette défaite. Cela incite à la soutenir ceux qui croient en la victoire des États-Unis. Notre rejet de la guerre découle de la nature du régime social qui l'engendre, pas de telle ou telle idée quant à la défaite du fascisme.

Immédiatement après vient une autre formulation équivoque : « Nous pensons que seule une guerre, etc. » Si on associe cette formulation aux déclarations répétées selon lesquelles nous ne ferons pas d'agitation parmi les soldats et que nous sommes une « opposition politique » à la guerre, et à la présentation jusqu'à présent boiteuse du principe de l'entraînement militaire sous contrôle syndical, on peut en venir à croire que nous soutiendrons la guerre *lorsque* ce contrôle aura été donné aux syndicats. Je crois nécessaire de le clarifier sans laisser place au doute et, quant à moi, je me prononce contre la guerre, même si les syndicats en viennent à contrôler le service militaire.

Cannon entreprend immédiatement de présenter un programme pour vaincre Hitler au moyen d'un gouvernement des travailleurs et des agriculteurs. Je n'ai rien à ajouter à cela, si ce n'est que tout l'interrogatoire de Cannon ferme à deux battants la voie vers l'établissement du gouvernement des travailleurs et des agriculteurs :

> GOLDMAN : Maintenant, d'ici le jour où les travailleurs et les agriculteurs des États-Unis

> établiront leur propre gouvernement et emploieront leurs propres méthodes pour vaincre Hitler, le Parti socialiste des travailleurs doit se soumettre à la majorité du peuple, c'est bien cela ?
>
> CANNON : C'est tout ce que nous pouvons faire. C'est tout ce que nous nous proposons de faire.

Tout ceci revient à se croiser les bras après avoir fait quelques présentations sur les merveilles du gouvernement des travailleurs et des agriculteurs, dans l'espoir qu'il se formera de lui-même ou par Dieu sait quel tour de passe-passe.

Il ne s'agit pas ici d'une simple omission, mais d'une expression de passivité vis-à-vis de la guerre impérialiste. Il s'agit de quelque chose qui, au mieux, est une mauvaise éducation pour les travailleurs qui se sont intéressés au procès et qui ne nous accorderont aucun crédit dans l'avenir lorsque les masses commenceront à agir contre la guerre.

Entrainé par des déclarations de ce genre — résolument opportunistes, je n'hésite pas à le dire — Cannon se voit obligé de demander l'expulsion du parti des militants qui organisent des actions de protestation dans l'armée. Il en arrive à l'inimaginable, à rejeter Lénine, Trotsky et Cannon lui-même.

M. Schweinhaut lit à Cannon un paragraphe de Lénine extrait de *La révolution de 1905* :

> « En temps d'insurrection, notre devoir est d'exterminer impitoyablement les chefs civils et militaires. » [...] Vous êtes en désaccord avec cela ?
>
> CANNON : Oui. Que je sache, cela n'est d'aucune façon un énoncé de la politique de notre parti. [...] Nous ne sommes pas d'accord avec l'extermination de qui que ce soit, à moins qu'il ne s'agisse d'un véritable conflit armé où s'appliquent les lois de la guerre.

Mais qu'est-ce qu'une « insurrection », si ce n'est un conflit armé ? Lénine ne dit pas non plus « qui que ce soit, » il parle plutôt des chefs civils et militaires. Pourquoi alors rejeter ce passage ?

Citant Cannon lui-même, Schweinhaut lit :

> Deuxièmement [sur la lutte dans l'armée], il faut être prudent, prendre ses précautions. Pas de putsch, pas d'initiative prématurée qui nous exposerait et nous séparerait des masses. Marchons avec les masses. [...] Et comment pouvons-nous obtenir ces moyens militaires si ce n'est en entrant dans l'armée telle qu'elle existe ? [...]
>
> SCHWEINHAUT : Mais vous ne pensez pas que cela entraverait l'effort de guerre de l'armée ?
>
> CANNON : Si vous relisez ce passage, vous verrez que nous ne voulons aucun putsch. Nous disons à nos membres : « Ne faites aucun putsch et ne gênez pas l'armée. » Nous donnons expressément pour instruction à nos membres de ne pas entraver les opérations militaires, mais de limiter leurs efforts à un travail de propagande.

De l'action révolutionnaire, pas de la propagande confortable

Je soutiens de tout coeur Cannon dans son discours. Mais je condamne catégoriquement Cannon devant le jury lorsqu'il déforme ses propres paroles, et minimise et réduit à des mots l'action révolutionnaire du parti. Et je soutiendrai également et je propose que le parti soutienne les militants et les soldats qui mènent des actions de protestation dans l'armée, en rappelant qu'ils n'effectuent ni « putsch » ni « initiative prématurée. » En temps de guerre, l'action révolutionnaire est absolument impossible sans entraver à un plus ou moins grand degré les activités militaires. De là le principe du défaitisme révolutionnaire, que le parti américain et l'Internationale ont adopté et ne peuvent renier. Contrairement à ce que Goldman a laissé entendre dans la première citation, nous sommes pour l'intensification de la lutte de classe, à l'arrière et dans l'armée, y compris, si c'est possible, jusqu'à provoquer la défaite de notre bourgeoisie : « Du point de vue de la révolution dans leur propre pays, la défaite de leur propre gouvernement impérialiste est indubitablement le moindre mal. » (Trotsky, juin 1940)

Si on donne un conseil aux travailleurs, c'est pire d'interdire l'agitation et les protestations dans l'armée que de seulement s'y opposer. Je crois que nos camarades ont manqué une belle occasion de faire comprendre aux travailleurs pourquoi ils devraient toujours agir au moyen des mots et au moyen des actions collectives. L'interrogatoire de Cannon a présenté une perspective tout à fait fausse aux travailleurs de propagande confortable, alors qu'il abordait une lutte terrible par tous les moyens — des petites actions de protestation aux insurrections effectuées par des groupes, des actions de fraternisation partielles à la suppression totale des fronts. Mais d'une erreur de perspective, on passe à une erreur de fait. Les accusés se voient par conséquent obligés de condamner le sabotage en général, comme s'il s'agissait d'un acte criminel. Je crois que le sabotage est une méthode d'usage tactique dont l'application à certains moments peut produire des effets contraires à ce qui est escompté, mais qui est absolument indispensable aux moments critiques de la lutte.

Un exemple va le démontrer. Supposons qu'à un certain endroit du front soient réunies les conditions d'une fraternisation. Une telle fraternisation ne se produira jamais en même temps des deux cotés d'un large front ni dans la même proportion. Immédiatement, les chefs militaires donneront des ordres pour mobiliser, attaquer ou renforcer les fronts avec des soldats moins disposés à tendre la main à l'« ennemi ». Notre devoir n'est-il pas alors de saboter le plus possible la reprise des combats, afin de donner du temps à la fraternisation et d'empêcher le commandement de reprendre la situation en main ? Le sabotage sera le seul moyen dont les soldats disposeront pour étendre et précipiter le mouvement de fraternisation jusqu'à la chute *des deux* fronts. Cependant, le danger existe de voir le commandement adverse reprendre la situation en main sur son propre front et, profitant de la désorganisation, lancer une offensive victorieuse. Il n'y a aucune façon d'en arriver à une véritable fraternisation si l'on veut éviter ce « danger ».

À un certain moment, le sabotage et le défaitisme s'uniront comme les deux éléments principaux de la réaction des masses contre la guerre impérialiste. Le parti ne devrait pas, et ne peut pas, renoncer au défaitisme sans se condamner à un perpétuel bavardage stérile contre la guerre.

Ce qui me semble encore plus lamentable, c'est qu'on peut déduire du procès qu'il ne s'agit pas seulement de quelque chose dit spécialement pour le jury. Par moments, il est évident que les accusés considèrent vraiment le sabotage comme un crime. Si je ne me trompe pas — et j'espère me tromper — c'est là une dangereuse prédisposition morale. Le sabotage sera la réaction des masses contre la guerre impérialiste. Pourquoi en avoir honte ? Pourquoi avoir honte de ce que les masses réagissent, comme elles le peuvent, contre ce crime monstrueux qu'est la guerre actuelle ? Il aurait été facile de le défendre comme un principe et d'en rejeter la responsabilité sur les dirigeants de la présente guerre. Pouvons-nous condamner le sabotage futur des masses alors que la guerre est un gigantesque sabotage de la bourgeoisie contre les masses, contre la civilisation et l'humanité ? Au lieu de recevoir cette idée, les travailleurs qui ont entendu nos camarades seront repartis accablés par un préjugé contre le sabotage.

2. VIOLENCE ET TRANSITION AU SOCIALISME

Goldman dit :

> Les dépositions montreront de plus, ainsi que M. Anderson l'a lui-même souligné, que nous préférons une transition pacifique vers le socialisme. Mais que nous analysons toutes les conditions de la société, nous analysons l'histoire et, sur la base de cette analyse, nous prédisons, *nous prédisons*, que lorsque la majorité du peuple américain voudra voir instaurer le socialisme, la minorité organisée par les financiers et les capitalistes aura recours à la violence pour empêcher l'établissement du socialisme. Voilà ce que nous prédisons.

En outre, pourquoi ne pas demander pardon de nous voir obligés d'employer la violence contre la bourgeoisie ? Même en nous neutralisant en simple devin, la prédiction est complètement fausse. Il n'est pas nécessaire de sonder l'avenir pour découvrir la violence que la minorité réactionnaire exerce dans toute la société. L'accusation se prête parfaitement à lancer une attaque complète contre la société capitaliste et à montrer aux travailleurs américains que la prétendue démocratie américaine n'est rien d'autre qu'une dictature de la bourgeoisie. Parmi les travailleurs qui ont lu ou entendu Cannon et Goldman, il doit y en avoir beaucoup qui ont fait l'expérience de la violence quotidienne de la société bourgeoise lors de grèves, de manifestations ou de réunions.

Tous sans exception font l'expérience de la violence normale de travailler sous peine de périr pour un salaire établi dans le marché du travail. Une violence encore plus lamentable est l'imposition de la guerre. Violence de l'école. Violence de l'information imposée par les trusts de presse. Au lieu de les aider à mieux percevoir l'environnement dans lequel ils vivent et loin de préparer leur esprit à se rebeller contre cet environnement, les travailleurs qui ont suivi le procès ont été rassurés par rapport à la situation présente. La bourgeoisie n'utiliserait la violence qu'à l'avenir.

De plus, dire que la bourgeoisie n'utilisera la violence « qu'au moment où la majorité du peuple aux États-Unis voudra l'instauration du socialisme » est tout à fait inexact et contribue à endormir les travailleurs. Elle recourt déjà à la violence, y recours sans cesse. La bourgeoisie ne connaît d'autre méthode de gouvernement que la violence. Les travailleurs et les agriculteurs devront répondre à la violence quotidienne de la bourgeoisie par la violence majoritaire et organisée des masses pauvres. Nous ne prédisons pas, mais plutôt nous proclamons, nous demandons, nous préconisons la violence temporaire de la majorité contre la violence organique permanente de la minorité réactionnaire. Il est nécessaire de briser les préjugés démocratiques du prolétariat américain. Mais des déclarations comme celle-là le bercent et l'endorment.

« Après tout, » pourrait dire un travailleur sans expérience, « quelle certitude peut-on avoir que la bourgeoisie utilisera la violence ? Ces hommes qui savent beaucoup ne font que la prédire. Pour le moment, je n'ai donc aucun besoin de m'organiser pour contrer la violence des réactionnaires. » Cette tendance à l'inaction sera encore accentuée si le travailleur en question continue à lire : « Nous allons prouver que les accusés n'ont jamais préconisé ni encouragé la violence, mais ont simplement prédit la violence de la minorité réactionnaire. » Il est clair que s'ils ne le font pas, ce n'est pas encore nécessaire.

Et encore une fois, comme nous l'avons vu dans le cas de la guerre, toute possibilité d'inciter à l'action est close par l'obstruction préliminaire. Dans le même sens, la perspective présentée par nos camarades pour les prochaines années est aussi fausse.

Quels sont les moyens qui nous serviront le mieux pour conquérir la majorité du prolétariat et des agriculteurs pauvres ? (Pas seulement le peuple, comme on l'a répété si souvent pendant l'interrogatoire. Il est possible de neutraliser la petite bourgeoisie sans la gagner à sa cause.)

En parcourant les longues pages de l'interrogatoire de Cannon, je ne trouve rien d'autre que de la propagande, de la propagande et encore de la propagande, comme s'il s'agissait de recommander un médicament breveté contre la calvitie. Un court paragraphe de Cannon, bien envoyé, n'est malheureusement pas assez explicite et énergique : « Bien sûr, nous ne nous limitons pas à ce pronostic. Nous allons plus loin et conseillons aux travailleurs de l'avoir présent à l'esprit et de se préparer pour empêcher la minorité réactionnaire qui a fait son temps d'entraver la volonté de la majorité. »

Un effort d'« apaiser » le jury

Alors, pourquoi ne pas élever la voix à ce moment-là et appeler les travailleurs à organiser leur propre violence contre la violence réactionnaire ? Tout de suite après, Cannon esquisse très bien les perspectives de lutte contre les bandes fascistes. Mais l'on remarque qu'il traite d'une perspective non existante sous une forme immédiate, comme s'il n'était pas nécessaire d'organiser dès aujourd'hui les troupes de choc du prolétariat contre la fausse démocratie. C'est quelque chose qui n'est pas clairement énoncé, ça prête à confusion et se voit renforcé par l'insistance finale mise à démentir l'existence, aujourd'hui, de toute garde ouvrière. En tout cas, la ligne que nos camarades ont suivie en ne profitant pas du procès pour montrer aux masses comment et pourquoi exercer leur propre violence est incorrecte. Nous avons plutôt le lamentable dialogue entre Cannon et Goldman, destiné à apaiser la conscience facilement effrayée du jury quant à qui déclenche la violence.

D'une façon ou d'une autre, on suppose que nous allons gagner la majorité au socialisme. Alors :

> GOLDMAN : Que signifie l'expression « renversement de l'État capitaliste » ?
>
> CANNON : Elle signifie le remplacer par un gouvernement des travailleurs et des agriculteurs. C'est ce que nous voulons dire.
>
> GOLDMAN : Que signifie l'expression « détruire l'appareil de l'État capitaliste » ?
>
> CANNON : Nous voulons dire par là que *lorsque* (c'est nous qui soulignons) nous mettrons en place le gouvernement des travailleurs et des agriculteurs dans ce pays, le fonctionnement de ce gouvernement, ses tâches, toute sa nature seront si profondément et si radicalement différents des fonctions, des tâches et de la nature de l'État bourgeois qu'il nous faudra le remplacer sur toute la ligne.

Tout le violent processus révolutionnaire, la *guerre civile* qui doit précéder la mise sur pied du gouvernement des travailleurs et des agriculteurs et de l'État prolétarien, tout cela est ignoré. Je ne peux trouver de terme plus euphémique. Par conséquent, lorsqu'un peu plus loin, Cannon doit préciser sa pensée, il donne une définition du soviet telle qu'on la trouverait dans une encyclopédie abrégée, passant sous silence tout ce qui concerne sa fonction en tant qu'organe de lutte, en compétition et en opposition aux organes du pouvoir bourgeois.

Quoi d'autre peut être le gouvernement des travailleurs et des agriculteurs, sinon le point culminant de la lutte du prolétariat et des agriculteurs contre la bourgeoisie ? Il faut impulser cette lutte dès maintenant et, avec le déclenchement de la crise révolutionnaire, elle se développera « en crescendo » jusqu'au moment où les masses créeront des soviets ou conseils qui dirigeront la lutte générale du prolétariat contre la bourgeoisie, anticiperont les besoins de cette lutte, dont les armes, et permettront qu'une lutte idéologique se déroule librement en leur sein pour que les masses puissent élire ceux qui les représentent le mieux. Ce n'est qu'à ce moment-là, lorsque la tendance révolutionnaire aura acquis la majorité dans les soviets — pas dans les élections parlementaires — que la prise du pouvoir violente détruira l'État bourgeois, les soviets devenant la base de l'État prolétarien.

Cannon a dit que l'appareil de l'État bourgeois sera détruit « lorsque nous mettrons en place le gouvernement des travailleurs et des agriculteurs. » Mais on ne peut envisager la possibilité d'un tel gouvernement qu'*après* que nous ayons détruit cet appareil. Cannon le sait parfaitement et, sans aucun doute, il propose d'agir en conséquence. Mais dans ce cas, et j'insiste, pourquoi laisser passer l'excellente et rare occasion de donner une leçon aux travailleurs, de leur montrer sans subterfuge la voie vers la lutte et le pouvoir, tout en accusant la bourgeoisie de suivre un cours réactionnaire et profasciste ? Les prédictions sur la façon dont la dialectique sociale renforcera nos positions n'ont aucune valeur véritable pour les travailleurs. Le processus révolutionnaire est vu ici comme les manuels scolaires le décriront dans 500 ans.

Les travailleurs ont besoin aujourd'hui d'une explication de la dynamique de la lutte des classes, des formes d'organisation, des méthodes de lutte allant jusqu'à la guerre civile, et des slogans. Ceci comprend le besoin du fier courage face à l'ennemi de classe, quelque chose qui s'est fait rare pendant le procès. L'attitude générale a été non pas d'attaquer, mais de s'excuser à un point tel qu'on se sent parfois gêné ; non pas de suggérer ou de proposer des actions ou des moyens immédiats de lutter contre la bourgeoisie et contre la guerre, mais plutôt de diluer nos idées dans l'humanitarisme et de masquer leur valeur *active* par des prédictions savantes, comme s'il n'était pas honorable de recourir à la violence contre l'actuelle démocratie bourgeoise corrompue.

La meilleure des preuves en est le fait que, pour les besoins de leur défense, nos camarades ont cité : Jefferson, Lincoln, la bible, Lloyd George et MacDonald. Mais lorsque Marx, Lénine, Trotsky et même Cannon apparaissent, ils sont rejetés comme des porte-parole non officiels de notre organisation. Une telle attitude, pas très courageuse, ne peut inspirer beaucoup de sympathie ou, en tout cas, ne peut en inspirer autant que l'attitude inverse.

Je sais parfaitement bien que je n'apprends rien à personne. Les camarades concernés connaissent mieux que moi les questions que j'ai abordées. Ils seront d'accord avec moi quant aux principes impliqués, sauf peut-être en ce qui concerne l'entrainement militaire sous contrôle des syndicats et le sabotage — questions qu'il est urgent de clarifier dans le parti et dans l'Internationale. Je ne vois aucune raison pour expliquer leur attitude lors du procès sinon qu'il s'agirait d'une « manoeuvre utile. » Mais c'est précisément cela que je considère comme une erreur très grave : substituer des manoeuvres aux principes dans des circonstances aussi importantes pour l'avenir politique du parti. Selon moi, et je propose d'en faire un principe général lors de procès semblables, nos militants devront endosser l'entière responsabilité quant à l'application pratique de nos idées. Cela vaudra mieux qu'une peine légère au prix d'un vernis séduisant et trompeur. Je propose que cette critique paraisse dans les bulletins internes de l'Internationale et du Parti socialiste des travailleurs.

Le 7 janvier 1942

Note. Afin de profiter d'une occasion qui m'était offerte de l'expédier immédiatement, c'est avec la plus grande précipitation que j'ai rédigé cette critique. Je n'ai choisi que les passages qui m'ont frappé dès le premier abord. Je me réserve donc la possibilité de la développer davantage.

UNE RÉPONSE DE JAMES P. CANNON

1. LA STRATÉGIE COMMUNISTE AU PROCÈS

Lors du procès pour « sédition » de Minneapolis ainsi qu'au cours de la lutte syndicale de plusieurs mois qui l'a précédé et y a conduit, les trotskystes américains ont été mis à l'épreuve et contraints de montrer de quel bois ils sont faits. Dans les deux cas, ils se sont conduits d'une manière digne des disciples de Trotsky et ont prouvé qu'ils étaient parfaitement à la hauteur du défi.

Au cours de la lutte contre la bureaucratie syndicale, lutte qui a attiré l'attention nationale, on a clairement vu qui étaient les vrais dirigeants du mouvement ouvrier combatif, les vrais hommes de principe. Lors du procès devant le tribunal bourgeois, de par la conduite de tous ses membres qui y étaient impliqués, le parti a conquis le droit d'avoir la confiance des travailleurs révolutionnaires. Les deux luttes, qui étaient en réalité les deux cotés d'un seul et même combat, ont constitué le point culminant de l'activité du mouvement américain qui s'était développé dans un cercle restreint depuis ses débuts il y a treize ans.

Pendant cette période, à part de rares exceptions locales, le parti n'avait pu attirer l'attention que de l'avant-garde des travailleurs ayant une conscience de classe. Lors du procès, nous avons eu l'occasion pour la première fois de nous adresser aux masses — au peuple des États-Unis. Nous avons saisi cette occasion et nous en avons profité au maximum, en appliquant en pratique et sans erreurs graves les principes de base assimilés au cours d'une longue période préparatoire. Depuis, le mouvement aux États-Unis a conquis un niveau plus élevé.

Une étude et une discussion critiques du procès ne peuvent manquer d'être extrêmement utiles à la Quatrième Internationale, en particulier aux sections qui doivent encore arriver au tournant sur la voie qui mène de la propagande au travail de masse. Quant à nous, nous saluons la discussion et nous ferons de notre mieux pour y contribuer quelque chose d'utile.

Dès le moment où les poursuites ont été engagées contre nous en juillet par le tribunal fédéral de Minneapolis, nous avons compris que l'attaque avait deux aspects, que nous avons chacun correctement évalué pensons-nous. La poursuite judiciaire avait pour but d'interdire le parti et de le priver, pour longtemps peut-être, des services actifs d'un certain nombre de ses dirigeants les plus expérimentés. En même temps, il était évident que si nous utilisions correctement le procès de masse, il pouvait nous offrir notre première véritable occasion de faire connaître le parti et ses principes à de larges cercles de travailleurs et de gagner une écoute bienveillante de leur part.

Stratégie de la défense au procès

Dès le début, notre stratégie a tenu compte des deux aspects du problème. Naturellement, nous avons pris la décision d'utiliser au maximum chacune des protections, questions de procédure et ressources légales qui nous étaient disponibles dans le cadre de la loi et de la constitution. La direction d'un parti qui hésiterait à le faire ou négligerait de le faire mettrait en danger de façon frivole la légalité du parti et ferait preuve en fait d'une attitude très dommageable vis-à-vis des cadres du parti. Une telle direction ne mériterait que d'être chassée à coups de bâton et de pierre.

D'autre part, nous avons planifié de conduire notre défense au tribunal non pas comme une défense « criminelle », mais comme une offensive propagandiste. Sans ignorer ni provoquer bêtement le jury, ni sans faciliter inutilement la tâche du procureur, notre but consistait à utiliser la salle d'audience comme une tribune pour populariser les principes de notre mouvement. Nous avons vu dans ce deuxième point notre opportunité et notre objectif principaux et nous n'avons jamais eu la moindre intention de laisser des considérations purement légalistes prendre le pas. Nous avons donc fermement rejeté les conseils répétés d'avocats — dont certains ont assisté Goldman au cours du procès tandis que d'autres ont été pressentis pour y participer — de laisser tomber ou d'atténuer notre programme « propagandiste » et de laisser la politique de défense aux avocats.

D'après les expériences plutôt malheureuses de procès intentés dans le passé contre des militants devant les tribunaux des États-Unis, nous savions ce que suivre ces conseils signifierait : renier ou passer sous silence les principes révolutionnaires du mouvement ; laisser les avocats désavouer et ridiculiser les accusés en les faisant passer pour des gens un peu idiots appartenant à un parti qu'il ne faut pas prendre au sérieux ; et compter sur les discours grandiloquents des avocats au jury pour permettre aux accusés de s'en tirer d'une façon ou d'une autre.

Le plénum-conférence du parti en octobre a approuvé à l'unanimité les recommandations du Comité national quant à la politique à suivre dans la salle d'audience. La résolution adoptée lors de la conférence a ainsi défini cette politique :

> Obligatoire pour tous les membres du parti qui sont inculpés, la politique de défense du parti devant le tribunal doit être digne de notre mouvement

« Lors du procès, nous avons eu l'occasion pour la première fois de nous adresser aux masses — au peuple des États-Unis. Nous avons saisi cette occasion et en avons profité au maximum. » ***James P. Cannon***

En bas. New York, juin 1944. La bannière surplombant une assemblée de 800 personnes exige : « Révoquez la loi bâillon Smith. Libérez les 18. » La manchette du *Militant* rapporte : « Des dirigeants syndicaux demandent la libération des 18 à une réunion de masse à New York. »

En haut. À l'aide du *Militant* et de brochures peu coûteuses, le Parti socialiste des travailleurs, le Comité de défense des droits civils et d'autres organisations et individus font campagne pour la libération des socialistes et l'abrogation de la loi Smith en vertu de laquelle ils étaient condamnés.

La campagne obtient l'appui de quelque 150 syndicats représentant plus de cinq millions de travailleurs, ainsi que de centaines d'individus connus dans tous les domaines de la vie syndicale, politique, artistique, culturelle et des droits civils.

> et de sa tradition ; aucune tentative d'atténuer ou de renier notre doctrine révolutionnaire, mais au contraire de la défendre de façon combative. En même temps, nous soutenons avoir le droit légal de propager nos principes en vertu de la Charte des droits.

Telle est la politique que nous avons suivie au procès. Elle nous a guidés à chaque étape des procédures. Et nous croyons pouvoir dire en toute sécurité que les résultats ont amplement démontré le bien-fondé de cette politique. Nos principes ont été largement popularisés, cent fois ou mille fois mieux que jamais auparavant, et notre conduite devant le tribunal a recueilli l'approbation et la sympathie des travailleurs combatifs qui ont suivi le procès et lu la déposition.

Le procès a été de loin notre plus grand succès propagandiste. De plus, même les travailleurs qui ne sont pas d'accord avec notre programme ont approuvé et applaudi notre conduite au tribunal comme digne de gens qui prennent leurs principes au sérieux. C'est le témoignage de tous les camarades qui ont fait part des réactions des travailleurs face au procès. Lors d'une récente tournée des branches du parti à travers le pays, nous avons partout entendu le même compte rendu.

Bien sûr, notre travail au procès n'était pas parfait. Nous avons simplement fait le mieux que nous pouvions dans les limites étroites prescrites par le tribunal. Des gens plus qualifiés peuvent assez facilement mettre le doigt ici et là sur des choses qu'on aurait pu faire plus intelligemment. Nous pouvons volontiers reconnaître le bien-fondé de telles critiques sans pour autant admettre quelque erreur de notre part. Le socialisme n'exige pas que tous naissent avec les mêmes talents, mais seulement que chacun donne en fonction de ses capacités. C'est tout autre chose lorsque le camarade

Munis et d'autres critiques de notre politique nous accusent d'avoir mal compris notre tâche et de nous être écartés des principes marxistes lors du procès. À ceux-là, nous devons répondre fermement : non, c'est vous qui vous trompez complètement. C'est nous qui avons correctement compris notre tâche au tribunal et qui avons les maîtres du marxisme de notre côté.

En entreprenant de démontrer cette affirmation, il nous faut commencer par analyser brièvement un point négligé par Munis aussi bien que les autres : l'environnement social dans lequel le procès s'est déroulé. Jamais, pas même par un seul mot, nos critiques se réfèrent-ils à la situation objective aux États-Unis, aux formes politiques qui prévalent ici, au degré de maturité — ou plutôt d'immaturité — politique du prolétariat américain, au rapport de forces entre les classes, à la taille et au statut du parti — bref, aux particularités spécifiques de notre problème qui devraient déterminer notre méthode pour approcher les travailleurs qui nous entendent pour la première fois depuis le porte-voix du procès.

Nos détracteurs parlent de procès en général et de principes en général qui, semble-t-il, doivent toujours être formulés et expliqués en général exactement de la même façon aux travailleurs. Pour nous, au contraire, il s'agissait d'un procès spécifique et nous avons essayé de nous adresser aux travailleurs tels qu'ils sont aux États-Unis en 1941. Nous sommes donc en désaccord avec nos critiques dès le point de départ : l'analyse et la méthode. Notre réponse à leur critique doit revêtir la même forme.

Nous commencerons par d'abord définir les circonstances concrètes du milieu dans lequel notre parti fonctionnait aux États-Unis à l'époque du procès, ainsi que les tâches et techniques de propagande spécifiques qui, d'après nous, s'imposaient. Nous soumettrons alors notre position, ainsi que celle de nos critiques, au critère qui doit être décisif pour nous tous : ce qu'ont écrit les maîtres du marxisme sur l'application des questions de principe en discussion [1].

2. CADRE POLITIQUE DU PROCÈS

Les États-Unis, où le procès a eu lieu, sont de loin le plus riche des pays capitalistes et, pour cette raison, sont parmi les rares pays toujours capables de se permettre le luxe de formes démocratiques bourgeoises à l'époque du déclin et de la décadence du capitalisme. Les syndicats, qui ont été détruits dans un pays européen après l'autre au cours de la dernière décennie, ont prospéré et doublé le nombre de leurs membres au cours de la même période aux États-Unis — en partie avec l'encouragement du gouvernement. Oblitérées ou réduites à l'état de parodie dans d'autres pays, la liberté d'expression et la liberté de presse n'ont pratiquement connu aucune restriction ici. Les élections se sont déroulées dans le cadre des formes démocratiques bourgeoises normales, traditionnelles en Amérique depuis plus d'un siècle, et la grande masse des travailleurs y ont librement pris part. Les richesses et la position privilégiée de l'Amérique bourgeoise lui ont aussi permis, malgré la crise dévastatrice, de maintenir le niveau de vie des travailleurs bien au-dessus de celui de tout autre pays.

Ces circonstances objectives n'ont pas manqué d'affecter aussi bien la mentalité des travailleurs que le sort du mouvement politique révolutionnaire. La conscience des travailleurs ne reflète encore que faiblement les implications révolutionnaires

1. Là où c'est possible, nous donnons les références aux traductions françaises existantes, que nous avons vérifiées auprès de l'anglais. Ailleurs, les citations sont traduites de l'anglais. À moins d'avis contraire, les italiques proviennent des textes cités. NOTE DE LA TRADUCTION

de l'économie ébranlée, actuellement soutenue par le boom économique basé sur la guerre, c'est-à-dire d'un boom basé sur l'armement. Leur vision des choses est loin d'être révolutionnaire. La « politique » pour eux veut dire voter pour l'un ou l'autre des grands partis capitalistes. Le simple fait que le mouvement ouvrier organisé n'a pas encore eu recours à l'action politique indépendante, ne serait-ce que sur une base réformiste, mais qu'il demeure au niveau de son activité politique un appendice du parti politique de Roosevelt — ce simple fait montre à lui seul de manière probante que les travailleurs américains n'ont pas encore traduit leur farouche combativité sur le terrain des grèves économiques, qui est dirigée contre des patrons individuels, en terme de politique indépendante dirigée contre les patrons en tant que classe. Dans un tel environnement, avec son programme de transformation révolutionnaire de la société, le parti marxiste a pu attirer l'attention de seulement quelques milliers de personnes sur son message et n'en recruter qu'un nombre encore plus restreint parmi les militants les plus avancés et ayant la plus grande conscience de classe.

Les 40 millions de travailleurs américains, qui expriment un vote ouvrier quasi massif pour Roosevelt, en sont encore aux étapes les plus primitives du développement politique de classe. Ils sont totalement imprégnés d'illusions démocratiques bourgeoises. Ils sont quelque peu mécontents et ont une certaine conscience syndicale, mais pas de conscience de classe. Ils ont un respect fétiche du gouvernement fédéral qu'ils considèrent comme le gouvernement de tout le peuple et ils espèrent améliorer leur condition en votant pour des politiciens bourgeois « bien disposés » à leur égard. Ils haïssent et craignent le fascisme, qu'ils identifient à Hitler. Ils ne comprennent le socialisme et le communisme que dans la version disséminée par la presse bourgeoise et y sont hostiles ou indifférents. La grande majorité ignore la véritable signification du socialisme, sa signification marxiste révolutionnaire.

Tels étaient les facteurs externes généraux et telle était la mentalité des travailleurs américains auxquels notre parti se trouvait confronté au moment du procès de Minneapolis, en octobre, novembre et décembre 1941. Quelles tâches spécifiques, quelles techniques de propagande nous imposaient-ils ? Il nous semble que les réponses sont évidentes. Notre tâche était de *trouver une écoute* pour nos idées à partir de la tribune du procès. Il fallait simplifier ces idées autant que possible, les *rendre plausibles* aux travailleurs et les illustrer chaque fois que possible par des exemples familiers de l'histoire américaine. Nous devions nous adresser aux travailleurs non pas en général, non pas dans l'abstrait, mais tels qu'ils existent en réalité aux États-Unis en 1941. Nous devions comprendre que les formes de la démocratie et la légalité du parti facilitent grandement ce travail de propagande et ne doivent pas être négligées à la légère. Notre devoir n'était pas de faciliter la tâche du procureur, mais de la rendre plus difficile dans la mesure où c'était possible de le faire sans renoncer à aucun principe. Ce sont ces considérations qui ont guidé notre travail pendant le procès.

Nos détracteurs n'y font pas allusion. Il est évident qu'ils n'y ont même pas réfléchi. Notre méthode est une méthode très différente de la simple répétition de formules sur l'« action », qui n'exige rien d'autre qu'une bonne mémoire. Plus précisément, il s'agit de la méthode marxiste qui consiste à appliquer des principes à des circonstances concrètes, afin de populariser un parti et de créer un mouvement capables de conduire à l'action dans la vraie vie de la lutte des classes, pas sur la page imprimée où l'« action » des formalistes sectaires commence et s'arrête toujours.

Nous avons utilisé la salle d'audience pour expliquer notre programme

Pour accomplir notre tâche principale — utiliser la salle d'audience comme une tribune pour parler aux travailleurs américains tels qu'ils sont et qui nous entendraient peut-être pour la première fois — nous devions, pensions-nous, non pas crier « Aux armes ! » mais *expliquer* patiemment et sur un ton calme, comme à l'école, nos doctrines et qui nous étions. Nous avons donc adapté non pas nos principes, mais notre technique de propagande à la situation telle que nous la comprenions. Nous ne recommandons pas comme une formule applicable de façon universelle le style de propagande et le ton que nous avons employés. Ce style et ce ton de propagande cherchaient simplement à servir, dans ce contexte, les besoins d'un petit parti marxiste minoritaire dans un grand pays de capitalisme démocratique et dans les circonstances historiques générales décrites plus haut.

Le camarade Munis nous accuse d'avoir popularisé notre propagande et de nous être défendus (ainsi que la légalité du parti) en sacrifiant les principes. Il considère nos déclarations au procès comme « résolument opportunistes » et « fris[ant] le renoncement aux principes. » Après d'autres déclarations du même genre, il nous informe qu'il « considère comme une erreur très grave [de] substituer des manoeuvres aux principes. » On peut accepter cette maxime, pas tout-à-fait originale dans notre mouvement, aux conditions suivantes : il faut comprendre la maxime ; il faut distinguer les « manoeuvres » qui servent un principe de celles qui le contredisent ; et on doit appliquer la maxime à un renoncement aux principes réel, pas imaginaire. Voilà le point essentiel de toute la question. Les maîtres du marxisme n'ont pas modifié leurs principes, mais ils ont fréquemment changé de manière, de ton et d'angle pour les expliquer, en fonction de la situation. Nous avions le droit et le devoir de faire la même chose. Un examen de notre déposition de ce point de vue en fera ressortir des conclusions différentes de celles que nos détracteurs ont si hâtivement tirées.

3. VIOLENCE ET TRANSITION AU SOCIALISME

D'après le premier chef d'accusation, nous étions inculpés de « complot dans l'intention de renverser le gouvernement par la force et la violence, » en violation d'une loi de 1861 dirigée à l'origine contre la rébellion des esclavagistes. D'après le deuxième chef d'accusation, nous étions inculpés entre autres de « complot dans l'intention de *préconiser* le renversement du gouvernement par la force et la violence » en violation de la loi Smith de 1940.

Dans notre défense, nous avons catégoriquement nié avoir « comploté » ou « préconisé » la violence et, en le faisant, nous n'avions pas le moins du monde l'intention de renier ou de répudier un seul principe du marxisme. Nous avons revendiqué le droit d'*expliquer* notre position. Nous avons déclaré que nous préférons une transformation sociale pacifique ; que c'est la bourgeoisie qui prend l'initiative de la violence et qu'elle ne permettra pas un changement pacifique ; que nous conseillons aux travailleurs de l'avoir présent à l'esprit et de se préparer à *se défendre* contre la violence de la classe minoritaire réactionnaire qui a fait son temps.

Absolument correcte quant au fond de la question et inattaquable d'un point de vue marxiste, cette formule ne correspondait pas aux affirmations du procureur et ne l'aidait pas non plus à prouver ses arguments contre nous. Mais ce n'était pas notre devoir. Pour des raisons absolument contraires, nos déclarations ne satisfont pas le camarade Munis et ne correspondent pas à ses conceptions. Ce n'est pas notre devoir non plus, parce que ses conceptions sont arbitraires et formalistes — et donc fausses.

Le procureur voulait limiter toute la discussion sur le socialisme à la seule question de la « force » et de la « violence ». Nous de l'autre côté et pour la première fois dans un tribunal américain, nous avons essayé d'exposer l'ensemble de la théorie marxiste, ne serait-ce que de manière brève et schématique. Nous l'avons fait comme si nous donnions un cours élémentaire à des travailleurs non initiés, dans la mesure où c'était possible dans le cadre étroit prescrit par les règlements du tribunal et les objections répétées du procureur, en accordant à la question de la force dans la révolution sociale l'importance proportionnelle qui lui revient et en en attribuant la responsabilité à qui de droit — c'est-à-dire à la classe qui a fait son temps.

Nous nous sommes acquittés de cette tâche du mieux que nous avons pu au procès. Bien sûr, il est presque impossible d'atteindre la précision d'une thèse et un degré complet d'explication dans un dialogue animé et impromptu, alors qu'il faut abréger autant que possible les réponses à cause des restrictions de temps, des objections du procureur et des règles de procédure du tribunal. Nous ne prétendons pas avoir atteint cette précision et cette amplitude dans nos réponses et les gens raisonnables ne devraient pas nous le reprocher. Trotsky lui-même a admis qu'il pouvait y avoir des imperfections dans la déposition qu'il a présentée devant la commission Dewey, dans des circonstances similaires mais plus favorables. À Ver, qui avait critiqué une de ses réponses dans le registre publié de l'enquête, il a répondu :

> Il est possible que le compte rendu sténographique manque quelque peu de précision. Il ne s'agit

> pas ici d'un texte programmatique bien réfléchi ni même d'un article, mais d'un compte rendu sténographique rédigé par la commission. Vous savez que je n'ai même pas eu l'occasion de le revoir moi-même. Quelques malentendus ou imprécisions s'y sont peut-être glissés. Des ennemis peuvent les utiliser, mais des camarades sérieux doivent saisir la question dans sa totalité. (*Internal Bulletin* [Bulletin interne] du Parti socialiste des travailleurs, n° 3 [2].)

Il peut être utile d'expliquer ici que la procédure des tribunaux américains, contrairement à celle en vigueur dans de nombreux autres pays, ne permet pas aux accusés de faire des exposés ou des « déclarations » élaborées. Il leur faut répondre oralement, leurs réponses doivent être brèves et ils sont susceptibles d'être coupés à tout moment par une objection du procureur ou une décision du juge. Dans une telle atmosphère, le témoin est sous la pression constante de condenser ses réponses et d'omettre des explications qui pourraient être nécessaires pour une bonne compréhension des choses, mais n'intéressent pas le tribunal.

Nous mentionnons ces faits simplement dans le but de pouvoir bénéficier de la même clémence pour nos faiblesses que celle demandée par Trotsky, non pour renier quoi que ce soit de ce que nous avons dit. Dans l'ensemble, tout en reconnaissant toutes les imperfections, omissions et imprécisions commises dans notre déposition orale, nous avons atteint nos objectifs propagandistes au procès et nous nous en tenons à ce qui a été officiellement publié. Le texte des procédures

---

2. On peut aussi trouver cette lettre dans *Writings of Leon Trotsky (1937-38)*, New York, Pathfinder, 1972, 1976, p. 158-161 (tirage de 2012).

du tribunal, publié à des milliers d'exemplaires, est devenu et restera notre meilleur document de propagande. Il s'agit d'un document révolutionnaire honnête et sincère. Personne ne réussira à le discréditer.

Qu'avons-nous dit à propos de la violence dans la transformation de la société du capitalisme au socialisme ? Voici ce que nous avons dit :

1) Les marxistes préfèrent une transition pacifique. « La position des marxistes est que la méthode de transformation sociale la plus économique et préférable, la plus souhaitable est bien sûr qu'elle se fasse pacifiquement. »

2) « C'est l'avis de tous les marxistes [que ce changement] s'accompagnera de violence. »

3) Cet avis « est fondé, comme l'ensemble de la doctrine marxiste, sur l'étude de l'histoire, des expériences historiques de l'humanité au cours des nombreux changements d'une forme de société à une autre, des révolutions qui les ont accompagnés et de la résistance que les classes qui avaient fait leur temps ont invariablement opposée au nouvel ordre. Leurs efforts pour se défendre contre le nouvel ordre ou pour supprimer par la violence le mouvement favorable au nouvel ordre ont eu pour effet que, jusqu'à présent, toutes les transformations sociales importantes se sont accompagnées de violence. »

4) La classe dirigeante initie toujours la violence, « toujours la classe dirigeante ; toujours la classe qui a fait son temps et qui ne veut pas quitter la scène lorsque son heure est venue. Elle veut s'accrocher à ses privilèges, les renforcer par des mesures violentes contre la nouvelle majorité et *elle se heurte à la violence de masse de la nouvelle classe*, désignée par l'histoire pour prendre le pouvoir. »

5) Voilà ce que nous prédisons. Mais « bien sûr, nous ne nous limitons pas à ce pronostic. Nous allons plus loin et

« Nous attribuons la responsabilité du recours à la force dans la révolution sociale à qui de droit — c'est-à-dire à la classe qui a fait son temps. » ***James P. Cannon***

En haut. Paris, mars 1871. Une assemblée de masse de travailleurs et d'artisans proclame la Commune de Paris, le premier gouvernement des travailleurs.

Cannon cite Lénine, qui explique que la Commune a été le premier État « sans armée permanente, sans police opposée au peuple, sans fonctionnaires placés au-dessus du peuple. » Deux mois plus tard, la Commune de Paris est écrasée par la bourgeoisie française. Plus de 20 000 travailleurs parisiens sont massacrés.

conseillons aux travailleurs de l'avoir présent à l'esprit et de se préparer pour empêcher la minorité réactionnaire qui a fait son temps d'entraver la volonté de la majorité. »

Q : Quel rôle jouent la montée et l'existence du fascisme en ce qui concerne la possibilité de violence ?

R : C'est vraiment là l'essentiel de toute la question, parce que la violence réactionnaire de la classe capitaliste, qui s'exprime par le biais du fascisme, est utilisée contre les travailleurs. Bien avant que le mouvement révolutionnaire des travailleurs n'obtienne la majorité, des bandes fascistes sont organisées et subventionnées à coups de millions par les plus gros industriels et financiers, ainsi que le montre l'exemple de l'Allemagne, et ces bandes fascistes entreprennent de briser le mouvement ouvrier par la force. Elles attaquent les locaux, assassinent les dirigeants, dispersent les réunions, incendient les imprimeries et détruisent toute possibilité de fonctionner bien avant que le mouvement ouvrier ne se soit engagé sur le chemin de la révolution.

Je dis que c'est l'essentiel de toute la question de la violence. Si les travailleurs ne s'en rendent pas compte et ne commencent pas à se défendre contre les fascistes, ils n'auront jamais la possibilité de voter sur la question de la révolution. Ils se retrouveront face au sort des prolétariats allemand et italien et seront dans les chaînes de l'esclavage fasciste avant d'avoir la moindre chance de s'exprimer par un vote honnête pour faire savoir s'ils veulent ou pas le socialisme.

> C'est une question de vie ou de mort pour les travailleurs que de s'organiser pour empêcher le fascisme, les bandes fascistes, de briser les organisations ouvrières et de ne pas attendre qu'il soit trop tard. C'est dans le programme de notre parti.

Voilà tout ce qu'un marxiste a vraiment besoin de dire sur la question de la violence, devant un tribunal capitaliste ou à une réunion propagandiste pour des travailleurs aujourd'hui aux États-Unis. C'est la vérité, c'est conforme aux principes et cela protège la position légale du parti. Les travailleurs le comprendront également. Pour citer Mercutio de Shakespeare : « Non, elle n'est sans doute pas aussi profonde qu'un puits ni aussi large qu'un porche d'église. Mais ça suffit, elle fera l'affaire. »

Le camarade Munis n'est cependant pas satisfait de notre « lamentable dialogue, » soi-disant « destiné à apaiser la conscience facilement effrayée du jury quant à qui déclenche la violence. » La réponse citée ci-dessus qui conseille aux travailleurs d'« avoir présent à l'esprit » le cours violent de la classe dirigeante et de « se préparer » n'est pas « assez explicite et énergique. » (Il sous-estime la perspicacité des travailleurs.) « Pourquoi, dit le camarade Munis, ne pas élever la voix à ce moment-là et appeler les travailleurs à organiser leur propre violence contre la violence réactionnaire ? »

Pourquoi ? Parce qu'il n'était ni nécessaire, ni même recommandable, d'élever la voix ou d'appeler les travailleurs à agir à ce moment. Nous nous adressions en premier lieu au travailleur non initié qui lirait la déposition dans le journal ou sous forme de brochure. Nous devions faire un exposé calme et soigné afin d'attirer son attention. Ce travailleur est loin d'attendre avec impatience notre appel à agir violemment. Bien au contraire, il croit avec ardeur en ce qu'on appelle la démocratie et la première question qu'il posera, s'il commence à s'intéresser au socialisme, sera : « Pourquoi ne pouvons-nous pas y arriver pacifiquement, en votant ? » Il est nécessaire de lui *expliquer patiemment* que, bien que nous le préférions ainsi, les patrons ne le permettront pas et auront recours à la violence contre la majorité, et que les travailleurs doivent *se défendre* et *défendre leur droit* de changer les choses. Notre formulation *défensive* n'est pas seulement inattaquable d'un point de vue légal, « pour le jury, » comme nos critiques le font remarquer avec dédain — comme si 28 accusés ayant toute leur tête et un parti menacé d'être déclaré illégal pouvaient se permettre le luxe d'ignorer le jury. C'est également la meilleure formulation pour faire une propagande efficace.

Ces formulations défensives ne sont d'ailleurs pas notre invention. Elles viennent directement des grands marxistes, qui ne croyaient pas en la bonne volonté des ennemis de classe et savaient organiser de l'action, c'est-à-dire de l'action *de masse*, contre ces derniers. Et ces mêmes maîtres et organisateurs d'actions de masse n'ont jamais manqué non plus de reconnaître la valeur des formes démocratiques et de la légalité du parti, ni de s'y accrocher et de les utiliser autant que possible. Nos maîtres n'ont pas reculé devant la violence, ils n'ont jamais trompé les travailleurs en leur promettant une transformation pacifique et démocratique de la société. Mais quand ils parlaient de la violence, ils ne le faisaient pas toujours de la même façon, sur le même ton et avec la même insistance. Dans des circonstances un tant soit peu comparables aux nôtres, ils ont toujours parlé comme nous l'avons fait au tribunal. Les preuves en sont aussi nombreuses qu'accablantes.

Engels et Trotsky sur la question de la violence

On trouve le *premier* énoncé de la position communiste sur la question de la violence et de la transition au socialisme dans les *Principes du communisme* d'Engels, un « catéchisme » rédigé en 1847 et généralement considéré comme la première ébauche du *Manifeste communiste*. Engels a écrit :

« QUESTION 16 : La suppression de la propriété privée est-elle possible par la voie pacifique ?

« RÉPONSE : Il serait souhaitable que cela puisse arriver et les communistes seraient certainement les derniers à s'y opposer. »

Engels n'a pas promis une telle solution et il n'a pas oublié d'ajouter : « Si de cette façon le prolétariat opprimé est finalement poussé à la révolution, nous, communistes, nous défendrons alors autant par l'action que nous le faisons maintenant par la parole la cause des prolétaires. » (Engels, *Principes du communisme* [3].)

Le *dernier* énoncé d'une autorité marxiste, formulé par Trotsky 93 ans plus tard, suit la même logique que celui d'Engels. Pendant l'été de 1940, le Comité Dies a perquisitionné le domicile d'un camarade au Texas et emporté des documents du parti. Anticipant une attaque contre la position légale du Parti socialiste des travailleurs, le camarade Trotsky nous a écrit une lettre où il nous donnait des conseils quant à la manière de présenter notre propagande et de nous défendre « du point de vue légal, » et où il nous enjoignait de « ne fournir aucun prétexte à des persécutions. » Rédigée comme pour répondre à l'avance aux arguties ultra-radicales sur le procès de

3. Notre traduction de l'allemand. On trouvera une autre traduction de ce texte en annexe à l'édition bilingue de Karl Marx/Friedrich Engels, *Le Manifeste du parti communiste/Manifest der kommunistischen Partei*, Paris, Éditions sociales, 1972, p. 215-217.

Minneapolis, cette lettre a été publiée dans l'édition d'octobre 1940 de la revue *Fourth International,* p. 126.

> Cette histoire au Texas est très importante. L'attitude des personnes impliquées peut devenir décisive du point de vue légal.
>
> Évidemment, nous ne pouvons imiter les staliniens qui clament leur attachement absolu à la démocratie bourgeoise. Mais nous ne désirons pas fournir le moindre prétexte aux persécutions.
>
> Dans ce cas comme dans tout autre, nous devons dire la vérité telle qu'elle est : à savoir que la méthode la meilleure, la plus économique et la plus favorable pour les masses serait d'effectuer la transformation de cette société par des moyens démocratiques. La démocratie est aussi nécessaire pour l'organisation et l'éducation des masses. Voilà pourquoi nous sommes toujours prêts à défendre les droits démocratiques du peuple par nos propres moyens. Cependant, nous savons à partir d'une expérience historique considérable que les 60 familles ne permettront jamais la réalisation démocratique des principes socialistes. À un moment donné, les 60 familles renverseront inévitablement, ou tenteront de renverser, les institutions démocratiques pour les remplacer par une dictature réactionnaire. C'est ce qui s'est produit en Italie, en Allemagne et au cours des derniers jours en France, sans parler de pays moins importants. Nous disons à l'avance que nous sommes prêts à repousser une telle tentative les armes à la main et à écraser la dictature fasciste par une dictature prolétarienne.

> Cette position correspond à la réalité historique et est juridiquement inattaquable [4].

Défendre la légalité du parti

Écrits par le fondateur de notre mouvement pendant le dernier mois de sa vie, ces mots ne sont pas un commentaire occasionnel écrit par hasard. Ils ont été écrits alors que l'auteur s'attendait à des poursuites judiciaires et il nous a bien fait remarquer que « l'attitude des personnes impliquées peut devenir décisive du point de vue légal. » Il connaissait l'importance de la légalité du parti et il ne voulait pas que nous la mettions inutilement en danger. N'acceptez pas, nous a-t-il dit presque textuellement, l'accusation du procureur que nous préconisons la violence conspiratrice d'une minorité. Présentez la question d'une façon qui corresponde « à la réalité historique » et qui soit en même temps, de par sa formulation défensive, « juridiquement inattaquable. »

Cette lettre nous a servi de ligne de conduite pour établir notre politique au procès. Nous avons considéré les paroles de Trotsky comme venant d'une autorité marxiste. Pour nous, il n'y en a pas de plus grande. Notre mouvement, le mouvement de la Quatrième Internationale qui vient directement de la lutte de l'Opposition trotskyste en Russie depuis 1923, incarne dans sa doctrine et sa tradition l'ensemble du marxisme et l'ensemble des préceptes et de l'exemple de Lénine, développés et appliqués aux conditions de la période post-léniniste. Nous savons

---

4. On peut trouver l'original en anglais de cette lettre dans *Writings of Leon Trotsky (1939-40)*, New York, Pathfinder, 1969, 1973, p. 459-469 [tirage de 2012]. Des traductions en français légèrement différentes de la nôtre ont été publiées dans l'édition d'août-septembre 1946 de la revue *Quatrième Internationale*, p. 13, et dans Léon Trotsky, *Oeuvres*, t. 24, juin 1940-août 1940, Paris, Institut Léon Trotsky, 1987, p. 298-299. NOTE DE LA TRADUCTION

que certains ont pris l'habitude ces dernières années d'opposer Lénine et Trotsky et de faire référence à Lénine comme étant la première autorité. Aux États-Unis par exemple, les partisans d'Oehler s'affichent comme des « léninistes » de ce genre. Et même Shachtman, folâtrant un été dans les prés du radicalisme, a essayé d'invoquer Lénine contre la politique militaire élaborée par Trotsky. Il n'y a pas plus de vérité ou de mérite dans cette farce burlesque qu'il n'y en avait dans la tentative des opportunistes pendant la première guerre mondiale de faire appel à Marx et Engels contre Lénine.

Les quatre plus grands marxistes faisant autorité — Marx, Engels, Lénine et Trotsky — sont unis dans une continuité ininterrompue d'expériences dont la pensée marxiste est le reflet. Pour nous, Lénine est Marx à l'époque de la première guerre mondiale et de la révolution d'octobre. Et Trotsky est Lénine à l'époque de la dégénérescence stalinienne et de la lutte contre elle, à l'époque du fascisme, de la deuxième guerre mondiale et de la préparation de la nouvelle montée de la révolution internationale du prolétariat.

Ces « léninistes » — que Dieu nous protège de ces léninistes ! — aiment beaucoup répéter des citations isolées de Lénine comme des réponses arrêtées et définitives à des problèmes d'ordre courant qui se posent chaque fois différemment et dans des circonstances extrêmement variées. On peut difficilement imaginer plus grande déformation du léninisme, qui est une méthode et non un recueil de textes bibliques. Ils répètent ce que Lénine a dit à propos de ceci ou de cela, sans comprendre qu'il ne s'est pas toujours répété et n'éprouvait que du mépris pour de tels substituts faciles au marxisme vivant. Un échantillon instructif de cette pratique nous est offert par la tentative de Munis de nous présenter comme des gens qui « rejettent » Lénine parce que nous nous sommes permis de dire d'une phrase qu'il avait écrite à propos de l'insurrection dans la Russie tsariste de 1906 qu'on ne pouvait pas l'appliquer dans notre propagande aux États-Unis en 1941.

Nous avons franchement avoué être des disciples de Lénine au tribunal, ce qui ne suffit pas à satisfaire Munis. Nous avons déclaré qu'au sein de notre mouvement, « il est estimé tout autant que Marx » et que « notre mouvement soutient les idées et doctrines fondamentales pratiquées, proclamées et mises en oeuvre par Lénine. » Aux yeux de notre critique, ces déclarations ne suffisent pas à prouver que nous acceptons Lénine. Il semble croire qu'il faut répéter et accepter comme parole d'évangile tout ce que Lénine a dit en toute circonstance, peu importe ce que Lénine lui-même peut avoir dit sur le même sujet en d'autres circonstances.

Il cite la question de M. Schweinhaut, le procureur, sur un extrait de *La révolution de 1905* de Lénine : « En temps d'insurrection, notre devoir est d'exterminer impitoyablement les chefs civils et militaires. » [...] Vous êtes en désaccord avec cela ? »

Nous avons naturellement nié qu'il s'agissait là d'un énoncé de la politique du parti ici et maintenant, et nous l'avons modifié de la façon suivante : « Nous ne sommes pas d'accord avec l'extermination de qui que ce soit, à moins qu'il ne s'agisse d'un véritable conflit armé où s'appliquent les lois de la guerre. » En réalité, c'était là, par déférence à Lénine, dire bien plus qu'il ne faut au sujet de l'extermination face à un tribunal capitaliste ou dans un discours de propagande aux États-Unis aujourd'hui. Mais ceci ne satisfait pas Munis. Pourquoi, demande-t-il, dire « qui que ce soit » au lieu des « chefs civils et militaires » ? « Pourquoi alors rejeter ce passage ? » Nous devons répéter Lénine mot pour mot !

Pourquoi devrions-nous le faire ? *Lénine ne répétait pas mot pour mot ce qu'il avait déjà dit*. Bien au contraire, il ne se gênait pas pour changer ou modifier sans cérémonie de telles formulations selon les circonstances. En fait, à la veille même de la révolution d'octobre, il a radicalement changé cette formulation de façon à lui donner un sens bien différent, « édulcoré », qui serve mieux ses buts politiques à l'époque. Dans une lettre au Comité central datée des 26-27 septembre 1917, *une lettre appelant à l'organisation de l'insurrection,* il omet toute référence à l'« extermination » et dit simplement : « Nous devrons [...] arrêter l'état-major général et le gouvernement. » (Lénine, *Oeuvres,* vol. 26, p. 18. C'est moi qui souligne [5].)

À une autre occasion encore, les 14-16 septembre 1917, dans un « compromis » offert à la majorité socialiste révolutionnaire et menchevique, Lénine a proposé de former un gouvernement socialiste révolutionnaire et menchevique responsable devant les seuls soviets. Un tel gouvernement, a-t-il dit, « pourrait très vraisemblablement assurer la *progression* pacifique de la révolution russe. » Si cette proposition était acceptée par les socialistes révolutionnaires et les mencheviks :

> Les bolcheviks, me semble-t-il, ne devraient poser aucune autre condition. Car ils estiment qu'une liberté vraiment entière de l'agitation et l'application immédiate du nouveau principe démocratique lors de la constitution des soviets (leur renouvellement) et dans leur fonctionnement assureraient par elles-mêmes la progression pacifique de la révolution et l'*extinction pacifique* de la lutte des partis au sein des soviets.
>
> Mais peut-être n'est-ce *plus* possible ? Peut-être. S'il ne restait pourtant qu'une chance sur cent, cette chance vaudrait d'être tentée. (Lénine, *Oeuvres,* vol. 25, p. 334 et 335.)

5. Les citations de Lénine proviennent des *Oeuvres* complètes publiées par les éditions du Progrès dans les années 1960 et 1970.

Dans ce cas-ci, Lénine n'a rien demandé d'autre aux « chefs des autorités civiles et militaires » des partis démocratiques petit-bourgeois « dirigeants » que de prendre le pouvoir et d'assurer « une liberté vraiment entière de l'agitation. » Revenant encore une fois sur cette question le 9 octobre 1917, il a écrit :

> Il nous incombe d'aider à faire tout le possible pour assurer une « dernière » chance au développement pacifique de la révolution, d'y aider en exposant notre programme, en expliquant son caractère national, sa totale correspondance aux intérêts et aux revendications de l'immense majorité de la population. (Lénine, *Oeuvres*, vol. 26, p. 54.)

À trois occasions différentes, Lénine a donc proposé de combattre les « chefs des autorités civiles et militaires » de trois façons différentes selon les circonstances : par l'« extermination », l'« arrestation » et la « propagande pacifique. » Les trois étaient également révolutionnaires. L'occasion et les circonstances étaient différentes dans chaque cas.

Lénine a tenu compte de ces variations et modifié ses propositions en conséquence. Il n'a jamais transformé ses formulations tactiques en carcan rigide. Et nous ne devrions pas le faire non plus — si nous voulons être de véritables léninistes.

Les capitalistes dominent les moyens de la violence

« La violence est l'accoucheuse de toute vieille société qui en porte une nouvelle dans ses flancs. » Voilà un axiome bien connu de tous les élèves du marxisme. C'est une erreur d'entretenir ou de disséminer des illusions à ce sujet et nous ne l'avons pas fait pendant le procès. Mais c'est une faute grave d'en conclure que la violence ou le fait de parler de la violence servent toujours et partout les intérêts de l'avant-garde révolutionnaire. Au contraire, des conditions de paix et des formes démocratiques légales sont extrêmement utiles dans la période où le parti est encore en train de rassembler ses forces et où la force et les ressources principales, y compris les ressources de la violence, sont de l'autre côté. Lénine a fait remarquer qu'Engels avait « parfaitement raison » de « préconiser l'utilisation de la légalité bourgeoise » et de dire à la classe dirigeante allemande en 1891 : « Tirez les premiers, messieurs les bourgeois ! »

Notre parti, qui doit encore lutter pour *se faire écouter* par la classe ouvrière américaine toujours indifférente, n'a aucune raison de mettre l'accent sur la violence ou de la « préconiser ». Cette attitude est déterminée par l'étape actuelle du développement de classe et du rapport de forces aux États-Unis. Pas, comme Munis le suppose si généreusement, par notre souci exagéré d'obtenir une « peine légère. » En fait, la question de la violence a eu proportionnellement dix fois plus d'importance dans notre déposition au procès qu'elle n'en a eu pendant les dix dernières années dans les rubriques propagandistes de notre presse, ce qui comprend les contributions volumineuses du camarade Trotsky.

Exprimant son mépris pour nos explications répétées et méticuleuses « quant à qui déclenche la violence » et pour notre « attitude générale » qui fait « qu'on se sent parfois gêné, » Munis nous propose de leur substituer le « fier courage. » Si nos avions été dotés d'un attribut aussi rare, nous aurions dû dire d'après Munis : « Les travailleurs et les agriculteurs devraient répondre à la violence quotidienne de la bourgeoisie par la violence majoritaire et organisée des masses pauvres. Nous ne prédisons pas, mais plutôt nous proclamons, nous demandons, nous préconisons la violence temporaire de la majorité contre la violence organique permanente de la minorité réactionnaire. »

Nous ne savons pas grand-chose du « fier courage » et n'en avions pas besoin. Ce n'est pas en jouant aux acteurs que nous sommes allés au tribunal, mais seulement en tant que militants du parti ayant une tâche politique pratique à remplir. Évidemment, c'est une bonne chose pour un militant révolutionnaire que d'avoir suffisamment de courage humain ordinaire pour prendre les risques inhérents à la lutte contre le capitalisme. Et nous pouvons ajouter : il devrait aussi être assez prudent pour éviter les sacrifices inutiles. L'absence de l'une ou l'autre de ces deux qualités peut constituer une grave faiblesse personnelle. Mais le fait de posséder les deux, et en bon état de marche, ne suffit toujours pas à répondre à la question la plus importante à laquelle nous étions confrontés au procès, à savoir : quelles formulations, quel ton, quelle insistance sur la question de la violence pouvaient le mieux servir notre cause dans les circonstances données ? La réponse à cette question doit être politique, pas théâtrale.

Sans conteste, Lénine brûlait d'indignation et de haine contre l'oppression dont le peuple était victime et il connaissait toutes les formes de violence inhérentes à un régime de domination de classe. De plus, alors qu'il est parfaitement impossible de parler de « courage » et encore moins de « fier courage » à propos de quelqu'un qui était aussi simple et terre-à-terre que Lénine — une telle grandiloquence chevaleresque lui irait aussi bien qu'un haut-de-forme — il a prouvé qu'il avait suffisamment de nerf pour occuper son poste. Lénine était le rebelle le plus obstiné de l'histoire. Mais son approche sur la question de la violence, comme sur toute autre question, était déterminée par des considérations politiques. Il ne s'est nullement limité à une formulation universelle ni à une seule façon de présenter les choses ainsi que Munis voudrait nous le prescrire. En fait, il était bien moins « radical » dans ses formulations pour la propagande du Parti bolchevique au cours des mois, et même des semaines, précédant immédiatement la victoire que ne l'est Munis dans ses exigences envers notre parti, qu'on ne pouvait correctement décrire au moment du procès que comme un petit groupe de propagande isolé.

Expliquer patiemment

Il est très révélateur de lire comment, de retour en Russie après la révolution de mars, le grand maître de la stratégie révolutionnaire a développé le travail de *mobiliser les masses* autour du Parti bolchevique *au moyen de la propagande*. Le Parti bolchevique progressait à pas de géant, mais n'en est pas moins resté minoritaire pendant de nombreux mois. Ce devrait être instructif pour tout fanatique de la « violence » que de voir comment Lénine, dans ces conditions, a obstinément cherché à *repousser la question de la violence à l'arrière-plan* et à éviter une épreuve de force prématurée. Jusqu'au 9 octobre, comme nous l'avons vu, il proposait « d'aider à faire tout le possible pour assurer une « dernière » chance au *développement pacifique* de la révolution. » Lorsqu'il a finalement appelé à l'action, ce fut à l'action de *masse* et il l'a fait sans fanfaronnade théâtrale. Grâce à son travail de propagande préliminaire, le Parti bolchevique avait la force de masse requise pour mener l'action jusqu'à la victoire.

Le 25 avril, il a protesté dans la *Pravda* contre les « allusions obscures » du « ministre Nékrassov » quant aux « appels à la violence » des bolcheviks :

> Vous mentez, M. le ministre, M. le membre du parti de la « liberté du peuple. » Les appels à la

> violence sont le fait de M. Goutchkov, qui menace de châtier les soldats quand ceux-ci révoquent leurs chefs. Les appels à la violence sont le fait de la *Rousskaïa Volia* qui sympathise avec vous et est l'organe archiréactionnaire des archiréactionnaires « républicains ».
>
> La *Pravda* et ses partisans, loin de prêcher la violence, disent au contraire avec le maximum de netteté, de précision et de résolution que toute notre action à l'heure actuelle vise essentiellement à *expliquer* aux masses prolétariennes leurs tâches prolétariennes, à la différence de la petite bourgeoisie en proie à l'ivresse chauvine. (Lénine, *Oeuvres*, vol. 24, p. 104-105.)

Le 4 mai, le Comité central du parti a adopté une résolution rédigée par Lénine. Le but de cette résolution était de tempérer l'ardeur de la direction locale de Petrograd qui devançait les événements ; de rejeter la « responsabilité » de toute violence sur le « gouvernement provisoire et ses partisans ; » et d'accuser la « minorité capitaliste » de refuser « de se soumettre à la volonté de la majorité. » Voici deux paragraphes extraits de la résolution :

> 1. Les propagandistes et les orateurs du parti doivent démentir l'odieux mensonge des journaux des capitalistes et des journaux qui soutiennent les capitalistes, selon lequel nous menacerions de déclencher la *guerre civile*. Mensonge odieux, car en ce moment, tant que les capitalistes et leur gouvernement ne peuvent pas et n'osent pas user de violence contre les masses, tant que la masse des soldats et des ouvriers exprime librement

> sa volonté, élit et révoque librement *toutes* les autorités — *à un pareil moment* toute idée de guerre civile est naïve, insensée et grotesque ; à un pareil moment *ce qu'il faut*, c'est *la soumission à la volonté de la majorité de la population* et la libre critique de cette volonté par la minorité mécontente. Si l'on en vient à la violence, la responsabilité en incombera au gouvernement provisoire et à ses partisans.
>
> 2. Par leurs vociférations contre la guerre civile, le gouvernement des capitalistes et ses journaux ne font que masquer le refus des capitalistes, qui ne constituent manifestement qu'une infime minorité du peuple, de se soumettre à la volonté de la majorité. (Lénine, *Oeuvres*, vol. 24, p. 198.)

Cela ne ressemble-t-il pas étonnamment au « lamentable dialogue quant à qui déclenche la violence » contre lequel Munis proteste de façon tellement arrogante ? Effectivement, cette ressemblance n'est pas fortuite. Nos formulations ne sont pas tombées du ciel. Nous avions pris la peine de lire Lénine, non pas dans le but de mémoriser ses paroles, mais pour assimiler l'essence de la méthode qu'il utilisait pour approcher et mobiliser les masses alors que les bolcheviks restaient une minorité.

Le 5 mai, à un moment où il luttait d'un côté contre les provocations de l'ennemi et de l'autre contre l'impatience révolutionnaire dans les rangs du parti, le Comité central du Parti bolchevique a adopté une autre résolution proposée par Lénine. Tout camarade susceptible d'être impressionné par des paroles à la légère sur l'« action » d'un parti qui n'a pas le soutien de masse nécessaire pour agir devrait la lire dix fois. La résolution dit :

> Le mot d'ordre : « À bas le gouvernement provisoire ! » n'est pas juste en ce moment car, tant qu'au sein du peuple une majorité solide (c'est-à-dire consciente et organisée) ne se sera pas ralliée au prolétariat révolutionnaire, un tel mot d'ordre n'est qu'une phrase en l'air ou bien conduit objectivement à s'engager dans une voie d'aventures. (Lénine, *Oeuvres*, vol. 24, p. 208-209.)

Si ces idées sont correctes, et nous croyons qu'elles le sont, on peut raisonnablement en conclure que le Parti socialiste des travailleurs a encore devant lui aux États-Unis de longues et dures journées de propagande consistant à *expliquer patiemment*. De cette façon, il lui faut d'abord gagner le soutien des masses avant de pouvoir se permettre le luxe de parler abondamment d'action. Lénine a tiré ces conclusions pour le Parti bolchevique et formulé des instructions précises en conséquence, six mois seulement avant que le parti n'obtienne la majorité. La même résolution dit dans un autre paragraphe :

> Les mots d'ordre de l'heure sont : (1) *explication* de la ligne politique prolétarienne et de la solution prolétarienne pour mettre fin à la guerre ; (2) *critique* de la politique petite-bourgeoise de confiance envers le gouvernement des capitalistes et d'entente avec lui ; (3) *propagande et agitation* de groupe en groupe dans chaque régiment, dans chaque usine et notamment parmi les masses les plus arriérées, les domestiques, les manoeuvres, etc., car c'est surtout sur ces éléments que la bourgeoisie a cherché à s'appuyer aux jours de la crise ; (4) l'*organisation*, l'*organisation* et encore l'*organisation* du prolétariat dans chaque usine,

Workers of the World Unite!

Socialist Appeal

1000 New Subscribers By April 15th!

WORKERS CAN DEFEAT HITLER

They Can End the Threat of Fascism By Crushing the Capitalist System

Nazis Established On Soviet Border

U.S.S.R. IN PERILOUS SPOT

The Principle of the Thing

THE ONLY WAY OUT

THAT WAY LIES FASCISM

FRANCE SPEEDS TREND TOWARDS A DICTATORSHIP

U. S. 'Democracy' Bared In Report

Madrid Surrender Near; Negrin Works With Miaja

Pittman Bill Frees U.S. Hands for War

Office Workers Quit CIO; Protest Union Bureaucracy

SWP Picket Threat Stops Philadelphia Fascist Meet

« Avec la guerre impérialiste, le Parti socialiste des travailleurs a devant lui aux États-Unis de longues et dures journées de propagande consistant à *expliquer patiemment*. »

James P. Cannon

En haut. En campagne avec le *Socialist Appeal*, mars 1939. La manchette dit : « Les travailleurs peuvent vaincre Hitler : ils peuvent mettre fin à la menace du fascisme en écrasant le système capitaliste. » Pour y arriver, explique l'hebdomadaire socialiste, les travailleurs et agriculteurs ont besoin de leur propre gouvernement.

> chaque arrondissement, chaque quartier. (Lénine, *Oeuvres*, vol. 24, p. 209. C'est nous qui soulignons.)

Le 6 mai, critiquant encore une fois d'irresponsables prêcheurs de violence, le plus grand dirigeant de l'action révolutionnaire, qui croyait qu'il fallait d'abord « *expliquer* », « *convaincre* » et « *gagner la majorité,* » écrivait :

> La crise ne peut être résolue par les violences de quelques individus à l'égard d'autres individus, ni par les actions partielles de petits groupes armés, ni par des tentatives blanquistes de « prendre le pouvoir, » d'« arrêter » le gouvernement provisoire, etc.
>
> Le mot d'ordre du jour est : faites connaître plus exactement, plus clairement, plus largement la ligne politique du prolétariat, la voie préconisée par *lui* pour mettre fin à la guerre. (Lénine, *Oeuvres*, vol. 24, p. 214.)

Il ne fait aucun doute que le marxisme est la doctrine de l'action révolutionnaire. Mais cela n'a rien à voir avec « les violences de quelques individus, » « les actions partielles de petits groupes » ou toute autre forme d'« action » où des individus ou des minorités tentent de se substituer aux masses. Autrement dit, le marxisme n'est ni l'anarchisme ni le blanquisme ; il mène une lutte implacable contre ces tendances. L'action révolutionnaire qu'envisage le marxisme est l'action des masses, de la majorité prolétarienne, dirigées par le parti d'avant-garde. Mais cette action, ainsi que le rôle dirigeant qu'y joue le parti, doivent être — et ne peuvent qu'être — *préparés par un travail de propagande*. Voilà la principale leçon à tirer du développement du Parti bolchevique après la révolution de mars et de la transformation finale de ses slogans de la propagande à l'action. Voilà la méthode de Lénine. Elle était moins romantique que celle des impatients qui rêvent des raccourcis et des miracles qu'évoque le mot magique « action ». Mais en revanche, la méthode de Lénine a à la fin conduit à une action de masse puissante et victorieuse.

Un parti sans base de masse et qui a encore à se faire largement connaître par les travailleurs doit les approcher au moyen de la propagande, des explications patientes, et ne tenir compte ni des appels impatients à de l'« action » qu'il est incapable d'organiser, ni d'une insistance exagérée sur la « violence » qui, dans les conditions données, ne peut que se retourner contre lui. Si l'on considère la prudence et même la *précaution* obstinées du parti de Lénine pour éviter les provocations et s'en tenir à sa formule de *propagande pacifique* alors qu'il restait minoritaire, la moindre suggestion que notre parti, à l'heure actuelle, avec sa force actuelle, adopte un cours plus « audacieux » semble tout à fait invraisemblable, tel un cauchemar détaché de toute réalité vivante. Lénine a écrit :

> Le gouvernement aurait intérêt à ce que le premier pas imprudent vers l'offensive soit fait par nous ; ce serait à son avantage. Il est furieux que notre parti ait donné le mot d'ordre d'une manifestation pacifique. Nous ne devons pas transiger avec la petite bourgeoisie, actuellement dans l'attente, sur la moindre syllabe de nos principes. Il n'y a pas d'erreur plus dangereuse pour un parti prolétarien que de fonder sa tactique sur des désirs subjectifs là où il faut de l'organisation. On ne peut pas dire que la majorité est avec nous. Ce qu'il nous faut, en l'occurrence, c'est : pas d'illusions, surtout pas d'illusions. (Lénine, *Oeuvres*, vol. 24, p. 235-236.)

Ce qui précède devrait faire clairement ressortir que le fait de nier toute « responsabilité » en ce qui concerne la violence devant le tribunal de Minneapolis n'était pas un artifice que nous avons inventé afin de nous « concilier le jury » ainsi que certains le prétendent. Empruntée à Lénine, notre façon de formuler la question visait à servir les objectifs politiques de notre mouvement dans la situation donnée. Nous n'avons pas ignoré la légalité, nous n'avions pas besoin de le faire, ni n'avons « préconisé » la violence comme nous en accusait l'acte d'inculpation.

Mais nous ne nous sommes pas non plus présentés comme des pacifistes ni n'avons semé d'illusions pacifistes. Loin de là. Nous avons expliqué la question de la violence et de la transformation socialiste de la société de la même manière que nos grands maîtres à penser, qui ont mené à bien une révolution, l'ont élucidée. Bien plus, nous avons justifié avec assez de franchise et de précision la violence défensive exercée par les travailleurs dans la lutte des classes qui se déroule quotidiennement de ce côté-ci de la révolution. Le compte rendu des audiences regorge de preuves montrant que nous avions bien préconisé la constitution de gardes de défense ouvrières. La déposition va plus loin — et il ne s'agit pas là d'un détail sans importance — en mettant en lumière que nous sommes passés de la parole aux actes en participant directement à l'organisation et aux activités de gardes de défense et de piquets de grève lorsque les circonstances concrètes rendaient de telles actions possibles et faisables.

Nous ne sommes pas des pacifistes. Le monde entier sait, et le procureur n'a pas eu de problèmes à le prouver une fois de plus, que la violence n'a pas été absente des grandes grèves de Minneapolis dirigées par les trotskystes et que les travailleurs n'en furent pas les seules victimes. Nous n'avons pas nié ce fait ni nous ne nous en sommes excusés. Lorsque le procureur a demandé à propos d'une des batailles qui a eu lieu pendant les grèves et dont les travailleurs sont sortis victorieux : « Est-ce là le trotskysme en train de faire ses preuves ? » il a reçu une réponse nette. Le compte rendu des audiences rapporte :

> R : Eh bien, je peux vous donner mon opinion personnelle : je suis extrêmement fier du fait que le trotskysme a eu une certaine influence sur les travailleurs pour qu'ils se protègent contre ce type de violence.
>
> Q : Eh bien, de quelle sorte de violence voulez-vous parler ?
>
> R : C'est à cela que les auxiliaires devaient servir : à chasser les travailleurs des rues de la ville. Ils ont eu la monnaie de leur pièce. Je pense que les travailleurs ont le droit de se défendre. Si c'est de la trahison, qu'on en fasse ce que l'on voudra.

Dans cette déposition, nous avons dit tout ce qu'il faut dire sur la question de la violence dans la lutte des classes quotidienne, tout comme dans le passage déjà cité nous en avons dit suffisamment à propos de la violence et de la transition au socialisme. Si cette façon de présenter les choses n'a pas aidé le procureur dans son travail, nous pouvons répéter : ce n'était pas notre devoir. Si l'on nous objecte que, même dans cet exemple de la grève de Minneapolis qui porte sur un cas indubitable de violence ouvrière, nous avons insisté sur sa nature *défensive*, nous ne pouvons que répondre : dans la vraie vie, la différence entre une prudente formulation défensive et des « appels à l'action » à la légère est finalement la même, d'habitude, que la différence entre une action véritable et le simple fait d'en parler.

4. UNE TRANSITION PACIFIQUE ?

Pendant le procès, nous avons répété avec insistance que nous *préférons* une transition pacifique au socialisme et que nous n'allons recourir à la violence qu'en tant que mesure défensive, ce qui suscite les objections et les sarcasmes de notre détracteur. « En outre, dit Munis, pourquoi ne pas demander pardon de nous voir obligés d'employer la violence contre la bourgeoisie ? » Il est possible que d'autres jugeront nos formulations comme manquant d'agressivité et de combativité mais, étant plus indulgents que Munis, considéreront qu'il s'agit là d'un euphémisme légal, justifiable étant donné les circonstances. Il est certain que notre façon de formuler les choses a renforcé notre position d'un point de vue légal et nous n'avons pas hésité à l'exploiter. Aussi, selon nous, le fait de déclarer que nous, trotskystes, préférons une transformation pacifique de la société est une bonne approche propagandiste des travailleurs américains aux idées démocratiques. Ces deux considérations sont très importantes, mais nous sommes tout à fait prêts à reconnaître qu'elles ne peuvent pas justifier l'utilisation d'un énoncé faux ou hypocrite ou d'un énoncé qui contredirait un principe.

Nous n'avons pas été coupables d'un tel manquement au devoir. Ici aussi, nos formulations sont les formulations des grands maîtres du marxisme. Ils n'ont pas seulement insisté sur le caractère *désirable* d'une transformation pacifique de la société. Dans certaines circonstances exceptionnelles, ils ont considéré comme possible une telle révolution pacifique. De notre côté, nous avons rejeté toute perspective de ce genre aux États-Unis, mais en même temps nous avons déclaré que nous la favorisons et avons accusé la bourgeoisie au pouvoir d'être l'instigatrice de la violence. Ce faisant, nous sommes restés parfaitement loyaux à la doctrine et à la tradition marxistes.

À la barre des témoins de Minneapolis, nous avons mentionné l'opinion de Marx et Engels quant à l'Angleterre du 19e siècle. Voici la citation précise d'Engels :

> À un pareil moment, sans aucun doute, on devrait écouter la voix d'un homme dont toute la théorie est le résultat d'une vie passée à étudier l'histoire et les conditions économiques de l'Angleterre et qui a été amené par cette étude à la conclusion qu'en Europe du moins, l'Angleterre est le seul pays où la révolution sociale inévitable pourrait se faire par des moyens pacifiques et légaux. Certes, il n'a jamais oublié d'ajouter qu'il ne s'attendait guère à ce que les classes dominantes en Angleterre se soumettent à cette révolution pacifique et légale sans faire une « rébellion esclavagiste. » (Engels, préface à l'édition anglaise du *Capital* de Marx, éd. du Progrès, Moscou, 1982, livre 1, p. 34.)

Nous aurions dû ajouter que les conditions qui prévalaient en Angleterre du temps de Marx n'existent plus et que, par conséquent, ses prévisions sont périmées et ne sont plus applicables. En tout cas, nous avons été clairs à ce sujet en ce qui concerne les États-Unis.

Dans *Terrorisme et communisme*, un livre entièrement consacré au fétichisme démocratique bourgeois de Kautsky, Trotsky défend la violence de la révolution prolétarienne en tant qu'arme *qui lui est imposée* par la violence de la bourgeoisie contre-révolutionnaire. Mais jamais n'y renonce-t-il à une préférence pour la voie pacifique. Dans son introduction à la deuxième édition en anglais, publiée en Angleterre sous le titre de l'éditeur *In Defense of Terrorism* [Défense du terrorisme], il explique comme suit sa position :

> Les fabiens objecteront peut-être que le prolétariat anglais est entièrement libre de s'emparer du pouvoir par les moyens parlementaires, d'opérer d'une manière pacifique, légale et graduelle toutes les transformations nécessaires dans le système capitaliste et que, de cette façon, il peut non seulement rendre inutile le terrorisme révolutionnaire, mais encore saper le sol sous les pieds des aventuristes contre-révolutionnaires. Il est possible qu'une perspective de ce genre a à première vue paru particulièrement convaincante à la lumière des très grands succès électoraux du Parti travailliste. Mais à première vue seulement et encore d'une façon très superficielle. L'espoir des fabiens, *je crains*, doit être exclue dès le début. *Je dis « je crains » parce que le fait de passer par des moyens pacifiques, parlementaires à un nouvel ordre social présenterait à coup sûr de sérieux avantages du point de vue des intérêts de la culture et par conséquent du socialisme*. Mais rien n'est plus funeste en politique que de prendre ses désirs pour ce qui est possible. (Trotsky, Introduction à la deuxième édition anglaise, *In Defense of Terrorism*, p. v. C'est nous qui soulignons [6].)

Nous avons essayé de dire la même chose au tribunal, dans nos propres mots et de notre façon, en fonction des circonstances. Cette formulation classique de la question attribue aux avantages légaux et propagandistes de notre « préférence pour une

6. Notre traduction de l'anglais. Ce passage n'est pas traduit dans la version abrégée de la préface à la deuxième édition anglaise publiée en postface à l'édition de 1963 de ce livre par les éditions 10/18. La préface elle-même n'est pas traduite dans l'édition de 1980 des éditions Prométhée. NOTE DE LA TRADUCTION

transition pacifique » la place qui leur revient, aux côtés et de manière subordonnée aux considérations les plus importantes : les « intérêts de la culture et par conséquent du socialisme. »

Trotsky, encore lui, dans son introduction au livre *The Living Thoughts of Marx* [La pensée vivante de Marx], prédit une révolution violente aux États-Unis. Mais il ne néglige pas d'en rejeter la responsabilité sur la classe dirigeante et d'exprimer une autre préférence. Il écrit :

> Il serait mieux évidemment d'atteindre ce but d'une manière pacifique, graduelle et démocratique. Mais un ordre social qui se survit à lui-même ne cède jamais la place à son successeur sans résistance. (Trotsky, « Karl Marx : Le marxisme et notre temps, » *Marx vu par Trotsky*, Paris, Buchet/Chastel, 1970, p. 63.)

Les bolcheviks ne sont pas responsables de la violence

Ainsi que nous l'avons déjà montré, Lénine a si souvent rejeté les accusations tendant à rendre les bolcheviks responsables de la violence que plus d'un critique de cette époque révolutionnaire, atteint de radicalisme et impatient d'« agir », aurait bien pu lui reprocher le « caractère euphémique et édulcoré » de ses déclarations et le railler en lui posant ironiquement la question : « En outre, pourquoi ne pas demander pardon ? » Quoi qu'il en soit, alors qu'il préparait l'action de masse la plus grandiose de l'histoire au moyen de la propagande, Lénine a insisté jusqu'à la fin sur le fait qu'il préférait la voie pacifique.

Les 9-10 octobre, il a promis un soutien « sans réserve » aux soviets s'ils prenaient le pouvoir et assuraient ainsi un développement pacifique :

> Le prolétariat ne reculera devant aucun sacrifice pour sauver la révolution, ce qui est impossible en dehors du programme exposé ci-dessus. Mais le prolétariat soutiendrait sans réserve les soviets s'ils tentaient la dernière chance d'assurer le développement pacifique de la révolution. (Lénine, *Oeuvres*, vol. 26, p. 62.)

Dans le même article, il a soutenu que, même si c'était tard, les soviets avaient la possibilité — « probablement leur dernière chance » — d'assurer un développement pacifique :

> Une fois le pouvoir entre leurs mains, les soviets pourraient à présent encore — et c'est probablement leur dernière chance — assurer le développement pacifique de la révolution, l'élection pacifique des députés du peuple, la lutte pacifique des partis au sein des soviets, la mise à l'épreuve du programme des différents partis par la pratique, le passage pacifique du pouvoir d'un parti à un autre. (Lénine, *Oeuvres*, vol. 26, p. 62.)

Le 29 septembre encore, il a affirmé qu'en Russie, dans des conditions uniques qu'il a qualifiées de « moment historique [...] exceptionnel, » une transformation pacifique était même *probable* :

> Le développement pacifique d'une révolution quelle qu'elle soit est en général chose extrêmement rare et difficile, la révolution étant l'aggravation extrême des contradictions de classe les plus graves. Mais dans un pays agricole, où l'alliance du prolétariat et de la paysannerie *peut* donner la *paix* aux masses épuisées par la guerre la plus injuste et la plus criminelle

> et donner *toute la terre* aux paysans, dans un tel pays, à un moment historique aussi exceptionnel, le développement pacifique de la révolution est *possible* et *vraisemblable* si tout le pouvoir est transmis aux soviets.
>
> Au sein des soviets, la lutte des partis pour le pouvoir peut se dérouler pacifiquement si la démocratie des soviets est totale, si on renonce à ces « menus larcins, » à ces « entorses » données aux principes démocratiques, par exemple l'octroi aux soldats d'un représentant pour 500 électeurs et aux ouvriers d'un pour 1000. Dans une république démocratique, ces menus larcins sont condamnés à disparaître. (Lénine, *Oeuvres*, vol. 26, p. 29.)

Dans son *Histoire de la révolution russe,* Trotsky explique cette stratégie des bolcheviks, qui n'était pas contaminée par le fétichisme de la violence :

> Le passage du pouvoir aux soviets aurait marqué directement le passage du pouvoir aux conciliateurs. Cela pouvait s'accomplir pacifiquement, tout simplement en mettant à la retraite le gouvernement bourgeois qui reposait sur la bonne volonté des conciliateurs et sur des restes de confiance dans les masses. La dictature des ouvriers et des soldats était un fait, à dater du 27 février. Mais les ouvriers et les soldats ne se rendaient pas compte du fait comme il convenait. Ils avaient confié le pouvoir aux conciliateurs qui, à leur tour, l'avaient transmis à la bourgeoisie. Le calcul des bolcheviks visant à un développement pacifique de la révolution reposait non sur l'espoir que la bourgeoisie remettrait de bon gré le pouvoir aux ouvriers et aux soldats, mais

> que les ouvriers et les soldats empêcheraient en temps voulu les conciliateurs de céder le pouvoir à la bourgeoisie.
>
> La concentration du pouvoir dans les soviets, sous un régime de démocratie soviétique, eût ouvert aux bolcheviks l'entière possibilité de devenir une majorité dans les soviets et, par conséquent, de créer un gouvernement sur les bases de leur programme. Pour atteindre ce but, il n'était nullement besoin d'une insurrection armée. La substitution des partis au pouvoir aurait pu s'accomplir pacifiquement. Tous les efforts du parti, depuis avril jusqu'en juillet, avaient pour but d'assurer le développement pacifique de la révolution par l'intermédiaire des soviets. « Expliquer patiemment » : telle était la clé de la politique bolchevique. (Trotsky, *Histoire de la révolution russe,* Le Seuil, Paris, vol. 2 : Octobre, 1995, p. 331-332.)

Rédigées par les deux plus grands dirigeants du marxisme en action, ces lignes devraient être instructives pour tous les militants révolutionnaires. Les propos sincères et sérieux de Lénine sur un « développement pacifique de la révolution, » son offre de « faire des compromis » afin de lui donner « la dernière chance, » l'affirmation sommaire de Trotsky pour qui « la clé de la politique bolchevique » avait été la simple prescription : « expliquer patiemment » — tout ceci montre que Lénine et Trotsky étaient dépourvus de toute grandiloquence radicale sur la violence. Mais en revanche, ils ont organisé une révolution prolétarienne victorieuse.

Et ils s'étaient tellement bien préparés que le passage du pouvoir à Petrograd s'est effectué sans beaucoup de violence. Nous n'avons pas falsifié l'histoire lorsque nous avons dit au tribunal qu'il y avait eu « seulement quelques bagarres, c'est tout. » La violence est venue plus tard, initiée par la « rébellion esclavagiste » qui a finalement été écrasée par la force de masse du peuple dirigé par le Parti bolchevique. Pour ceux qui veulent être marxistes, ces faits éloquents donnent une certaine autorité aux explications et aux formulations de Lénine et de Trotsky.

5. « SE SOUMETTRE À LA MAJORITÉ »

Le camarade Munis n'est pas satisfait de nos affirmations au procès selon lesquelles « nous nous soumettons à la majorité. » Les partisans d'Oehler aussi n'ont que du mépris pour cette déclaration, qu'ils présentent comme une espèce de répudiation capitularde de nos principes dans le but d'impressionner le jury. Toutes ces suppositions n'ont aucun fondement. Notre « soumission à la majorité » n'a pas été expliquée pour la première fois au procès. Nous l'avions déjà énoncée avant le procès et l'avons encore répétée après le procès. C'est une présentation correcte de notre position parce qu'elle correspond aussi bien à la réalité qu'à la nécessité. De plus, nos maîtres marxistes l'ont énoncée avant nous. C'est d'eux que nous l'avons apprise.

Que pouvons-nous faire d'autre que « nous soumettre à la majorité » si nous sommes des marxistes et non pas des blanquistes ou des anarchistes confus ? L'occasion est bien choisie pour examiner cette question parce que nous croyons que tout propos inconsidéré concernant une mystérieuse « action » — censée être possible pour nous alors que nous demeurons non seulement une minorité, mais une minorité toute petite et numériquement insignifiante — ne peut que désorienter dangereusement le parti. Une présentation de la position marxiste sur cette question peut également servir d'antidote à tout vestige de la tradition semi-blanquiste des premières années du Comintern en Amérique.

Aux États-Unis (et pas seulement ici), les premiers communistes ont appris la victoire des bolcheviks en Russie bien avant de connaître la méthode politique et les techniques de propagande qui leur avaient permis de gagner l'appui de masse nécessaire à la prise du pouvoir. Leurs premières impressions étaient sans aucun doute marquées par les comptes rendus de la presse capitaliste, qui présentaient la révolution comme un coup d'État conçu par un petit groupe. Cette conception déformée a été parfaitement illustrée dans le titre donné à l'édition américaine de la brochure classique de Trotsky intitulée *Terrorisme et communisme*, que la maison d'édition du parti a publiée en 1922 sous le titre tout à fait trompeur de *Dictature ou démocratie*. Nous avons pour ainsi dire pris la « dictature » et généreusement laissé à la bourgeoisie toute prétention à la « démocratie ».

Il s'agissait là d'une concession bien trop importante, que l'on peut peut-être pardonner à un jeune mouvement sans connaissance adéquate de l'essence démocratique du programme bolchevique mais qui n'est plus de mise aujourd'hui. La bourgeoisie a toujours essayé de dépeindre le communisme comme un « complot criminel » afin d'en détourner les travailleurs dont les sentiments sont profondément démocratiques. C'était encore son but au procès de Minneapolis. C'était notre tâche au procès de faire le maximum pour réfuter cette présentation déformée et souligner la base démocratique de notre programme. Non pas afin d'apaiser nos ennemis et persécuteurs comme on le prétend, mais afin de faire connaître la vérité à nos amis, les travailleurs américains.

On ne peut avoir le beurre et l'argent du beurre. Nous devons soit « nous soumettre » à la majorité et nous limiter à faire de la propagande en vue de rallier la majorité à notre cause. Ou nous devons prendre le pouvoir, ou plutôt *essayer* de prendre le pouvoir, et casser le cou du parti dans des « actions » minoritaires.

Les grands marxistes tranchent cette question de façon claire et concluante. Pendant le procès, lorsque nous avons exprimé notre position sur le fait de « nous soumettre » à la majorité, nous n'étions pas en train de nous « croiser les bras » ni de faire d'« opportunistes » déclarations de « passivité vis-à-vis de la guerre impérialiste » ainsi qu'on nous le reproche. Rien de la sorte. La déposition affirme de manière répétée et avec suffisamment d'insistance que, tout en nous « soumettant à la majorité » — c'est-à-dire que nous n'effectuerons ni insurrections ni putschs minoritaires — nous nous organisons, nous parlons, nous écrivons et nous « expliquons ». En d'autres mots, nous faisons de la *propagande* en vue de rallier la *majorité* à notre programme, qui est le programme de la révolution sociale.

Nous n'avons pas non plus simplement essayé « d'impressionner favorablement le jury sans tenir compte du fait [que nous devrions] parler pour les masses. » Il est certain que nous n'avons pas stupidement ignoré le jury, qui avait entre ses mains le sort de 28 camarades, sans parler de la légalité du parti. Mais nous parlions également, et *surtout*, « pour les masses. » Nous avons déposé en pensant avant tout à être publiés. Nous avons délibérément cherché à convaincre ceux qui liraient la déposition sous forme écrite que le mouvement prolétarien que nous aspirons à diriger est *véritablement* un mouvement *démocratique* et pas un « complot », comme le procureur et toute la presse capitaliste essayeraient de le faire croire et que des discoureurs inconsidérés pourraient inconsciemment aider à le dépeindre. Il ne s'agit pas d'une combine visant à faire passer le pouvoir des mains d'une clique aux mains d'une autre clique, mais d'un mouvement de la majorité dans l'intérêt de la majorité.

De plus, il convient aussi de dire franchement que cette déposition était aussi délibérément conçue pour donner un choc éducatif aux membres et sympathisants de notre mouvement qui, aujourd'hui encore, jouent toujours avec l'idée de trouver des raccourcis au socialisme grâce à une mystérieuse recette pour l'« action ».

Les grands marxistes ont tous parlé à l'unisson sur ce sujet.

Premier énoncé des principes fondamentaux du socialisme scientifique, le *Manifeste communiste* définit ainsi le mouvement d'émancipation du prolétariat en contraste à tous les autres mouvements d'émancipation que l'histoire a connus :

> Tous les mouvements historiques ont été jusqu'ici des mouvements de minorités ou dans l'intérêt de minorités. Le mouvement prolétarien est le mouvement conscient, indépendant, de l'immense majorité dans l'intérêt de l'immense majorité. (Marx et Engels, *Le Manifeste communiste*, Pathfinder, p. 45 [tirage de 2009].)

La méthode politique et la stratégie communistes découlent inéluctablement de cette prémisse. Les représentants du marxisme qui font autorité n'ont jamais ni nulle part formulé la question autrement. Les marxistes ont pour objectif d'effectuer la transformation de la société *avec* la majorité et non pas *pour* la majorité. Tel était l'axe de la lutte implacable de Marx et Engels contre les blanquistes.

En 1895, dans son introduction aux *Luttes de classes en France* de Marx, Engels a ainsi résumé l'expérience de 50 années :

> Le temps des coups de main, des révolutions exécutées par de petites minorités conscientes à la tête de masses inconscientes, est passé. Là où il s'agit d'une transformation complète de l'organisation de la société, il faut que les masses elles-mêmes y coopèrent, qu'elles aient déjà compris elles-mêmes de quoi il s'agit, pour quoi elles interviennent avec leur corps et avec leur vie. Voilà ce que nous a appris l'histoire des cinquante dernières années. (Marx, *Les luttes de classes en France*, Messidor/Éditions sociales, 1984, p. 72.)

Les successeurs de Marx et Engels ont marché sur leurs traces. Les expériences de la révolution russe ont confirmé dans la réalité les prémisses posées par les fondateurs du socialisme scientifique. C'est précisément parce que Lénine et Trotsky s'étaient profondément imprégnés de ce concept qu'ils ont su comment concentrer toute leur activité sur la *propagande destinée à rallier la majorité*, qu'ils ont attendu d'agir jusqu'au moment où ils ont eu la majorité avec eux et n'ont recouru à l'« action » que lorsqu'ils ont été certains d'avoir le soutien de la majorité.

Qu'ont-ils fait entre-temps ? Ils « *se sont soumis à la majorité.* » Qu'auraient-ils pu faire d'autre ? Lénine l'a expliqué des centaines de fois, précisément pendant les mois et les jours au cours desquels les bolcheviks préparaient consciemment la lutte pour le pouvoir. Dans ses « Thèses d'avril » sur « Les tâches du prolétariat dans la présente révolution, » publiées dans la *Pravda* du 20 avril 1917 quelques jours après son retour en Russie, Lénine a écrit :

> Tant que nous sommes en minorité, nous nous appliquons à critiquer et à expliquer les erreurs

> commises, tout en affirmant la nécessité du passage de tout le pouvoir aux soviets des députés ouvriers, afin que les masses s'affranchissent de leurs erreurs par l'expérience. (Lénine, *Oeuvres*, vol. 24, p. 13.)

Des marxistes, pas des blanquistes

Quelques jours plus tard, il revient à cette question et explique la raison de cette attitude. La raison en est que « nous ne sommes pas des blanquistes, nous sommes des marxistes. » Voici ce qu'il écrit le 22 avril :

> Pour devenir le pouvoir, les ouvriers conscients doivent conquérir la majorité : *aussi longtemps* qu'aucune violence n'est exercée sur les masses, il n'existe pas d'autre chemin pour arriver au pouvoir. Nous ne sommes pas des blanquistes, des partisans de la prise du pouvoir par une minorité. Nous sommes des marxistes, des partisans de la lutte de classe prolétarienne […] contre le chauvinisme jusqu'au-boutiste, la phraséologie, la dépendance à l'égard de la bourgeoisie. (Lénine, *Oeuvres*, vol. 24, p. 30.)

Pour qu'aucun ami ou ennemi ne puisse mal le comprendre, ce n'est pas une fois, ni deux fois, mais à maintes reprises et presque continuellement qu'au cours des mois qui ont directement précédé la révolution d'octobre, Lénine a limité la tâche des bolcheviks à un travail de propagande consistant à « critiquer », « expliquer les erreurs » et « préconiser » afin de « conquérir la majorité. » Ce n'était pas là un camouflage pour l'ennemi, mais une éducation de l'avant-garde des travailleurs. Il l'a expliqué de façon théorique comme nous, suivant son exemple, nous avons essayé de l'expliquer dans un langage populaire lors du procès.

Toujours en avril 1917, réfutant les accusations de Plekhanov et d'autres qui taxaient les bolcheviks « d'anarchisme, de blanquisme, etc., » Lénine a une fois de plus expliqué la question à l'intention, comme il a dit, de « qui veut penser et apprendre. » En quelques paragraphes, il résume une thèse fondamentale, que chaque membre de l'avant-garde des travailleurs devrait apprendre par coeur :

> Je me suis entièrement prémuni dans mes thèses contre toute tentative de sauter par-dessus le mouvement paysan, ou le mouvement petit-bourgeois en général, qui n'a pas encore épuisé ses possibilités, contre toute tentative de *jouer* à la « prise du pouvoir » par un gouvernement ouvrier, contre toute aventure blanquiste, car j'ai formellement invoqué l'expérience de la Commune de Paris. Or, on le sait et Marx l'a démontré minutieusement en 1871 et Engels en 1891, cette expérience a absolument exclu le blanquisme, elle a assuré la domination directe, immédiate, inconditionnée de la *majorité* et l'activité des masses uniquement dans la mesure où cette majorité elle-même s'affirme de façon *consciente.*
>
> Dans mes thèses, j'ai tout ramené d'une façon parfaitement explicite à la *lutte pour la prépondérance au sein* des soviets de députés des ouvriers, des salariés agricoles, des paysans et des soldats. Afin de ne pas laisser l'ombre d'un doute sur ce point, j'ai *par deux fois* souligné dans mes thèses la nécessité d'un travail d'« explication » patient et opiniâtre, « en partant des besoins *pratiques des masses.* »
>
> Des ignorants ou des renégats du marxisme, tels que M. Plekhanov et ses pareils, peuvent crier à l'anarchisme, au blanquisme, etc. Qui veut penser et

> apprendre ne peut manquer de comprendre que le blanquisme est la prise du pouvoir par une minorité, tandis que les soviets des députés ouvriers, etc., sont notoirement l'organisation directe et immédiate de la *majorité* du peuple. Une action ramenée à la lutte pour l'influence *au sein* de ces soviets ne peut pas, *ne peut* littéralement *pas* verser dans le marais du blanquisme. Elle ne peut pas non plus verser dans le marais de l'anarchisme, car l'anarchisme nie *la nécessité de l'État et d'un pouvoir d'État* durant l'époque *de transition* qui va de la domination de la bourgeoisie à la domination du prolétariat. Je *défends* au contraire, avec une clarté excluant toute équivoque, la nécessité durant cette époque de l'État, non pas d'un État parlementaire bourgeois ordinaire, mais en accord avec Marx et avec l'expérience de la Commune de Paris, d'un État *sans* armée permanente, *sans* police opposée au peuple, *sans* fonctionnaires placés au-dessus du peuple. (Lénine, *Oeuvres*, vol. 24, p. 39-40.)

Expliquant encore une fois en quoi « le marxisme se distingue du blanquisme » — il considérait manifestement qu'il était absolument nécessaire pour les travailleurs avancés de le comprendre afin de toujours progresser en terrain sûr — voici ce qu'il a écrit dans une lettre au Comité central du parti datée des 26-27 septembre 1917 :

> Pour réussir, l'insurrection doit s'appuyer non pas sur un complot, non pas sur un parti, mais sur la classe d'avant-garde. Voilà le premier point. L'insurrection doit s'appuyer sur *l'élan révolutionnaire du peuple*. Voilà le second point. L'insurrection doit surgir à un

> *tournant* de l'histoire de la révolution ascendante où l'activité de l'avant-garde du peuple est la plus forte, où les *hésitations* sont les plus fortes dans les rangs de l'ennemi et *dans ceux des amis de la révolution faibles, indécis, pleins de contradictions*. Voilà le troisième point. Telles sont les trois conditions qui font que, dans la façon de poser la question de l'insurrection, le *marxisme* se distingue du *blanquisme*. (Lénine, *Oeuvres*, vol. 26, p. 13-14.)

Naturellement, quand Lénine ou tout autre marxiste parle de la nécessité pour le parti révolutionnaire d'avoir le soutien de la majorité, il veut parler de la véritable majorité dont les sentiments peuvent être mesurés de diverses façons en plus de la boîte de scrutin de l'État bourgeois. À la veille de l'insurrection, il a écrit sa critique virulente à l'encontre de Zinoviev et Kamenev qui s'opposaient à l'insurrection parce que, entre autres choses, « nous n'avons pas la majorité parmi le peuple et, sans cette condition, l'insurrection est impossible. »

Dans « Lettre aux camarades, » rédigée les 29-30 octobre, Lénine discrédite avec mépris les auteurs de cette affirmation en parlant d'eux comme de gens qui « ou bien dénaturent la vérité, ou bien sont des formalistes qui, sans tenir le moins du monde compte de la situation réelle de la révolution, désirent obtenir d'avance, à toute force, la garantie que dans tout le pays le parti bolchevique a recueilli exactement la moitié des voix plus une. » Il prend cependant la peine de démontrer que les bolcheviks ont la majorité en citant des « faits » : « les élections du 20 août à Petrograd » ; « les élections aux doumas d'arrondissement de Moscou en septembre » ; « le renouvellement des soviets » ; « la majorité des soviets paysans » qui « s'est prononcée *contre* la coalition » ; « la *masse* des soldats » ; « enfin [...] le *soulèvement paysan*. » Et il conclut son argumentation sur ce point en disant : « Non, douter aujourd'hui que la majorité du peuple suit et suivra les bolcheviks, c'est hésiter de façon honteuse. » (Lénine, *Oeuvres*, vol. 26, p. 199-201.)

Désavouant une fois de plus le blanquisme, il a écrit dans sa polémique contre Zinoviev et Kamenev :

> Un complot militaire relève du blanquisme *si* ce n'est pas le parti d'une classe déterminée qui l'organise, *si* ceux qui l'organisent n'ont pas fait état de la situation politique en général et de la situation internationale en particulier, *si* les faits objectifs n'ont pas prouvé la sympathie de la majorité du peuple pour ce parti [...]. (Lénine, *Oeuvres*, vol. 26, p. 216.)

Les 25-27 septembre, Lénine appelle le Parti bolchevique à prendre le pouvoir. Dans sa lettre célèbre adressée « au Comité central, aux Comités de Petrograd et de Moscou du Parti ouvrier social-démocrate de Russie, » avec la logique et la franchise qui le caractérisent, Lénine formule sa prémisse et sa conclusion dans la première phrase :

> Ayant obtenu la majorité aux soviets des députés ouvriers et soldats des deux capitales, les bolcheviks peuvent et *doivent* prendre en mains le pouvoir.

Il ne s'embarrassait pas d'une majorité « formelle » ; « *cela*, aucune révolution ne l'attend. » Par contre, il était sûr de la *véritable* majorité. Il a insisté sur le fait qu'il fallait faire la révolution « d'emblée », pas plus tôt ou plus tard, parce que :

> La majorité du peuple est *pour* nous. La preuve en a été faite au cours du chemin long et ardu qui va

> du 19 mai au 12 août et au 25 septembre : dans les soviets des deux capitales, la majorité *résulte* de l'évolution du peuple *vers notre parti*. Les hésitations des socialistes-révolutionnaires et des mencheviks, le renforcement des internationalistes au sein de ces deux groupes le prouvent aussi. (Lénine, *Oeuvres*, vol. 26, p. 10 et 12.)

Au procès de Minneapolis, le procureur a essayé de nous faire condamner, ainsi que cela figure dans l'acte d'accusation, pour « complot avec intention de renverser le gouvernement par la force et la violence. » Nous avons réussi à réfuter cette accusation et le jury a rejeté l'inculpation portant sur ce point. L'élément qui nous a permis de réfuter le plus efficacement cette accusation absurde lancée contre notre petit parti a été notre exposé des fondements démocratiques du programme prolétarien, du fait que le parti s'appuie sur la majorité pour réaliser son programme et de l'obligation qui en découle pour lui, tant qu'il est minoritaire, de « se soumettre à la majorité. » En faisant cet exposé, nous avions en tête un objectif juridique, mais pas seulement un objectif juridique. Comme pour l'ensemble de la déposition, nous cherchions d'abord à expliquer et simplifier nos vues et nos objectifs pour les travailleurs qui liraient le texte des procédures une fois qu'il serait publié.

Nous avons également pensé qu'il ne serait pas inutile de présenter à nouveau la position marxiste sur ce sujet pour les membres de notre propre mouvement. Peut-être serait-ce même nécessaire. La discussion qui s'est engagée sur cette question prouve seulement que cette dernière supposition était plus proche de la vérité que nous ne le pensions à l'époque. Le socialisme est un mouvement démocratique et son programme, le programme du parti d'avant-garde, n'est réalisable qu'avec l'appui de la majorité. La tâche fondamentale du parti tant qu'il est minoritaire consiste à « faire de la propagande pour rallier la majorité. » Affirmer cela ne revenait pas à capituler devant les préjugés du jury. C'est ce que Marx et Lénine enseignent, ainsi que le montrent les citations précédentes.

6. LE MARXISME ET LA GUERRE

Notre insistance pendant le procès sur le fait que nous n'entreprenons des actions révolutionnaires qu'avec le soutien de la majorité, pas en ignorant cette dernière, a aussi suscité une critique de notre attitude vis-à-vis de la guerre. Mais cette critique n'est pas plus fondée que les autres et ne peut pas non plus faire appel à l'autorité de Lénine.

Le camarade Munis cite en la désapprouvant vivement notre réponse à une question hypothétique concernant l'attitude que nous adopterions dans le cas où les États-Unis entreraient en guerre (cela se passait avant la déclaration de guerre) :

> Le gouvernement a pris la décision d'aller en guerre et la majorité des gens l'acceptent. Nos camarades doivent s'y conformer.

Munis élargit le fossé qui sépare de la nôtre sa compréhension de la politique révolutionnaire en exprimant un fort désaccord avec cette déclaration, qui nous paraît parfaitement correcte et nécessaire. Il dit :

> Premièrement, il n'est pas vrai que : « Le gouvernement a pris la décision d'aller en guerre et la majorité des gens l'acceptent. » Cette affirmation peut être critiquée très vigoureusement : c'est une affirmation que nous condamnerions très

> énergiquement si elle venait d'un centriste. Au lieu d'accuser le gouvernement d'envoyer le peuple américain au massacre contre la volonté de la majorité, au lieu de l'accuser avec force devant les masses et de leur montrer comment la majorité parlementaire agit contre la majorité du peuple, Cannon souscrit à la décision de Roosevelt comme si elle correspondait à la majorité du peuple.

Ce discours enflammé ne fait preuve d'aucune logique, d'aucun léninisme, d'aucune compréhension de ma déclaration et n'offre aucune réponse à cette dernière. « Premièrement, » je n'ai pas « souscrit à la décision de Roosevelt comme si elle correspondait à la majorité du peuple. » J'ai dit : « la majorité des gens acceptent (hypothétiquement) la décision, » une décision « prise » par d'autres car on ne peut évidemment pas « accepter » une décision que l'on a soi-même prise. Mais il ne s'agit là que d'un point sans grande importance, qui montre que le témoignage a été lu sans soin avant d'être critiqué avec encore moins de soin [7].

---

7. Ce même manque de soin apporté par Munis à la lecture du témoignage l'amène allègrement à nous décrire comme des gens qui demandent « l'expulsion du parti des militants qui organisent des actions de protestation dans l'armée » et interdisent « les mouvements d'agitation et de protestation dans l'armée. » Au contraire, nous avons défendu le droit à de tels mouvements d'agitation et de protestation, ainsi qu'une lecture pas trop hâtive de la déposition le prouvera à toute personne intéressée. Ce que nous « interdisons », ce sont les actes individuels futiles et suicidaires d'insubordination et d'obstruction par des membres de notre petit parti, des actes qui ne pourraient que les isoler de la masse des soldats dans les conditions données et jouer à l'encontre de notre objectif de rallier la majorité. Ce n'est pas la même chose que d'« interdire les mouvements d'agitation et de protestation dans l'armée. »

La réalité en fait, c'est que la majorité *accepte* et *soutient*, soit activement soit passivement, la « décision d'aller en guerre. » C'est un fait incontestable, confirmé par l'absence totale d'opposition de masse. C'est cette attitude de la majorité dont nous devons tenir compte. Le fait que la décision a été *prise* par d'autres ne nous aide pas. C'est l'attitude des masses vis-à-vis de cette décision dont nous devons tenir compte.

Que pouvons-nous et que devons-nous faire en tant que léninistes tant que les masses gardent leur attitude actuelle ? Voilà la question. Afin de clarifier notre position, il est nécessaire de compléter la réponse donnée au tribunal et que Munis a coupée au milieu. Il s'arrête à : « Nos camarades doivent s'y conformer, » sans ajouter les phrases qui expliquent ce que « s'y conformer » signifie. Voici ces phrases explicatives :

> Ceux qui sont sujets au service militaire doivent l'accepter avec tous les autres de leur génération, et aller accomplir le devoir qui leur est imposé *jusqu'au jour où ils convaincront la majorité d'une autre politique.*

Une fois reconstituée dans son entièreté, la citation commencc à avoir un aspect quelque peu différent de celui que Munis lui avait hâtivement donné. Ce n'est rien de plus ni de moins qu'un avertissement lancé aux travailleurs d'avant-garde susceptibles d'être appelés sous les drapeaux pour qu'ils aillent avec « tous les autres de leur génération » et ne gaspillent pas leur énergie et leur combativité en s'engageant dans des actions de résistance individuelle, en refusant de faire leur service militaire, etc. Cet avertissement était-il juste ? Et était-il nécessaire ? En ce qui concerne la justesse de l'avertissement, du point de vue du léninisme, il suffira de donner deux citations qui font autorité. La première est un passage représentatif de ce que Lénine a écrit pendant la première guerre mondiale :

> Le refus du service militaire, la grève contre la guerre, etc., ne sont que pures sottises, qu'un rêve misérable et craintif d'une lutte sans armes contre la bourgeoisie armée, qu'un voeu souhaitant la destruction du capitalisme sans une ou plusieurs guerres civiles acharnées. (Lénine, *Oeuvres*, vol. 21, p. 34.)

La deuxième citation est extraite des thèses fondamentales, *La guerre et la Quatrième Internationale* :

> Si le prolétariat se révèle impuissant à empêcher la guerre au moyen de la révolution — et elle est l'unique moyen d'empêcher la guerre — les travailleurs, avec le peuple entier, devront *participer à l'armée et à la guerre*. (Trotsky, *Oeuvres*, vol. 4, Paris, ÉDI, p. 82.)

Cette vérité est censée être connue de tous les révolutionnaires. Mais il n'en fut pas toujours ainsi. Pendant la première guerre mondiale, beaucoup des meilleurs militants prolétariens aux États-Unis ne connaissaient pas d'autre moyen d'exprimer leur opposition de principe à la guerre impérialiste que la résistance individuelle à la conscription, le rejet et le refus du service militaire, etc. Beaucoup d'énergie et de courage précieux ont ainsi été gaspillés. En témoignant devant le tribunal avec l'idée que la déposition serait publiée, nous avons présumé que les militants ouvriers du rang qui ignorent encore les tactiques de Lénine pourraient lire cet avertissement et être amenés par cet avertissement à « accepter » avec les masses — « jusqu'au jour où ils convaincront la majorité d'une autre politique. » C'est d'abord à eux que nous nous sommes adressés.

Ce que nous avons appris de Lénine

Nous étions bien loin de penser « souscrire à la décision de Roosevelt » ou devoir défendre ce principe aussi élémentaire au sein de notre propre mouvement. Nous voulions simplement dire, en des termes et sur un ton qui nous paraissaient les plus efficaces du point de vue de la propagande dans les circonstances, ce que Lénine a dit en février 1915 :

> Que devaient donc faire les socialistes belges ? Puisqu'ils ne pouvaient pas accomplir la révolution sociale avec les socialistes français, etc., il leur fallait sur le moment se soumettre à la majorité de la nation et partir pour la guerre. […] « Citoyens de Belgique ! […] Nous sommes en minorité, je me plie à votre volonté et m'en vais à la guerre, mais à la guerre aussi je prônerai et je préparerai la guerre civile des prolétaires de tous les pays, car en dehors d'elle il n'y a pas de salut pour les paysans et les ouvriers de la Belgique et des autres pays ! » (Lénine, *Oeuvres*, vol. 21, p. 119.)

Lénine, voyez-vous, « se soumet à la majorité. » Pendant qu'il est en minorité, que fait-il ? Il « prône » et « prépare ». Si cette politique « peut être critiquée très vigoureusement, » alors c'est Lénine qu'il faut critiquer. C'est lui l'auteur de cette politique. Nous avons appris de lui.

Munis cite une phrase de la déposition : « Nous ne soutiendrions pas la guerre d'un point de vue politique. » Bon, même isolée, cette simple phrase est parfaitement correcte. Mais Munis en est très mécontent.

« Pourquoi alors, demande-t-il, rester si dangereusement ambigu ? Je ne vois qu'une raison : nos camarades ont commis la très grave erreur de parler pour un jury petit-bourgeois en pensant au présent plus immédiat, sans anticiper les luttes futures. N'aurait-il pas mieux valu dire : « Bourgeois américains, nous nous soumettons à votre guerre parce que la violence de votre société nous l'impose, *la violence physique de vos armes*. Mais les masses *vont* se retourner contre vous. À partir d'aujourd'hui, notre parti est *avec* les masses dans une lutte irréconciliable contre votre régime d'oppression, de misère et de boucherie. Nous lutterons donc contre votre guerre *par tous les moyens*. » (C'est nous qui soulignons.)

Ce substitut agitationnel à la position que nous avons tirée au clair lors du procès est faux du début à la fin, comme nous allons le montrer.

La déposition explique ce que nous voulons dire par « opposition politique. »

> R : Nous voulons dire par là que nous n'apportons pas le moindre soutien à une guerre impérialiste. Nous ne votons pas pour elle, nous ne votons pas pour quiconque en fait la promotion, nous ne parlons pas en sa faveur, nous n'écrivons rien en sa faveur. Nous nous y opposons.

Une déclaration de guerre par les États-Unis ne modifierait pas notre position :

> Q : Si les États-Unis se joignaient au conflit européen, quelle forme prendrait l'opposition du parti à la guerre ?
>
> R : Nous maintiendrions notre position.

Q : Et c'est-à-dire ?

R : C'est-à-dire que nous ne deviendrions pas des partisans de la guerre, même après qu'elle ait été déclarée. C'est-à-dire que nous resterions un parti politique d'opposition sur la question de la guerre comme sur d'autres.

Q : Vous ne soutiendriez pas la guerre ?

R : C'est ce que je veux dire, nous ne soutiendrions pas la guerre d'un point de vue politique.

Pendant le contre-interrogatoire mené par le procureur, nous avons accentué et précisé notre position :

Q : Et vous chercherez à utiliser la guerre, pendant la guerre, pour détruire la forme actuelle de gouvernement, n'est-ce pas ?

R : Eh bien, ce n'est pas un secret que nous voulons changer cette forme de gouvernement.

Q : Et vous anticipez avec impatience la guerre qui s'annonce, c'est bien cela, comme le moment où vous pourriez être capable d'y arriver ?

R : Oui, je pense que la guerre qui s'annonce affaiblira sans aucun doute les gouvernements impérialistes de tous les pays.

Q : Vous avez dit, je crois, que vous ne soutiendrez pas la guerre. Vous ne croyez pas du tout à la défense nationale, n'est-ce pas ?

R : Pas dans les pays impérialistes, non.

Q : Je parle de ce pays-ci.

R : Je crois à 100 pour cent dans la défense de ce pays par nos propres moyens, mais je ne crois pas dans la défense des gouvernements impérialistes du monde…

Sign the Nominating Petitions for Shachtman and Paine!

Cast Your Vote For the Anti-War Candidates!

Socialist Appeal

Official Organ of the Socialist Workers Party, Section of the Fourth International

LET THE PEOPLE VOTE ON WAR

Vol. III, No. 76 — NEW YORK, FRIDAY OCTOBER 6, 1939

WAR ENTRY MOVES STEP NEARER AS "NEUTRALITY" DEBATE OPENS

An Anti-War Candidate Speaks

Aim Behind Embargo Repeal Is To Step Up Munitions Production to War-Time Speed

AFL AND CIO UNIONS JOIN FORCES AGAINST CUDAHY

Albert Goldman Begins Speaking Tour on War

Just Returned from Europe, Noted Labor Orator and Attorney Leaves on National Tour to Speak on War Crisis

WAR PROBLEMS RAISED AT A.L.P. MEETING

Deliberate Silence of ALP Executive Broken By 2 Committeemen

Election Drive Gets Off to Flying Start

Behind the Lines

"Let the People Vote on War!"--Rochester Labor

WAR--WHAT FOR? The First of a Series of Friday Night Lectures

By James P. Cannon

The Aftermath--- The Versailles Treaty

The Peace Which Prepared the New War

Friday, Oct. 6th 8:30 P.M. Irving Plaza (Irving Pl. & 15th St.) ADMISSION—25c

« Nous n'apportons aucun soutien à une guerre impérialiste. Nous ne votons pas pour elle. Nous ne parlons pas en sa faveur. Nous nous y opposons. Si le gouvernement des États-Unis déclarait la guerre, nous maintiendrions notre position. »

James P. Cannon

En haut. Le *Socialist Appeal* en octobre 1939, un mois après la déclaration de la deuxième guerre mondiale en Europe. Semaine après semaine, le Parti socialiste des travailleurs fait campagne contre l'entrée de Washington dans le carnage impérialiste.

La manchette principale dit : « L'ouverture du débat sur la « neutralité » rapproche l'entrée dans la guerre. »

> Q : Je parle du gouvernement des États-Unis tel qu'il est maintenant établi en vertu de la constitution. Vous ne croyez pas en sa défense, n'est-ce pas ?
>
> R : Pas dans un sens politique, non.
>
> Q : Vous ne croyez nullement en sa défense, c'est ça ?
>
> R : J'ai expliqué l'autre jour que si la majorité du peuple se prononce pour la guerre et y participe, nos membres et les gens que nous influençons participeront aussi à la guerre. Nous ne sabotons pas la guerre, nous n'y faisons pas obstacle, mais nous continuons à propager nos idées, à réclamer l'arrêt de la guerre et à réclamer un changement de gouvernement.

Que faut-il dire de plus ?

Lorsque M. Schweinhaut, voulant épuiser la question, a introduit le dernier paragraphe du *Manifeste de la Quatrième Internationale*, il a reçu un soutien à ce document qui était totalement dépourvue de toute « ambigüité » ou « inexactitude » :

> Q : Bon, le 29 juin 1940, le *Socialist Appeal* a publié cet extrait du rapport sur le *Manifeste de la Quatrième Internationale* : « Indépendamment du cours de la guerre, nous accomplissons notre tâche fondamentale : nous expliquons aux travailleurs l'opposition irréconciliable entre leurs intérêts et les intérêts du capitalisme assoiffé de sang ; nous mobilisons les travailleurs et les agriculteurs contre l'impérialisme ; nous prônons l'unité des travailleurs dans tous les pays belligérants et neutres ; nous appelons les travailleurs et les soldats à fraterniser dans chaque pays, et les soldats à fraterniser avec les soldats du côté opposé du front ; nous mobilisons

> les femmes et les jeunes contre la guerre ; nous poursuivons une préparation constante, persistante, infatigable de la révolution — dans les usines, dans les manufactures, dans les villages, dans les casernes, au front et dans la marine. » Vous voulez que les soldats fassent cela, c'est cela ?
>
> R : Oui, je pense que cela résume l'idée : que les soldats et tout le monde le fassent. C'est la façon de mettre fin à ce massacre.

Devant tous ces extraits du texte des procédures, on est en droit de se demander : qu'est-ce que le camarade Munis veut de nous ? Que faut-il dire de plus devant un tribunal capitaliste ou lors d'une présentation propagandiste populaire n'importe où ? À en juger par ce qu'ils ont écrit, ni Lénine ni Trotsky n'exigeraient plus de notre parti.

Trotsky, qui était profondément internationaliste, a expliqué qu'un parti socialiste minoritaire au moment où la première guerre mondiale a éclaté devait — *et pouvait seulement* — adopter une attitude d'*opposition politique* jusqu'au moment où « un changement serait apparu dans la conscience des classes laborieuses. » C'est ainsi qu'il exposait le problème dans *La guerre et l'Internationale*. Ce livre, écrit pendant la première guerre mondiale et publié aux États-Unis sous un titre choisi par l'éditeur, *The Bolsheviki and World Peace* [Les bolcheviks et la paix mondiale] est un des classiques à partir duquel notre mouvement a grandi et s'est formé. Trotsky y écrit :

> La garde avancée de la social-démocratie se sent minoritaire. Ses organisations ont été démantelées pour compléter l'organisation de l'armée. Dans de telles conditions, il est impensable que le parti se lance dans des actions révolutionnaires. Et tout ceci

n'a rien à voir avec le fait que le peuple considère favorablement ou défavorablement une guerre donnée. En dépit du caractère colonial de la guerre russo-japonaise et de son impopularité en Russie, ses six premiers mois ont presque étouffé le mouvement révolutionnaire. En conséquence, il est plutôt clair qu'avec les meilleures intentions du monde, les partis socialistes ne peuvent s'engager à faire de l'obstruction au moment de la mobilisation, c'est-à-dire à un moment où le socialisme est plus que jamais politiquement isolé.

Il n'y a donc rien de particulièrement inattendu ou décourageant dans le fait que les partis ouvriers n'ont pas opposé leur propre mobilisation révolutionnaire à la mobilisation militaire. S'ils s'étaient contentés de condamner la guerre actuelle, s'ils avaient décliné toute responsabilité dans cette guerre et refusé d'exprimer un vote de confiance dans leurs gouvernements ainsi que pour les crédits de guerre, les socialistes auraient fait leur devoir à l'époque. Ils auraient adopté une position d'attente, dont le caractère oppositionnel serait apparu clairement aux yeux du gouvernement et aussi du peuple. Leur ligne de conduite future aurait été déterminée par le cours des événements et par les changements que les événements de la guerre produiraient nécessairement dans la conscience des gens. Les liens unissant l'Internationale auraient été préservés et la bannière du socialisme n'aurait pas été souillée. Bien que momentanément affaiblie, la social-démocratie aurait gardé les mains libres pour intervenir de façon décisive sur le cours des événements dès qu'un changement serait apparu

> dans la conscience des masses laborieuses. (Trotsky, « La guerre et l'Internationale [8]. »)

Opposition politique et propagande

Trotsky a réexpliqué la même idée dans sa déposition de 1937 devant la Commission Dewey, 22 ans plus tard. Il y prescrit toujours l'« opposition politique » comme méthode révolutionnaire. À cette époque, la France avait conclu une alliance militaire avec l'Union soviétique et Stolberg lui a posé la question hypothétique :

> Vous êtes une personnalité révolutionnaire responsable. La Russie et la France ont déjà conclu une alliance militaire. Supposons qu'une guerre éclate. [...] Que diriez-vous à la classe ouvrière française quant à la défense de l'Union soviétique ? Diriez-vous : « Changez le gouvernement bourgeois français ? »

La réponse de Trotsky nous intéresse particulièrement étant donné que les États-Unis se trouvent actuellement dans la situation de la France vis-à-vis de l'Union soviétique en 1937 et que la guerre hypothétique est devenue réalité :

> Les thèses « La guerre et la Quatrième Internationale » répondent plus ou moins à cette question de la façon suivante. En France, je continuerais à m'opposer au gouvernement et je

8. Notre traduction. À l'exception de la dernière phrase, ce passage du texte de Trotsky n'est pas traduit dans l'édition en français de « La guerre et l'Internationale » publiée dans *La guerre et la révolution*, Paris, éd. La tête de feuilles, qu'on retrouve aussi sur l'internet. NOTE DE LA TRADUCTION

> développerais systématiquement cette opposition. En Allemagne, je ferais tout pour saboter la machine de guerre. Ce sont deux choses différentes. En Allemagne et au Japon, j'appliquerais des méthodes militaires autant qu'il m'est possible de combattre, contrecarrer et endommager la machine de guerre, la machine de guerre du Japon, de la désorganiser en Allemagne aussi bien qu'au Japon. En France, c'est l'opposition politique à la bourgeoisie et la préparation de la révolution prolétarienne. Les deux sont des méthodes révolutionnaires. Mais en Allemagne et au Japon, j'ai pour objectif immédiat la désorganisation de toute la machine. En France, j'ai pour objectif la révolution prolétarienne. (*The Case of Leon Trotsky* [Le procès de Léon Trotsky], Pathfinder, p. 409-410 [tirage de 2010].)

Dans ses « Thèses d'avril, » un document qui fait plutôt autorité puisqu'il s'agit du programme de la lutte révolutionnaire des bolcheviks en Russie en temps de guerre, Lénine a considéré suffisant de dire pour traiter le problème de la guerre et du gouvernement : « aucune concession, si minime soit-elle, au « jusqu'au-boutisme révolutionnaire » ne saurait être tolérée » ; « aucun soutien au gouvernement provisoire » parce qu'il s'agit d'un « gouvernement de capitalistes » ; il faut transférer le pouvoir aux soviets. Puis il ajoute :

> Étant donné l'indéniable bonne foi des larges couches de la masse des partisans du jusqu'au-boutisme révolutionnaire [...] et étant donné qu'elles sont trompées par la bourgeoisie, il importe de les éclairer sur leur erreur avec une persévérance,

> une patience et un soin tout particulier [...].
> (Lénine, *Oeuvres*, vol. 24, p. 11 et 12.)

Opposition politique (« Aucun soutien au gouvernement provisoire ») et *propagande* (« expliquer patiemment »), telles sont les armes qui ont servi à Lénine et à Trotsky pour préparer et finalement mener à terme la révolution prolétarienne. Elles nous suffiront également. Les explications propagandistes que nous avons données de notre politique de guerre dans la salle d'audience de Minneapolis ne sont ni « opportunistes » ni « équivoques ». Elles contiennent l'essentiel des enseignements et de la pratique de Lénine et de Trotsky.

Par contre, les formulations alternatives du camarade Munis contiennent une erreur après l'autre. D'après lui, nous aurions dû dire :

> Bourgeois américains, nous nous soumettons à votre guerre parce que la violence de votre société nous l'impose, la violence physique de vos armes.

Ceci n'est pas juste. Si ce l'était, nous n'aurions aucun droit de condamner les actes de résistance individuelle. Quand on enferme des travailleurs combatifs dans des prisons fascistes ou des camps de concentration à cause de leurs convictions ou activités socialistes, ils se soumettent à la « violence physique des armes, » mais uniquement parce qu'on les y contraint. Par conséquent, individus et petits groupes sont encouragés et aidés à « déserter », à s'échapper chaque fois qu'une occasion favorable se présente et sans attendre la majorité des autres prisonniers ni même les consulter au sujet de cette action. Ces « désertions » individuelles renforcent le mouvement révolutionnaire parce qu'elles rendent au prisonnier une efficacité révolutionnaire qui est largement impossible en prison. Trotsky par exemple a « déserté » deux fois de Sibérie, sans encourir la moindre critique de la part des révolutionnaires.

Mais le service militaire obligatoire en temps de guerre, c'est tout autre chose. Dans ce cas, nous nous soumettons avant tout à la *majorité des travailleurs* qui acceptent et soutiennent la guerre, soit activement soit passivement. Puisque nous ne pouvons atteindre nos objectifs socialistes sans la majorité, nous devons marcher avec elle, partager ses épreuves, courir les mêmes risques et la rallier à notre cause par une propagande fondée sur des expériences communes. Dans de telles circonstances, accepter le service militaire est une nécessité révolutionnaire. La résistance individuelle, l'objection de conscience, la désertion, etc., dans ce cas — l'exact contraire d'un prisonnier qui échappe à « la violence physique des armes » — constituent une désertion du devoir de classe. Le parti, qui soutient et aide le prisonnier qui s'échappe, condamne ceux qui refusent de se soumettre au service militaire et les déserteurs. Le prisonnier qui s'échappe se libère pour reprendre ses activités révolutionnaires. Le déserteur du service militaire se coupe des masses qui doivent faire la révolution et, de ce fait, détruit sa propre valeur.

Munis aurait voulu que nous disions : « À partir d'aujourd'hui, notre parti est avec les masses dans une lutte irréconciliable contre votre régime d'oppression, de misère et de boucherie. Nous lutterons donc contre votre guerre par tous les moyens. »

Le régime de la bourgeoisie est ici décrit avec justesse. Le reste est incorrect et contradictoire. Il « saute une étape » dans l'évolution de l'attitude des masses vis-à-vis de la guerre et c'est précisément l'étape qui doit servir de point de départ à notre propagande : *l'étape actuelle*. Dire à la bourgeoisie : « Les masses *vont* se retourner contre vous » dans l'avenir signifie simplement qu'elles ne l'ont pas encore fait.

Logiquement, on ne peut donc pas affirmer après cela : « À partir d'*aujourd'hui*, notre parti est *avec les masses* dans une lutte irréconciliable, etc. »

Aujourd'hui, à cause de toutes sortes de contraintes et de déceptions ainsi que du rôle perfide de la bureaucratie syndicale et des renégats socialistes et staliniens, les masses acceptent et soutiennent la guerre, c'est-à-dire qu'elles agissent *avec la bourgeoisie* et non pas avec nous. Le problème pour notre parti est, premièrement, de comprendre ce fait fondamental ; deuxièmement, d'adopter une attitude d'« *opposition politique* » ; et puis, sur cette base, de chercher à approcher les travailleurs honnêtement patriotes et d'essayer de les éloigner de la bourgeoisie et de les rallier à notre cause au moyen de la *propagande*. C'est la seule « action » qui s'offre à nous à l'heure actuelle en tant que petite minorité.

Il est également incorrect de dire : « Nous nous opposerons à votre guerre par *tous* les moyens. » Tant que nous sommes en minorité, nous nous battons avec les armes marxistes de l'opposition politique, de la critique et de la propagande en faveur d'un programme des travailleurs et d'un gouvernement des travailleurs. Nous rejetons les « moyens » pacifistes de l'abstention, les « moyens » anarchistes du sabotage individuel et les « moyens » blanquistes de l'insurrection d'une minorité, le putsch.

Il semblerait que l'explication erronée que Munis donne de la raison fondamentale pour laquelle un parti révolutionnaire minoritaire « se soumet » à la guerre, sa tendance à sauter un stade du développement des travailleurs et son manque de précision lorsqu'il parle de la lutte contre la guerre par « tous les moyens » — que ces erreurs le conduisent à utiliser des formulations tout aussi vagues et irréfléchies pour parler des moyens de lutte dont le parti minoritaire du socialisme révolutionnaire dispose et peut tirer profit.

Les longues tirades sur l'« action », comme si un petit parti minoritaire avait à sa disposition, en plus de sa propagande (ses « explications »), d'autres armes vaguement décrites comme des « actions » sans être explicitement définies, ne peuvent que jeter la confusion et le trouble autour de cette question et laisser la porte ouverte à des sentiments de nature anarchiste ou blanquiste. À la suite des maîtres du marxisme, nous avons pensé nécessaire d'exclure de telles conceptions afin de préserver le parti du danger de se condamner à la futilité et à la destruction avant d'avoir sérieusement entrepris ce qui est sa véritable tâche du moment : *expliquer* aux masses et rallier la majorité.

7. MARXISME ET SABOTAGE

Voilà pourquoi nous avons utilisé la tribune du procès pour parler aussi explicitement de notre rejet du sabotage. Voilà pourquoi nous avons nié aussi catégoriquement toutes les accusations à ce sujet. Non pas — avec la permission de Munis — par manque de « courage », mais parce que, en tant que marxistes, nous ne croyons pas au sabotage, au terrorisme ou à tout autre expédient qui substitue les actions d'individus ou de petits groupes à l'action des masses.

Il ne peut y avoir deux positions sur cette question. Les marxistes qui font autorité sont unanimes à ce sujet : contre le sabotage en tant que moyen indépendant de lutte révolutionnaire. Cette « arme » fait partie de l'arsenal de l'anarchisme.

Le sabotage a autrefois été à la mode dans ce pays, au cours de cette période politiquement primitive qui a précédé la première guerre mondiale. Importé de France où les anarchistes et les anarcho-syndicalistes le présentaient comme un remède miracle, le sabotage fut adopté par l'IWW, les socialistes de gauche et les intellectuels radicaux qui avaient à l'époque une coloration très anarchiste. Il a paru pendant un certain temps offrir un merveilleux raccourci vers la victoire à un mouvement qui n'accomplissait pas grand-chose dans le travail monotone d'éduquer et d'organiser les travailleurs en vue de l'action de masse.

Les conséquences de cette folie anarchiste ont été désastreuses pour l'IWW. L'apologie du sabotage n'a fait que repousser les masses et a laissé les membres de l'IWW dans une position légalement indéfendable. Afin d'éviter de s'aliéner complètement les travailleurs et de simplement préserver l'organisation face aux actions judiciaires intentées contre elle pendant la guerre, l'IWW a été contrainte de jeter en toute hâte l'« arme » du sabotage par-dessus bord.

Ceux qui se souviennent de cette malheureuse expérience, en particulier ceux qui se sont brûlés les doigts à ce jeu dangereux en tant que participants du mouvement syndicaliste américain, seront les moins enclins à recommencer à jouer avec l'idée de sabotage. Le sabotage n'est pas le mot d'ordre de la confiance et de la force prolétariennes, mais de la futilité et du désespoir petit-bourgeois.

Les thèses fondamentales *La guerre et la Quatrième Internationale* sont catégoriques à ce sujet :

> Les mots d'ordre individualistes et anarchistes d'objection de conscience, résistance passive, désertion, sabotage sont *radicalement opposés* aux méthodes de la révolution prolétarienne. (Léon Trotsky, *Oeuvres*, vol. 4, p. 82. C'est nous qui soulignons.)

Lénine a écrit :

> Non pas le *sabotage* de la guerre, non pas des interventions isolées, individuelles dans cet esprit,

> mais une *propagande de masse* (et pas seulement parmi les « civils ») menant à la transformation de la guerre en une guerre civile. [...] *Non pas saboter la guerre*, mais lutter contre le chauvinisme [...]. (Lénine, *Oeuvres*, vol. 35, p. 158-159. C'est nous qui soulignons.)

Munis s'indigne particulièrement du fait que nous rejetons le sabotage dans la déposition. Mais sa critique est erronée et, semble-t-il, sa compréhension même de la question est erronée :

« Les accusés, dit-il, se voient par conséquent obligés de condamner le sabotage en général, comme s'il s'agissait d'un acte criminel. »

Et plus loin :

> Par moments, il est évident que les accusés considèrent vraiment le sabotage comme un crime. Si je ne me trompe pas — et j'espère me tromper — c'est là une dangereuse prédisposition morale.

À cela, nous ne pouvons répondre qu'avec l'expression française : « C'est pire qu'un crime, c'est une faute. » Quant à l'aspect « moral » de la question, il n'existe pas pour nous. Nos considérations à cet égard sont exclusivement politiques.

Bien sûr, si l'on veut abandonner la précision des définitions et jeter dans la même marmite tout ce qu'on décrit vaguement comme des « actions », sans tenir compte des proportions, des circonstances et du rapport entre les actions *primordiales* et *fondamentales* d'un côté et les actions *secondaires* et *auxiliaires* de l'autre, dans ce cas nous pouvons discuter sans fin en circuit fermé. Mais le marxisme déteste l'imprécision, il appelle les choses par leur nom précis.

Pour nous, le sabotage est un acte individuel d'obstruction et de destruction, qui se substitue à l'action de masse. C'est ainsi que le marxisme le définit et, de ce fait, le condamne. Il en est de même pour le terrorisme individuel. Mais il faut comprendre que de telles actions ont une qualité lorsqu'elles servent de *substituts* à l'action de masse et une autre qualité lorsqu'elles sont subordonnées à l'action de masse et que celle-ci les absorbe. Le marxisme s'oppose aux assassinats terroristes par exemple, mais pas aux guerres de libération menées par les masses opprimées, malgré le fait que les guerres impliquent le meurtre d'individus odieux. La même chose est vraie des actes d'obstruction et de destruction qui font partie de guerres menées par les masses et leur sont *subordonnés*, pas qui leur servent de substituts. À ce moment, « terrorisme » et « sabotage » ne sont plus les mêmes choses. Tout change, y compris l'attitude des marxistes, en fonction de ce qui est *dominant* et de ce qui est *secondaire* dans les circonstances.

Ainsi, si l'on nous oppose que Trotsky préconise dans sa réponse à Stolberg le sabotage des machines de guerre allemande et japonaise, il faut souligner qu'il n'a fait cette proposition que dans l'éventualité d'une guerre contre l'Union soviétique. Dans ce cas, le sabotage en Allemagne et au Japon ne serait pas un acte révolutionnaire indépendant, mais une mesure militaire secondaire de soutien à l'action de masse de l'Armée rouge. Trotsky n'a jamais préconisé le sabotage pour renverser de l'intérieur un régime fasciste ou tout autre type de régime bourgeois.

Le camarade Munis semble accorder une vertu intrinsèque au sabotage. De notre côté, nous n'admettons le « sabotage » que comme un facteur auxiliaire secondaire dans les actions de masse, c'est-à-dire quand ce n'est plus du sabotage au sens propre du terme. La différence est plutôt fondamentale.

Munis écrit : « Je crois que le sabotage est une méthode d'usage tactique dont l'application *à certains moments* peut produire des effets contraires à ce qui est escompté. » (C'est nous qui soulignons.)

C'est mettre la question à l'envers. Le sabotage produit « des effets contraires, » non pas de temps en temps mais tout le temps lorsqu'on l'utilise seul comme substitut à l'action de masse. Comme toutes les méthodes anarchistes, il tend à désorganiser et à démoraliser le mouvement de masse qui seul peut nous conduire au socialisme par la révolution prolétarienne. Si l'on compare la formulation de Munis à celle de Trotsky dans son article « Il faut apprendre à penser, » on constate qu'il y a là deux conceptions bien différentes. Trotsky écrit :

> Le parti prolétarien n'a pas recours aux méthodes artificielles, comme de brûler des entrepôts, de poser des bombes, de saboter les trains, etc., pour provoquer la défaite de son propre gouvernement. Même s'il réussissait dans cette voie, la défaite militaire ne conduirait pas du tout à un succès révolutionnaire, un succès qui ne peut être assuré que par le mouvement indépendant du prolétariat. [...]
>
> Les méthodes de lutte changent, bien entendu, quand la lutte entre dans une phase ouvertement révolutionnaire. La guerre civile est une guerre et, sous cet angle, elle a ses lois particulières. Dans la guerre civile, le bombardement des entrepôts, le sabotage des trains et toutes les autres formes de « sabotage » militaire sont inévitables. Leur caractère adéquat est tranché par des considérations purement militaires — la guerre civile continue la politique révolutionnaire, mais par d'autres

> moyens — des moyens militaires précisément.
> (Trotsky, *Oeuvres,* vol. 17, mars-juin 1938, p. 249.)

On ne peut admettre qu'« entre guillemets » le sabotage comme arme du mouvement prolétarien, tel que Trotsky l'a expliqué. C'est-à-dire lorsque ce n'est plus du sabotage à proprement parler, mais une mesure militaire secondaire qui complète l'action de masse. Quiconque parle de « sabotage » dans tout autre cadre ne parle pas le langage du marxisme.

8. FORMULATIONS DÉFENSIVES ET RÉVOLUTION PROLÉTARIENNE

En général, on peut dire que la source de toutes les critiques formulées à l'endroit de nos commentaires au procès de Minneapolis réside dans le rejet apparent des formulations défensives auxquelles on oppose l'« action offensive. » Mais le noeud de toute la question consiste en ceci : que les formulations défensives préparent et aident à susciter de véritables actions de masse, tandis que les « appels à l'action » qui ne sont pas ainsi préparés restent généralement sans écho.

Ce n'est pas un accident si les révolutionnaires qui comprennent ceci sont précisément ceux qui se sont montrés capables d'organiser des actions quand les conditions pour le faire sont réunies. Pendant ce temps, les sectaires gauchistes qui ne comprennent pas quel est le meilleur mécanisme pour organiser des actions (c'est-à-dire précisément les formulations défensives) restent toujours seuls et isolés avec leurs slogans impatients et l'intransigeance qu'ils s'attribuent dans leur imagination.

Nos critiques expliquent notre recourt à des formulations défensives avec la théorie que notre stratégie devant le tribunal était déterminée avant tout par notre souci d'obtenir des peines légères. « Nos camarades [...] essaient d'impressionner favorablement le jury sans tenir compte du fait qu'ils devraient parler pour les masses. » Il semble que nous « ayons une politique pour les masses et une autre lorsque nous comparaissons devant un juge bourgeois. »

Pourtant, cette évaluation des motivations des accusés, qui est loin d'être flatteuse, est quelque peu contredite par le fait qu'immédiatement après le procès nous avons publié la déposition dans notre presse, puis l'avons republiée à des milliers d'exemplaires sous forme de brochure — « pour les masses. » Nous ne nions à personne le droit à son opinion quant au contenu moral de notre conduite au tribunal et nous n'avons même pas l'intention de débattre la question sur ce terrain. Dans ce domaine, « les actes sont plus éloquents que les mots. » Mais en nous basant sur les marxistes qui font autorité, nous allons tenter de donner une explication politique du rôle des formulations défensives dans l'organisation de l'action de masse prolétarienne.

Les formulations défensives sont également un moyen indispensable pour enseigner aux masses, qui ne seront pas convaincues par la théorie mais uniquement par leur propre expérience et par la propagande qui s'y rapporte. L'expérience des masses se fait dans l'ensemble en suivant la voie des actions défensives. Voilà pourquoi les formulations défensives sont les plus facilement compréhensibles et constituent la meilleure approche des masses pour les marxistes révolutionnaires. Finalement, le fait que les formulations défensives désarment partiellement l'ennemi de classe ou, en tout cas, rendent ses attaques plus difficiles et plus coûteuses est une considération tactique et légale très importante dans une démocratie bourgeoise. Pourquoi faudrait-il gâcher de tels avantages ?

Les formulations défensives conservent leur efficacité dans toutes les actions impliquant les masses — des grèves économiques les plus élémentaires à la lutte ouverte pour le pouvoir. Ceux qui aspirent à organiser des actions se doivent de le savoir.

Les grèves économiques américaines ont été explosivement violentes et la violence ne s'est pas limitée à un seul camp. La combativité instinctive des travailleurs telle qu'elle est apparue dans ces grèves semble indiquer que, lorsque le temps viendra pour de grandioses actions révolutionnaires, ces mêmes travailleurs resteront fidèles à leur tradition et ne seront pas paralysés par le quakerisme.

Mais tout dirigeant de grève digne de ce nom sait qu'on ne peut mobiliser les grévistes et les lancer dans l'action contre les briseurs de grève, les hommes de main des patrons et les flics qui violent la loi en leur faisant des discours sur les vertus de la violence et en les « appelant » à passer à l'« offensive ». Aussi combatifs et courageux soient-ils, les travailleurs préfèrent une victoire acquise par des moyens pacifiques, ce pour quoi ils ne font que faire preuve de bon sens. En outre, au début, les grévistes entretiennent presque invariablement des illusions sur l'impartialité des autorités publiques et ont tendance à supposer que celles-ci, à l'instar des patrons et de leurs mercenaires, respecteront les droits des grévistes et la justesse de leur cause.

Ils ont besoin d'expérience, qu'ils acquièrent en général assez rapidement, avant de changer d'attitude et d'entreprendre des actions combatives. Ils ont aussi besoin d'une certaine garantie que le droit légal est de leur côté. Les dirigeants de grève qui visent non pas à se faire valoir mais à remporter la grève, qui comprennent que la victoire ne peut s'obtenir que par la solidarité et l'action de masse, doivent tenir compte au point de départ de ces illusions et sentiments des travailleurs. Les dirigeants de grève ne peuvent en aucun cas commencer en lançant aux grévistes des « appels » désinvoltes à l'action offensive violente. La première tâche est d'*expliquer* le caractère implacable de la lutte, d'où les intérêts étroits des patrons excluent tout fair-play, et le rôle des autorités publiques en tant que valets des patrons. La deuxième tâche est de *prévenir* les travailleurs de s'attendre à des attaques violentes. Et la troisième tâche est de préparer et d'organiser les travailleurs à *se défendre* et à *défendre leurs droits*. C'est de cette façon et, règle générale, uniquement de cette façon que la lutte peut consciemment acquérir du rythme et de l'ampleur. Ainsi que le sait tout organisateur expérimenté d'actions de masse, les actions de masse les plus efficaces des grévistes sont organisées et menées à bien sur la base de *mots d'ordre défensifs*.

La lutte pour le pouvoir politique

Les choses ne changent pas lorsque l'action de masse des travailleurs passe du domaine élémentaire de la grève économique au sommet le plus élevé de la lutte des classes : la lutte ouverte pour le pouvoir politique. Ici aussi, l'action se développe à partir de mots d'ordre défensifs et, dans une très large mesure, sous le couvert de la légalité. Trotsky l'a démontré de façon tellement convaincante dans sa monumentale *Histoire de la révolution russe* qu'il ne reste pas d'assise pour un débat sérieux sur le sujet dans nos rangs. Au débutant, il devrait suffire de dire : voilà le livre, va et lis-le. Au critique qui s'imagine, sans y avoir réfléchi sérieusement, que les formulations défensives signifient peur de déplaire ou érosion des principes, nous disons et prouverons que c'est ainsi que la grande révolution russe a été préparée et menée à la victoire.

Voici comment Trotsky explique la question :

> La partie qui prend l'offensive a presque toujours intérêt à se présenter comme étant sur la défensive. Un parti révolutionnaire est intéressé à un camouflage légal. Le congrès imminent des soviets,

de fait un congrès d'insurrection, était en même temps le détenteur aux yeux des masses populaires, sinon de toute la souveraineté, du moins d'une bonne moitié de celle-ci. Il s'agissait du soulèvement d'un des éléments du double pouvoir contre l'autre. En en appelant au congrès comme à la source du pouvoir, le comité militaire révolutionnaire accusait d'avance le gouvernement de préparer un attentat contre les soviets. Cette accusation dérivait de la situation même. Dans la mesure où le gouvernement n'avait pas l'intention de capituler sans combat, il ne pouvait se dispenser de préparatifs pour sa propre défense. Mais par là même, il était sujet à l'accusation d'avoir comploté contre l'organe suprême des ouvriers, des soldats et des paysans. Dans la lutte contre le congrès des soviets qui devait renverser Kérensky, le gouvernement portait la main sur la source même du pouvoir d'où était sorti Kérensky.

Ce serait une erreur grossière de ne voir là que des subtilités juridiques, indifférentes au peuple : au contraire, c'est précisément sous cet aspect que les faits essentiels de la révolution se reflétaient dans la conscience des masses. (Trotsky, *Histoire de la révolution russe*, Seuil, Paris, 1950, vol. 2 : Octobre, p. 655-656 ; c'est nous qui soulignons.)

Et encore :

Bien que l'insurrection ne puisse vaincre que sous forme d'offensive, elle se développe avec d'autant plus de succès qu'elle ressemble davantage à une défensive. Un peu de cire à cacheter du gouvernement sur la porte de la rédaction

> bolchevique : comme mesure de guerre, ce n'est pas grand chose. Mais quel excellent signal pour la bataille ! (Trotsky, *Histoire de la révolution russe*, vol. 2 : Octobre, p. 583.)

La nuit de l'insurrection victorieuse, les bolcheviks ont traité les membres du gouvernement officiel de « conspirateurs » qui avaient lancé une « attaque » à laquelle il fallait résister par la force :

> Un téléphonogramme à tous les districts et unités de la garnison fait connaître ce qui s'est passé. « Les ennemis du peuple ont pris l'offensive pendant la nuit [...]. Le comité militaire révolutionnaire dirige la résistance contre l'attaque des conspirateurs. » Les conspirateurs, ce sont les organes du pouvoir officiel. Sous la plume des conspirateurs révolutionnaires, cette définition a une résonnance inattendue. Mais elle répond pleinement aux circonstances et à l'état d'opinion des masses. (Trotsky, *Histoire de la révolution russe*, vol. 2 : Octobre, p. 583.)

Cette accusation a été transmise par radio dans tout le pays. L'insurrection était justifiée comme une réponse à l'« offensive » de l'ennemi :

> Le matelot Kourkov dit dans ses souvenirs : « Trotsky nous a fait savoir qu'il fallait transmettre par radio [...] que la contre-révolution avait pris l'offensive. » Les termes de défensive, ici encore, marquaient un appel à l'offensive, adressé cette fois-ci à tout le pays. (Trotsky, *Histoire de la révolution russe*, vol. 2 : Octobre, p. 583.)

À chaque étape, alors que la lutte se développait et approchait de son point culminant, les bolcheviks s'accrochaient à leurs formulations défensives, non pas par mesquine duplicité mais parce que c'est ainsi que les événements apparaissaient aux travailleurs et aux soldats. Même lors d'une réunion des délégués bolcheviques au congrès des soviets tenue le 24 octobre, c'est-à-dire le jour de l'insurrection, ceux-ci ont encore trouvé nécessaire de conserver « l'enveloppe défensive de l'offensive. » Trotsky dit :

> Il ne pouvait être question d'exposer devant la fraction le plan de l'insurrection : ce que l'on dit dans une assemblée nombreuse, même à huis clos, se répand toujours au dehors. On ne peut même pas encore déchirer l'enveloppe défensive dont se couvre l'offensive sans risquer de provoquer un certain trouble dans la conscience de divers effectifs de la garnison. Mais il est indispensable, en même temps, de donner à comprendre que la lutte décisive est déjà commencée et que le congrès n'aura plus qu'à la parachever. (Trotsky, *Histoire de la révolution russe*, vol. 2 : Octobre, p. 586.)

Les meilleures méthodes pour la révolution prolétarienne

Le 23 octobre, un jour avant l'insurrection, une conférence de la Garde rouge de toute la ville a eu lieu à Petrograd. Les statuts adoptés par la conférence, dit Trotsky :

> …définissent la Garde rouge comme « l'organisation des forces armées du prolétariat pour combattre la contre-révolution et défendre les conquêtes de la révolution. » Notons cela : 24 heures avant

> l'insurrection, le problème est défini dans les termes d'une défensive et non d'une offensive. (Trotsky, *Histoire de la révolution russe*, vol. 2 : Octobre, p. 563.)

Étant des bolcheviks, leur « défensive » n'avait naturellement rien en commun avec la politique des bras croisés. Ils étaient préparés à toute éventualité, mais ils n'ont jamais abandonné l'avantage « d'avoir l'air sur la défensive. » Le 24, Trotsky a pris la parole à la séance des délégués bolcheviques :

> Rappelant de récents articles de Lénine, Trotsky démontre que « la conspiration ne contredit point aux principes du marxisme » si les rapports objectifs rendent possible et inévitable l'insurrection. « La barrière matérielle dans la voie du pouvoir doit être surmontée par un coup violent [...]. » Cependant, jusqu'à présent, la politique du comité militaire révolutionnaire n'a pas dépassé les cadres de la défensive. Bien entendu, il faut comprendre cette défensive d'une façon assez large. Que la presse bolchevique ait l'assurance de paraître avec l'aide de forces armées ou bien que l'*Aurore* puisse rester sur la Neva : « Est-ce là de la défensive, camarades ? C'est de la défensive ! » Si le gouvernement a projeté de nous arrêter, cette fois-ci, des mitrailleuses sont installées sur le toit de Smolny. « C'est aussi une défensive, camarades ! » (Trotsky, *Histoire de la révolution russe*, vol. 2 : Octobre, p. 586-587.)

Trotsky explique en détails comment la révolution d'octobre s'est développée pas à pas à partir de formulations défensives pendant une période de 13 ou 16 jours au cours desquels

« À chaque étape, alors que la lutte approchait de son point culminant, les bolcheviks s'accrochaient à leur formulation défensive que la contre-révolution avait pris l'initiative, parce que c'est ainsi que les événements apparaissaient aux travailleurs et aux soldats. » ***James P. Cannon***

En haut. Octobre 1917. Une patrouille de la Garde rouge ouvrière devant l'usine d'armements Mikhelson, au sud de Moscou.

En bas. Petrograd, octobre 1917. Des marins de la Baltique aident à décharger des obus pour défendre la révolution contre les capitalistes et les propriétaires fonciers.

« agirent directement des centaines de milliers de soldats et d'ouvriers, sur la défensive pour la forme, prenant l'offensive au fond. » Au terme de cette période, les masses étaient entièrement mobilisées, il restait à résoudre « un problème assez restreint : » l'insurrection, dont le succès était assuré.

> On ne peut comprendre exactement l'insurrection d'octobre qu'à condition de ne pas limiter la perspective au point final. À la fin de février, la partie d'échecs de l'insurrection fut jouée depuis la première manche jusqu'à la dernière, c'est-à-dire jusqu'à l'abandon de l'adversaire. À la fin d'octobre, la partie principale était déjà du passé et, le jour de l'insurrection, il s'agissait de résoudre un problème assez restreint : mat en deux coups. Il est par conséquent indispensable de dater la période de l'insurrection du 9 octobre, quand s'ouvrit le conflit au sujet de la garnison, ou du 12, lorsqu'il fut décidé de créer le comité militaire révolutionnaire. La manoeuvre d'enveloppement dura plus de quinze jours. La partie la plus décisive se prolongea de cinq à six jours, depuis le moment où fut créé le Comité militaire révolutionnaire. Pendant toute cette période agirent directement des centaines de milliers de soldats et d'ouvriers, sur la défensive pour la forme, prenant l'offensive au fond. L'étape finale, au cours de laquelle les insurgés rejetèrent définitivement les formes conventionnelles de la dualité de pouvoirs, avec sa légalité douteuse et sa phraséologie défensive, occupa exactement 24 heures : du 25, deux heures du matin, au 26, deux heures du matin. (Trotsky, *Histoire de la révolution russe*, vol. 2 : Octobre, p. 671-672.)

Jusqu'au moment décisif, les bolcheviks n'ont pas seulement insisté sur la forme défensive de leurs actions, ils ont aussi conservé la légalité du soviet, « laquelle était [...] regardée par les masses avec beaucoup de jalousie. » Notre défense de la « légalité » de la révolution d'octobre a dû être un choc pour M. Schweinhaut, le procureur au procès de Minneapolis. Comme tant d'autres, il s'imaginait que les bolcheviks ont dédaigneusement rejeté des futilités comme les justifications légales, même lorsqu'elles sont disponibles. Le procureur a dû être encore plus décontenancé lorsque nous avons démontré la légalité de la révolution pendant le contre-interrogatoire. Et nous étions parfaitement sincères. Trotsky a aussi expliqué cette question en réfutant le professeur Pokrovsky, qui avait essayé de ridiculiser les considérations « légalistes » des bolcheviks. Trotsky ne laissait pas passer de tels arguments, même présentés comme des remarques faites en plaisantant. Voici ce qu'il a répondu :

> Le professeur Pokrovsky nie la signification même du dilemme : le soviet ou le parti ? Les soldats ne sont aucunement formalistes, déclare-t-il avec ironie : ils n'avaient pas besoin du congrès des soviets pour renverser Kérensky. Si spirituelle que soit cette façon de poser la question, elle laisse un point non élucidé : pourquoi, en somme, créer des soviets si le parti suffit ? « Il est curieux, continue le professeur, que de cet effort pour tout faire à peu près légalement, rien ne résulta légalement du point de vue soviétique — et le pouvoir, au dernier moment, fut pris non par le soviet mais par une organisation manifestement « illégale », constituée *ad hoc*. » Pokrovsky allègue que Trotsky fut forcé, « au nom du Comité militaire révolutionnaire » et non pas

> au nom du soviet, de déclarer le gouvernement de Kérensky inexistant. Argument tout à fait inattendu ! Le Comité militaire révolutionnaire était un organe électif du soviet. Le rôle dirigeant du comité dans l'insurrection n'enfreignait en aucun sens la légalité soviétique raillée par le professeur, laquelle était pourtant regardée par les masses avec beaucoup de jalousie. (Trotsky, *Histoire de la révolution russe*, vol. 2 : Octobre, p. 665.)

Après ces explications de Trotsky sur les mots d'ordre défensifs qui ont permis aux bolcheviks d'organiser leur lutte victorieuse pour le pouvoir, il ne devrait pas être nécessaire d'ajouter quoi que ce soit sur le sujet. La méthode prend ici valeur d'autorité indiscutable de par le fait qu'elle a été non seulement exposée, mais aussi appliquée avec succès à la plus grande révolution de l'histoire. Au lieu de les répudier, il faut donc insister plus fortement encore sur les formulations défensives que nous avons employées lors du procès de Minneapolis. Ce sont les bonnes formulations pour une approche propagandiste des travailleurs américains. Et elles constituent la meilleure méthode pour mobiliser les travailleurs en vue de l'action de masse à tous les stades du développement de la révolution prolétarienne aux États-Unis.

New York, mai 1942

Glossaire

AFL – Fédération américaine du travail, fondée en 1881 sur la base des syndicats de métier. Fusionne avec le CIO en 1955 pour former l'AFL-CIO.

Billings, Warren K. (1894-1972) – Organisateur syndical, victime avec Tom Mooney en 1916 d'un coup monté à San Francisco sous des accusations de complot dans le but de commettre des attentats à la bombe. Relâché en 1939.

Boers, guerre des – Guerre impérialiste en Afrique du Sud, 1899-1902, menée par Londres contre deux républiques de colons hollandais (Boers).

Cárdenas del Río, Lázaro (1895-1970) – Président du Mexique, 1934-1940.

Carlson, Grace (1906-1992) – Dirigeante du SWP à Minneapolis et à New York. Jugée, condamnée et emprisonnée en vertu de la loi Smith pendant la deuxième guerre mondiale.

Chemises d'argent (Silver Shirts) – Organisation fasciste fondée par William Dudley Pelle en 1932. Organise des attaques contre les syndicats pendant les années 1930.

CIO – Congrès des organisations industrielles. Dans les années 1930, dirige la syndicalisation des travailleurs de l'automobile, de l'acier, de l'électricité et d'autres industries de production de masse. Fusionne avec l'AFL en 1955 pour former l'AFL-CIO.

Commune de Paris – Du 18 mars au 28 mai 1871, les travailleurs et artisans de Paris établissent leur propre gouvernement révolutionnaire, le premier exemple dans l'histoire où les travailleurs prennent le pouvoir. Les forces de la bourgeoisie française écrasent leur résistance et massacrent plus de 20 000 travailleurs dans la terreur qui suit.

Coover, Oscar (1887-1950) – Cheminot et organisateur syndical à Minneapolis. Adhère au Parti communiste en 1920, expulsé en 1928. Membre fondateur de la Ligue communiste d'Amérique en 1929, qui deviendra le SWP. Dirigeant du SWP jusqu'à sa mort.

Debs, Eugene V. (1855-1926) – Cheminot, dirigeant de la grève de 1894 contre la compagnie Pullman, fondateur du Parti socialiste en 1901. S'oppose à la première guerre mondiale impérialiste et soutient la révolution russe. Demeure au PS après la scission de 1919 qui donne naissance au Parti communiste.

Défense ouvrière internationale (International Labor Defense, ILD) – Créée par le Parti communiste en 1925, avec James P. Cannon comme secrétaire, pour défendre les travailleurs victimes de coups montés indépendamment de leur affiliation politique.

De Leon, Daniel (1852-1914) – Dirige le Parti socialiste du travail, 1890-1914. Auteur de populaires brochures sur le marxisme.

Dewey, Commission – Commission d'enquête présidée par l'éminent universitaire US John Dewey. Tient des audiences au Mexique en avril 1937 sur les accusations portées par le régime de Staline lors des procès montés de Moscou, et selon lesquelles Léon Trotsky est un « agent » du régime nazi d'Hitler, qui aurait aussi commis des « crimes contre l'État soviétique. » La Commission trouve Trotsky non coupable.

Dobbs, Farrell (1907-1983) – Adhère en 1934 à la Ligue communiste d'Amérique, qui deviendra le SWP. En est le président national de 1949 à 1953 et le secrétaire national de 1953 à 1972. Dirigeant du rang pendant les grèves des Teamsters en 1934 ; à la fin des années 1930, dirigeant central de la campagne des routiers qui syndique plus de 200 000 camionneurs du Dakota du Nord à l'Ohio. Jugé, condamné et emprisonné en vertu de la loi Smith pendant la deuxième guerre mondiale.

Dunne, Vincent R. (1890-1970) – Membre de la Fédération des mineurs de l'Ouest et membre fondateur des Travailleurs industriels du monde en 1905. Membre fondateur du Parti communiste ; expulsé en 1928. Membre fondateur en 1929 de la Ligue communiste d'Amérique, qui deviendra le SWP. Dirigeant du parti jusqu'à sa mort. Dirigeant central de la grève des Teamsters à Minneapolis en 1934. Jugé, condamné et emprisonné en vertu de la loi Smith pendant la deuxième guerre mondiale.

Engels, Friedrich (1820-1895) – Fondateur avec Karl Marx du mouvement ouvrier communiste moderne.

Goldman, Albert (1897-1960) – Dirigeant du Parti communiste à Chicago à la fin des années 1920 et au début des années 1930. Adhère à la Ligue communiste d'Amérique en 1933. Avocat de la défense des dirigeants du SWP (dont lui) inculpés, condamnés et emprisonnés en vertu de la loi Smith en 1941. Rompt politiquement avec le SWP en 1946.

Goutchkov, Alexandre (1862-1936) – Ministre de la guerre dans le gouvernement provisoire bourgeois établi par la révolution de février de 1917 en Russie, avant le triomphe des soviets des travailleurs, des paysans et des soldats dans la révolution d'octobre 1917 que dirigent les bolcheviks.

Hague, Frank (1876-1956) – Maire démocrate de Jersey City, dans le New Jersey, 1917-1947. Bien connu dans les années 1930 pour son recours aux flics, aux groupes d'anciens combattants et aux voyous à la solde des compagnies pour empêcher la formation de syndicats ; dirigeant fasciste potentiel.

Ickes, Harold (1874-1952) – Secrétaire de l'intérieur dans l'administration Roosevelt, 1933-1946.

Kamenev, Léon (1883-1936) – Bolchevik depuis 1903. Élu au Comité central en 1917, membre du Bureau politique, 1917-1926. Capitule devant la faction dirigée par Staline en 1928. Exécuté pendant les procès montés de Moscou.

Kérenski, Alexandre (1882-1970) – Chef du gouvernement provisoire avant le triomphe des soviets des travailleurs, des paysans et des soldats dans la révolution d'octobre 1917 que dirigent les bolcheviks.

La Guardia, Fiorello (1882-1947) – Maire de New York, 1934-1945. En 1937, la direction du Parti socialiste retire son candidat et appelle à voter pour La Guardia, candidat conjoint des Républicains et du « Parti de la fusion municipale » (City Fusion Party).

Lénine, V. I. (1870-1924) – Dirigeant central du Parti bolchevik en Russie à partir de 1903. Exilé en 1907. Dirige les bolcheviks dans la lutte pour remplacer le régime des capitalistes et des propriétaires fonciers par les soviets (conseils) de travailleurs, de paysans et de soldats en octobre 1917. Dirigeant central de la république soviétique des travailleurs et des agriculteurs et de l'Internationale communiste.

Lindberg, Charles A. (1902-1974) – Dirigeant du Comité pour l'Amérique d'abord (America First Committee), une organisation isolationniste basée sur une section de la classe capitaliste US qui s'oppose à l'entrée des États-Unis dans la deuxième guerre mondiale.

Lloyd George, David (1863-1945) – Premier ministre britannique, 1916-1922, membre du Parti libéral.

MacDonald, Ramsay (1866-1937) – Premier premier ministre du Parti travailliste au Royaume-Uni, 1924 et 1929-1931.

Marx, Karl (1818-1883) – Fondateur avec Friedrich Engels du mouvement ouvrier communiste moderne.

Mencheviks – Faction du Parti ouvrier social-démocrate russe, issue d'une scission en 1903 avec les bolcheviks. S'opposent à la révolution d'octobre 1917 que dirigent les bolcheviks.

Michel, Louise (1830-1905) – Combattante de la Commune de Paris de 1871, capturée, jugée et déportée en Nouvelle Calédonie, une colonie française dans l'océan Pacifique.

Mooney, Tom (1882-1942) – Organisateur syndical victime, avec Warren K. Billings, d'un coup monté à San Francisco en 1916 pour complot dans le but de commettre des attentat à la bombe. Libéré en 1939.

Nékrassov, Nikolaï V. (1879-1940) – Vice premier-ministre du gouvernement bourgeois provisoire en Russie, gouverneur général de la Finlande jusqu'à la révolution d'octobre 1917.

Oehler, Hugo (1903-1983) – Dirigeant d'une faction sectaire gauchiste dans le Parti des travailleurs, un prédécesseur du SWP.

Parti des agriculteurs et des syndicats (Farmer-Labor Party, Minnesota) – Fondé en 1918 comme une alliance de travailleurs et de petits agriculteurs pour se défendre contre l'exploitation capitaliste pendant la première guerre mondiale. Présente aux élections des candidats indépendants des partis démocrate et républicain ; la direction en réduit le programme à réformer le capitalisme. Se dissout dans le Parti démocrate en 1944.

Parti bolchevik – Parti ouvrier révolutionnaire dirigé par V. I. Lénine ; conduit les travailleurs et les paysans à la victoire de la révolution russe d'octobre 1917. Au congrès de 1903 du Parti ouvrier social-démocrate de Russie, en est la faction majoritaire (bolchevique) ; fonctionne largement par la suite comme un parti distinct de la faction menchevique (minoritaire).

Parti ouvrier social-démocrate russe – Fondé en 1898, précurseur du Parti communiste de l'Union soviétique. Se scinde en 1903 entre les factions bolchevique et menchevique.

Parti social-révolutionnaire (Russie) – Aussi connu sous le nom de Parti socialiste révolutionnaire. Fondé en 1900 avec une base dans la paysannerie. L'aile droite s'est opposée à la révolution d'octobre 1917. L'aile gauche l'appuie au début et se joint au gouvernement des travailleurs et des paysans ; elle passe par la suite à la contre-révolution.

Pétain, Philippe (1856-1951) – Premier ministre du gouvernement de Vichy pendant l'occupation de la France par l'impérialisme allemand, 1940-1944.

Plekhanov, George V. (1856-1918) – Fondateur en 1883 de la première organisation marxiste en Russie, l'Émancipation du travail ; auteur de plusieurs livres sur le marxisme. Soutient les mencheviks après la scission de 1903 au sein du Parti ouvrier social-démocrate russe. Pendant la première guerre mondiale, appelle à la victoire du régime tsariste et des autres puissances de l'Entente contre l'impérialisme allemand. S'oppose à la révolution d'octobre.

Pokrovsky, M. N. (1868-1932) – Auteur d'un livre sur l'histoire de la révolution russe. Nommé par Staline à l'Académie des sciences d'URSS en 1929.

Roosevelt, Franklin D. (1882-1945) – Président démocrate des États-Unis de 1933 à 1945. Soutenu comme « progressiste » par le Parti communiste, le Parti socialiste et la majorité des officiers syndicaux du CIO et de l'AFL.

Sacco, Nicola (1891-1927) – Immigrant anarchiste, victime avec Bartolomeo Vanzetti d'un coup monté sous des accusations de meurtre et de vol en 1920. Exécuté en 1927 malgré une campagne internationale dirigée par la Défense ouvrière internationale.

Schweinhaut, Henry A. (1902-1970) – Procureur général adjoint dans l'administration Roosevelt, directeur de la « Division des libertés civiles » du département de la Justice. Dépêché au Minnesota en 1941 pour diriger la poursuite judiciaire dans le procès pour sédition des dirigeants des Teamsters et du SWP. Juge fédéral à la Cour d'appel US pour le district de Columbia, 1944-1970.

Shachtman, Max (1903-1972) – Fondateur du Parti communiste et de la Ligue communiste (qui deviendra le SWP). Dirige la scission de l'opposition petite-bourgeoise dans le SWP à la veille de l'entrée des États-Unis dans la deuxième guerre mondiale.

Smith, loi du « bâillon » – Loi promulguée par le président Franklin Roosevelt en juin 1940, pendant les préparatifs pour déployer les travailleurs américains dans ce qui va devenir la boucherie impérialiste de la deuxième guerre mondiale. Utilisée pour la première fois en novembre 1941 dans le procès des dirigeants des Teamsters et du Parti socialiste des travailleurs. Utilisée à nouveau contre le Parti communiste au début de 1949. Fait de la promotion d'idées révolutionnaires un crime fédéral.

Staline, Joseph (1879-1953) – Secrétaire général du Comité central du Parti communiste à partir de 1922. Après la mort de Lénine, dirige le rejet du cours internationaliste révolutionnaire du PC russe et de l'Internationale communiste. Organise les procès montés de toutes pièces des années 1930, ainsi que l'exécution de la majorité des dirigeants bolcheviques de l'époque de Lénine.

Stassen, loi anti-grève – Loi promulguée en 1939 par Harold Stassen, gouverneur du Minnesota ; impose un délai pouvant aller jusqu'à 50 jours avant de déclencher une grève.

Tobin, Daniel (1875-1955) – Président du Syndicat des Teamsters, 1907-1952. Collabore étroitement avec l'administration Roosevelt dans l'organisation du coup monté contre les dirigeants de lutte de classes de la section locale du syndicat à Minneapolis.

Travailleurs industriels du monde (Industrial Workers of the World, IWW) – Fondé en 1905 comme mouvement syndical industriel révolutionnaire avec un programme anarcho-syndicaliste.

Trotsky, Léon (1879-1940) – Se joint aux bolcheviks et est élu au Comité central en août 1917. Dirigeant central de la république soviétique, de l'Armée rouge et de l'Internationale communiste. À partir de 1923, dirige la lutte dans le PC russe et dans l'Internationale communiste pour poursuivre les politiques internationalistes bolcheviques ; expulsé du parti en 1927 ; exilé en 1929 ; assassiné par un agent de Staline.

Vanzetti, Bartolomeo (1888-1927) – Immigrant anarchiste, victime avec Nicola Sacco en 1920 d'un coup monté sous des accusations de meurtre et de vol. Exécuté en 1927 malgré une campagne internationale dirigée par la Défense ouvrière internationale.

Zinoviev, Grigori (1883-1936) – Membre du Bureau politique du Parti communiste, 1921-1927. Président de l'Internationale communiste, 1919-1926. Exécuté après le premier procès monté de Moscou.

Index

de Pathfinder

MALCOLM X, LA LIBÉRATION DES NOIRS ET LA VOIE VERS LE POUVOIR OUVRIER

JACK BARNES

« Ne commencez pas avec les Noirs en tant que nationalité opprimée. Commencez avec la place et le poids d'avant-garde des travailleurs qui sont noirs dans les grandes luttes politiques et sociales dirigées par le prolétariat aux États-Unis. De la guerre civile à aujourd'hui, le bilan est ahurissant. C'est la force et la résistance qui vous sidèrent, pas l'oppression. » *Jack Barnes*

Ce livre nous aide à comprendre pourquoi c'est la conquête révolutionnaire du pouvoir par la classe ouvrière qui rendra possible la bataille finale pour la libération des Noirs – et ouvrira la voie à un monde basé non pas sur l'exploitation, la violence et le racisme, mais sur la solidarité humaine. Un monde socialiste.

20 $ US. Aussi en anglais, espagnol, farsi, grec et arabe.

À lire en complément

LE VISAGE CHANGEANT DE LA POLITIQUE AUX ÉTATS-UNIS

La politique ouvrière et les syndicats

JACK BARNES

Un guide pour les travailleurs qui cherchent à construire le genre de parti nécessaire pour nous préparer aux batailles de classe qui viennent, dans lesquelles nous nous révolutionnerons, révolutionnerons nos syndicats et révolutionnerons toute la société.

24 $ US. Aussi en anglais, espagnol, farsi et grec.

WWW.PATHFINDERPRESS.COM

Une révolution socialiste est-elle possible aux États-Unis ?

« Ce sont les pauvres qui sont confrontés à la sauvagerie du système de « justice » aux États-Unis »

Les Cinq Cubains parlent de leur vie au sein de la classe ouvrière aux États-Unis

Cinq révolutionnaires cubains, victimes d'un coup monté du gouvernement des États-Unis en 1998, ont passé jusqu'à 16 ans comme membres de la classe ouvrière aux États-Unis qui se trouvent derrière les barreaux. Dans cet entretien ils parlent de la société capitaliste aux États-Unis et son système de « justice ». Et de l'avenir de la révolution cubaine. 15 $ US. En anglais, espagnol et farsi.

50 années d'opérations secrètes aux USA

La police politique de Washington et la classe ouvrière américaine

Larry Seigle, Farrell Dobbs, Steve Clark

La campagne politique menée pendant 15 ans par le Parti socialiste des travailleurs afin de mettre à nu des décennies d'espionnage et de perturbation par le FBI et d'autres agences policières contre les organisations ouvrières et autres opposants aux politiques du gouvernement. Retrace les origines des efforts bipartites visant à accroître les pouvoirs présidentiels et construire un État de « sécurité nationale » essentiel au maintien du régime capitaliste. 12 $ US. En anglais, espagnol et farsi.

Le long hiver chaud du capitalisme a commencé

Jack Barnes

Les conflits interimpérialistes qui s'aiguisent aujourd'hui sont alimentés à la fois par le début de ce qui sera des décennies de convulsions économiques, financières et sociales et de batailles de classe, et par le plus important changement dans la politique et l'organisation militaires de Washington depuis l'escalade US qui a conduit à la deuxième guerre mondiale. Les travailleurs ayant un esprit de lutte de classe doivent faire face à ce point tournant de l'impérialisme et prendre plaisir à projeter avec audace un cours révolutionnaire pour y faire face. Dans *Nouvelle Internationale* n° 7. 16 $ US. Aussi en anglais, espagnol, arabe, farsi et grec.

Sont-ils riches parce qu'ils sont intelligents ?

Classe, privilège et apprentissage sous le capitalisme

Jack Barnes

Sont-ils riches parce qu'ils sont intelligents ? explique les inégalités de classe croissantes aux États-Unis et les conflits qui en résultent, accélérés par l'actuelle dépression économique mondiale à combustion lente. Il démonte les rationalisations intéressées d'une couche grandissante de professionnels bien rémunérés selon lesquelles leur instruction et leur « brillance » les qualifient pour « réglementer » la vie des travailleurs, à qui il serait impossible de faire confiance pour savoir ce qui est dans nos propres intérêts.

Au cours des batailles à venir que nous imposeront les dirigeants capitalistes, dit Barnes, les travailleurs commenceront à se transformer et à transformer notre rapport à la vie, au travail et entre nous. Alors seulement allons-nous découvrir notre propre valeur et apprendre ce que nous sommes capables de devenir. 10 $ US. Aussi en anglais et en espagnol.

Rétablir la vérité sur le fascisme et la deuxième guerre mondiale

Steve Clark, Jeunes socialistes

La deuxième guerre mondiale n'était pas « une guerre populaire contre le fascisme. » C'était plusieurs guerres en une. C'était une tuerie impérialiste pour rediviser le monde. C'était une guerre pour défendre l'Union soviétique contre les efforts des puissances capitalistes pour renverser la première révolution socialiste de l'histoire. Et elle a stimulé les luttes de libération nationale à travers le globe. Ce livre sépare mythes et réalité quant aux causes et résultats de ces guerres et montre comment les communistes aux États-Unis ont tracé un cours révolutionnaire de lutte de classe pour y répondre. Dans *Nouvelle Internationale* n° 9. 14 $ US. Aussi en anglais et en espagnol.

Une révolution socialiste est-elle possible aux États-Unis ?

Mary-Alice Waters

Dans deux présentations faites au Salon international du livre du Venezuela en 2007 et 2008, Mary-Alice Waters explique pourquoi une révolution socialiste est possible aux États-Unis. Et pourquoi les travailleurs mèneront inévitablement des luttes révolutionnaires, que les classes possédantes nous obligeront à livrer en s'attaquant à nous sous la pression de la crise. Alors que la solidarité s'approfondit parmi une avant-garde ouvrière combative, on peut déjà entrevoir les contours des batailles de classe qui viennent. 7 $ US. Aussi en anglais, espagnol et farsi.

WWW.PATHFINDERPRESS.COM

LA SÉRIE TEAMSTER DE FARRELL DOBBS

Leçons des batailles ouvrières des années 1930

RÉBELLION TEAMSTER

Les grèves de 1934 à Minneapolis ont gagné la reconnaissance syndicale pour les camionneurs, manutentionnaires et autres travailleurs et aidé à ouvrir la voie au CIO. Racontées par un dirigeant central de cette bataille. Aussi en anglais, espagnol et farsi.

POUVOIR TEAMSTER

Comment la direction Teamster a utilisé la force acquise par les travailleurs dans les grèves de 1934 pour faire de Minneapolis une place forte syndicale et lancer dans 11 États une campagne qui a syndiqué des dizaines de milliers de routiers. En anglais et en espagnol.

POLITIQUE TEAMSTER

Ce livre décrit comment la section locale 544 des Teamsters a aidé les chômeurs et camionneurs indépendants à former des organisations syndicales auxiliaires combatives. Comment elle a déployé une garde de défense syndicale pour répondre aux Chemises d'argent, un groupe fasciste. Comment elle a combattu les coups montés du FBI. Comment elle a fait campagne pour que les travailleurs rompent politiquement avec les patrons et organisent un parti ouvrier basé sur les syndicats. Et comment elle a mobilisé une opposition syndicale à l'entrée de l'impérialisme US dans la deuxième guerre mondiale. En anglais et en espagnol.

BUREAUCRATIE TEAMSTER

Comment, avec le soutien de la haute bureaucratie des Teamsters et d'autres syndicats, la classe des employeurs a intensifié ses efforts pour bâillonner les militants ayant une conscience de classe. Et comment les travailleurs ont monté une campagne internationale pour libérer 18 dirigeants syndicaux et socialistes incarcérés en 1941 pour avoir cherché à mobiliser la force du mouvement syndical contre les objectifs de guerre impérialistes de Washington. En anglais.

19 $ US CHAQUE VOLUME

WWW.PATHFINDERPRESS.COM

DE PATHFINDER

L'histoire du trotskysme américain, 1928-1938

Le rapport d'un participant

James P. Cannon

« Le trotskysme n'est pas un nouveau mouvement, une nouvelle doctrine, mais la restauration, la renaissance du marxisme véritable tel qu'il a été exposé et appliqué au cours de la révolution russe et des premiers jours de l'Internationale communiste. » Dans cette série de 12 présentations faites en 1942, James P. Cannon raconte un épisode décisif des efforts déployés pour construire un parti prolétarien aux États-Unis. 22 $ US. Aussi en anglais et en espagnol.

Thomas Sankara parle

La révolution au Burkina Faso, 1983-1987

Thomas Sankara

Sous la direction de Thomas Sankara, le gouvernement révolutionnaire du Burkina Faso en Afrique de l'Ouest a donné un exemple électrisant. Il a mobilisé les paysans, les travailleurs, les femmes et les jeunes pour mener des campagnes d'alphabétisation et de vaccination ; creuser des puits, planter des arbres, construire des barrages et des logements ; combattre l'oppression des femmes et transformer les relations d'exploitation à la campagne ; se libérer du joug impérialiste et se solidariser avec ceux qui étaient engagés dans le même combat ailleurs dans le monde. 24 $ US. Aussi en anglais.

La classe ouvrière et la transformation de l'éducation

L'imposture de la réforme de l'école sous le capitalisme

Jack Barnes

« Jusqu'à ce que la société soit réorganisée de façon à ce que l'éducation soit une activité humaine de notre prime jeunesse à notre mort, il n'y aura pas d'éducation digne de l'humanité travailleuse et créatrice. » 3 $ US. Aussi en anglais, espagnol, farsi et grec.

www.pathfinderpress.com

LIBÉRATION DES FEMMES ET SOCIALISME

L'émancipation des femmes et la lutte de libération de l'Afrique

THOMAS SANKARA

« Les femmes et les hommes de notre société sont tous victimes de l'oppression et de la domination impérialistes. C'est pourquoi ils mènent le même combat. La révolution et la libération de la femme vont de pair. C'est une nécessité fondamentale pour le triomphe de la révolution. » 8 $ US. Aussi en anglais, espagnol et farsi.

Les femmes à Cuba
Une révolution au sein de la révolution

VILMA ESPÍN, ASELA DE LOS SANTOS, YOLANDA FERRER

La révolution sociale qui a renversé en 1959 la dictature sanglante de Fulgencio Batista a commencé dans les rues de villes comme Santiago de Cuba et dans les zones montagneuses libérées par l'Armée rebelle dans l'est de Cuba. L'intégration sans précédent des femmes dans les rangs et la direction de cette lutte est une mesure de son cours révolutionnaire jusqu'à aujourd'hui. Voici les témoignages de première main de femmes qui ont contribué à sa réalisation. 20 $ US. En anglais, espagnol et grec.

Les cosmétiques, la mode et l'exploitation des femmes

JOSEPH HANSEN, EVELYN REED, MARY-ALICE WATERS

Comment le grand capital joue sur le statut de deuxième classe et l'insécurité sociale des femmes pour vendre des cosmétiques et empocher des profits. L'introduction de Mary-Alice Waters explique comment l'entrée de millions de femmes dans la main-d'oeuvre durant et après la deuxième guerre mondiale a transformé de manière irréversible la société US. 15 $ US. En anglais, espagnol et farsi.

Nouvelle Internationale

UNE REVUE DE POLITIQUE ET DE THÉORIE MARXISTES

NOUVELLE INTERNATIONALE N° 6

L'impérialisme U.S. a perdu la guerre froide

Jack Barnes

Contrairement aux attentes de l'impérialisme au début des années 1990 après l'effondrement des régimes qui prétendaient être communistes en Europe de l'Est et en URSS, les travailleurs et les agriculteurs de ces pays n'ont pas été écrasés. Des relations sociales capitalistes n'y ont pas non plus été stabilisées. Les travailleurs demeurent un obstacle intraitable à tout progrès de l'impérialisme, un obstacle que les exploiteurs devront affronter dans des batailles de classe et la guerre. 16 $ US. Aussi en anglais et en espagnol. « L'impérialisme U.S. a perdu la guerre froide » est disponible en farsi et en grec.

NOUVELLE INTERNATIONALE N° 8

Notre politique commence avec le monde

Jack Barnes

Les énormes inégalités économiques et culturelles qui existent entre les pays impérialistes et semi-coloniaux et entre les classes de presque tous les pays sont produites, reproduites et accentuées par le fonctionnement du capitalisme. Pour que les travailleurs d'avant-garde puissent construire des partis capables de diriger une lutte révolutionnaire victorieuse dans nos propres pays, dit Jack Barnes, nous devons guider notre activité avec une stratégie visant à combler cet écart. 14 $ US. Aussi en anglais et en espagnol. « Notre politique commence avec le monde » est disponible en farsi et en grec.

WWW.PATHFINDERPRESS.COM

PATHFINDER DANS LE MONDE

Pour obtenir une liste complète de nos titres ou en commander, visitez

www.pathfinderpress.com

LES DISTRIBUTEURS DES ÉDITIONS PATHFINDER

ÉTATS-UNIS
(et Amérique latine, Antilles et Asie de l'Est)

Pathfinder Books, 227 W. 29th St., 6e étage
New York, NY 10001

CANADA

Livres Pathfinder, 7107, rue St-Denis, suite 204
Montréal, QC, H2S 2S5

ROYAUME-UNI
(et Europe, Afrique, Moyen-Orient et Asie du Sud)

Pathfinder Books, 2e étage, 83 Kingsland High Street
Dalston, Londres, E8 2PB

AUSTRALIE
(et Asie du Sud-Est et Pacifique)

Pathfinder, niveau 1, 3/281-287 Beamish St., Campsie, NSW 2194
Adresse postale : P.O. Box 164, Campsie, NSW 2194

NOUVELLE-ZÉLANDE

Pathfinder, 188a Onehunga Mall, Onehunga, Auckland 1061
Adresse postale : P.O. Box 3025, Auckland 1140

Adhérez au club des lecteurs de Pathfinder
et obtenez un rabais de
15 pour cent sur tous
les titres de Pathfinder
et de plus grands rabais sur les spéciaux.
Contactez www.pathfinderpress.com
ou les distributeurs qui précèdent.